Sieghart Hofmann

80 kleine Spiele im Sportunterricht Klasse 1–4

viele Varianten –
mehr Abwechslung –
viele Einsatzmöglichkeiten

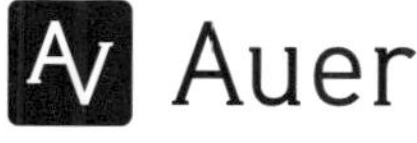
Auer

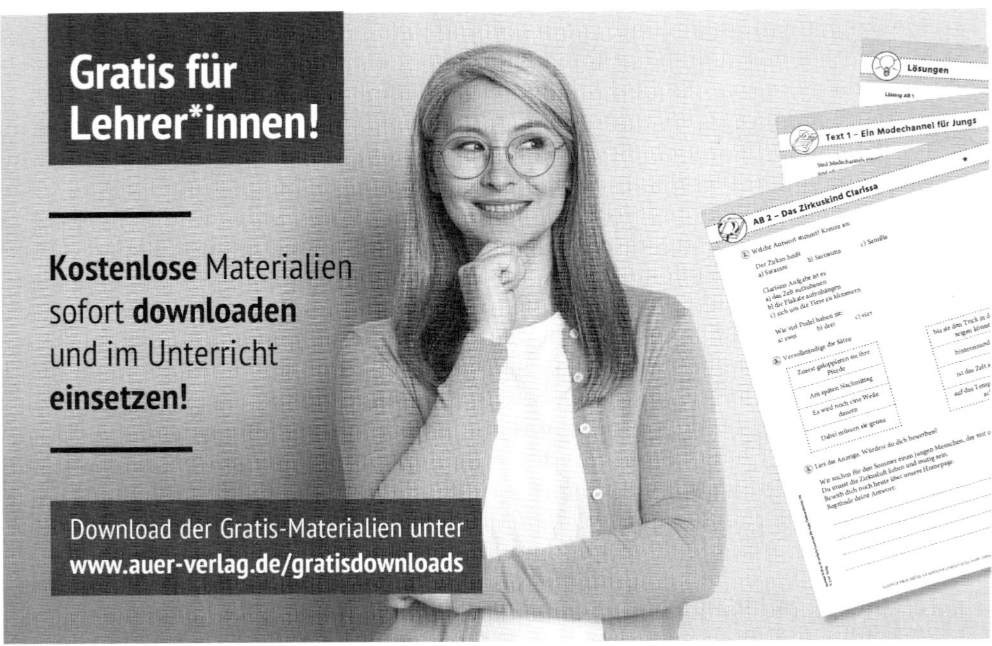

Bei diesem Band handelt es sich um eine Neuauflage des im Auer Verlag erschienenen Buches „Fundgrube Sportunterricht: Kleine Spiele – Klasse 1–4“

Wir haben uns für die Schreibweise mit dem Sternchen entschieden, damit sich Frauen, Männer und alle Menschen, die sich anders bezeic nen, gleichermaßen angesprochen fühlen. Aus Gründen der besseren Lesbarkeit für die Schüler*innen verwenden wir in den Kopierv lagen das generische Maskulinum. Bitte beachten Sie jedoch, dass wir in Fremdtexten anderer Rechtegeber*innen die Schreibweise c Originaltexte belassen mussten.

In diesem Werk sind nach dem MarkenG geschützte Marken und sonstige Kennzeichen für eine bessere Lesbarkeit nicht besonders ken lich gemacht. Es kann also aus dem Fehlen eines entsprechenden Hinweises nicht geschlossen werden, dass es sich um einen frei Warennamen handelt.

1. Auflage 2024

Autor*innen: Sieghart Hofmann
Covergestaltung und -illustration: julaila-design - Julia Niedermeier, München
Illustrationen: Sieghart Hofmann
Satz: Fotosatz H. Buck, Kumhausen
Druck und Bindung: Korrekt Nyomdaipari Kft.
ISBN 978-3-403-**08989**-6

www.auer-verlag.de

Inhaltsverzeichnis

Vorwort

Kleine Spiele gehörten zu den Vorläufern des heutigen Sportunterrichts und erfuhren bereits durch Klassiker wie GutsMuths und Jahn beeindruckende Charakterisierungen. Als Standardwerk für die neuere Zeit ist das Buch ***Kleine Spiele*** von Erika und Hugo Döbler[1] anzusehen (Erstauflage 1963). Auch heute sind Kleine Spiele aus dem Schul-, Vereins- und Freizeitsport nicht wegzudenken. Ein Beweis dafür ist ihre ständige Anreicherung durch neue Spiele und Variationen. Bewegungsspiele in Form der Kleinen Spiele gehören u. a. zu den prägenden Erlebnissen im sportiven Leben junger Menschen. Ihre verführerischen Elemente regen Kinder und Jugendliche oft spontan an, sich zu bewegen und sich dabei auch anzustrengen.

Nach Döbler/Döbler[2] weisen Kleine Spiele vor allem folgende Merkmale auf: „Sie enthalten den Wettkampfgedanken und sind durch das Ungewisse des Ausgangs fesselnd; sie haben vereinbarte Spielregeln, in deren Grenzen motorisch ungebundenes Handeln und selbstständiges Entscheiden möglich sind; sie reizen zu höchstem Einsatz bei gleichzeitiger Freude am Spiel; sie zeichnen sich durch Vielfalt und Abwechslungsreichtum aus; sie können unter einfachsten Bedingungen verwirklicht werden; sie verlangen meist keine besonderen Fertigkeiten, sind schnell erlernbar und können beliebig oft wiederholt werden; sie ermöglichen häufig Gruppenwettbewerbe, mitunter aber kämpft jeder Schüler für sich allein; sie haben eine belebende Wirkung beim Sporttreiben und setzen vielfältige Entwicklungsreize, von denen die Schulung körperlicher Fähigkeiten und das soziale Lernen einen besonderen Stellenwert erlangen."
In der sportdidaktischen Literatur wird im Zusammenhang mit der Sachvermittlung und der Schüler*innen-Orientierung das Arrangieren von Unterrichtssituationen im Sinne des „Aufschließens des Schülers für Sport und Spiel" hervorgehoben.[3] Die angestrebten Handlungssituationen sind mit den Kleinen Spielen sehr gut umzusetzen: *Vielfalt an Übungen/Varianten nutzen, Wahlmöglichkeiten und offene Situationen anbieten, Probleme lösen lassen, Körpererfahrungen thematisieren, Differenzieren und Individualisieren, pädagogischer Umgang mit der Leistung, soziale Situationen anregen und fördern, Vermittlung von Wissen, gemeinsamer Unterricht von Mädchen und Jungen.*

---

1 Döbler, E. & Döbler, H. (1994). Kleine Spiele. (19. Aufl.). Berlin: Sportverlag.
2 ebenda, S. 20/21, 29/30.
3 Zeuner, A. et al. (1997). Sportiv Leichtathletik. Leipzig, Stuttgart, Düsseldorf: Klett. S. 12.

Die Anerkennung der Kleinen Spiele als Übungs-„Schatz“ für den Sportunterricht schließt ein, dass ihr Repertoire auch zu aktualisieren und zu erweitern ist. Und so stellt sich diese Publikation die Aufgabe, Kleine Spiele als immer wieder interessantes, belebendes Übungsgut anzubieten. Ein besonderer Akzent liegt in der Orientierung auf der Variation bekannter und evtl. auch häufig praktizierter Kleiner Spiele und auf weniger bekannten bzw. auch relativ neuen Spielen (u. a. Spiele mit verschiedenen Materialien und zur Wahrnehmungsförderung). Varianten erweitern nicht nur die Spielidee, sondern ermöglichen auch, das Spielen zu erleichtern oder zu erschweren, und eröffnen dadurch neue Bereiche der Anwendung des Spiels. Viele Spiele sind aus der Literatur und der Sportpraxis übernommen, modifiziert und erweitert, sodass diese Sammlung viele Ideengeber hat. Der größte Teil der aufgeführten Kleinen Spiele wurde im Rahmen der Praxisausbildung von Lehramtsstudent*innen und z. T. im Sportunterricht eingesetzt und hat sich im Sinne nachfolgender kurz behandelter Merkmale und methodischer Anmerkungen bewährt.

Die Spiele sind auf den Sportunterricht der Klassen 1 bis 4 ausgerichtet, bieten sich aber auch für die Ganztagsschule, den Sportförderunterricht, Sport-Arbeitsgemeinschaften, Sportnachmittage und für nachfolgende Klassenstufen an. Grundschulkinder haben im Allgemeinen ein großes Bewegungsbedürfnis, verbunden mit dem Drang, sich auszuprobieren und zu wetteifern. Besonders in diesem Alter wirken kindgerecht vermittelte Bewegungsspiele positiv und nachhaltig auf die Einstellung zu Bewegung, Spiel und Sport. Kleine Spiele sind wesentliche Inhalte des Sportunterrichts und in der Regel auch ohne besondere Vorbereitung einsetzbar. Die Spielbeschreibungen sind als Empfehlungen zu verstehen, die entsprechend den konkreten Bedingungen und Zielen einzusetzen und zu ändern sind. Verstehen Sie die Spielesammlung als Anregung zur selbstständigen und schöpferischen Umsetzung und Erweiterung von Kleinen Spielen, als ein zu nutzender Spielraum zum freudvollen und effektiven Gestalten des Unterrichts.

Ob Kleine Spiele von den Kindern angenommen werden, ist zwar auch von „altersgemäßen“ Inhalten und ihrer an die Schüler*innen ausgerichteten Vermittlung abhängig, aber noch mehr von einer positiven Spiel- und Lernatmosphäre in der Klasse. Eine besonders gute Einstellung der Kinder kann in der Grundschule vorausgesetzt werden.

In der 1. Klasse gilt es, an Erfahrungen im Vorschulalter anzuknüpfen und im Rahmen einer vielseitigen Bewegungs- und Spielerziehung das Bewegungs-

und Sozialverhalten zu erweitern. Wichtige Akzente sind der Reiz zunehmenden Bewegungskönnens und die Freude am gemeinsamen Handeln. Die unmittelbare Freude am Sporttreiben ist das vordergründige Ziel. Über unkomplizierte Kleine Spiele mit wenigen Regeln sollen Gewohnheiten entwickelt werden, die eine gewisse Sicherheit im sportiven Lebensalltag geben können. Die noch relativ geringen und teilweise sehr differenzierten Bewegungs- und Sozialerfahrungen verlangen von der Lehrkraft eine konsequente Unterrichtsführung, die alle Kinder einbindet und individuelles Handeln zulässt.

Im Rahmen der weiterhin anzustrebenden vielfältigen Bewegungs- und Spielerziehung wird in den Klassen 2 bis 4 zunehmend das Repertoire der Kleinen Spiele erweitert, u. a. durch Varianten bekannter und durch neue Spiele. Aufgrund der größeren Bewegungserfahrung und Selbstständigkeit der Kinder sind mehr Ansätze zur Ausgestaltung der Kleinen Spiele und zur Mitgestaltung durch die Kinder gegeben.

Einleitung

1 Kleine Spiele – zwischen Wettkämpfen und Spielen

Wettkämpfe und Spiele verfügen im Wesentlichen über ähnliche Merkmale. Kleine Spiele „pendeln" mehr oder weniger zwischen diesen beiden Formen des Sporttreibens. Hinsichtlich der Literatur wird vor allem auf Döbler/Döbler[4] und Seybold[5] Bezug genommen, die Grundlegendes zu (Kleinen) Spielen schon zu frühen Zeiten der modernen Sportwissenschaft publiziert haben. Folgende Merkmale sind für (Kleine) Spiele charakteristisch:

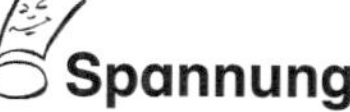

Spannung

Es gibt mehrere Elemente, die Spannung, Aufregung und Emotionalität bewirken, im Wesentlichen aber ist es wohl der wechselnde Verlauf und der ungewisse Ausgang. „Der Ausgang des Wettkampfs muss *offen* sein. Auf ihn muss man wetten können."[6] Das kommt vor allem jüngeren Kindern entgegen, die ein natürliches Verlangen nach Wettbewerbssituationen haben, sich messen und vergleichen wollen.

Auch bekannte Spiele und Wettbewerbsformen können durch Würfeln eine Erweiterung erfahren, durch welche sich die Spannung steigert. Die Ungewissheit des Würfelergebnisses wirkt meistens motivierend und gleichzeitig wird einer überzogenen Ernsthaftigkeit beim Wetteifern entgegengewirkt. Es wird vermittelt, dass Zufall und Glück auch Einfluss auf den Ausgang von Wettbewerben, auf Sieg und Niederlage haben.

Das Miteinander und Gegeneinander, die Attraktivität der zu lösenden Aufgaben und die damit verbundenen Überraschungen lassen mitunter so eine Spielfreude aufkommen, dass das Ergebnis, das durch die Kinder ohnehin erkennbar ist, weniger bedeutsam erscheint.

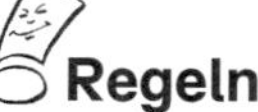

Regeln

Regeln konkretisieren die Spielidee und schaffen eine Ordnung, an die sich alle zu halten haben und ohne die Kleine Spiele nicht stattfinden können. Sie verlangen ehrliches Spielen, niemand darf sich unerlaubte Vorteile verschaffen. Dafür haben Spielleitung und (Kinder-)Schiedsrichter zu sorgen. Spielregeln

4 Döbler, E. & Döbler, H. (1994). Kleine Spiele. (19. Aufl.). Berlin: Sportverlag.
5 Seybold, A. (1959). Pädagogische Prinzipien in der Leibeserziehung. Schorndorf: Hofmann.
Seybold, A. (1972). Didaktische Prinzipien der Leibeserziehung. Schorndorf: Hofmann.
6 Ehni, H. (1985). Trainieren und Wettkämpfen. In: Wolters, P. & Ehni, H. & Kretschmer, J. & Scherler, K. & Weichert, W. Didaktik des Schulsports (S. 259–294). Schorndorf: Hofmann.

werden von der Lehrkraft festgelegt bzw. sind mit den Kindern vereinbart und nach Bedarf zu ändern. Aus pädagogischer Sicht ist der einsichtige Umgang mit den Spielregeln von Bedeutung.

Chancengerechtigkeit

Da das Spiel vor allem dann spannend bleibt, wenn der Ausgang ungewiss ist, müssen alle Kinder und Gruppen die Möglichkeit auf ein gutes Abschneiden haben. Das verlangt eine durchdachte, vorbereitete **Gruppenbildung**. Sie ist von Bedeutung für die Bereitschaft zum Spiel und für das Verhalten im Spiel. Ein gutes, abwechslungsreiches Spiel entwickelt sich mit guten Gegner*innen. Die Lehrkraft ist aufgrund der Kenntnisse über das Leistungsvermögen und die emotionalen Bindungen der Kinder prädestiniert, ausgeglichene Teams zu bilden. Sie können z. B. nur die Namen der Kinder nennen, die in den Gruppen über längere Zeit zusammenbleiben sollten, weil sich Verständnis und gegenseitige Hilfe besser herausbilden können.

Eine Wahl im Unterricht (durch Sie oder ein Kind) hat den Nachteil, dass immer einige Kinder erst am Schluss gewählt oder zugeordnet werden. Diese Gruppenbildung sollte nur gelegentlich vorgenommen werden. Relativ schnell und unkompliziert können auch mal Gruppen gebildet werden, deren Zusammensetzung dem Zufall überlassen bleibt:

- Die einfachste und wohl auch gebräuchlichste Möglichkeit der Bildung von Teams ist das Abzählen zu zweit, zu dritt, zu viert entsprechend der angestrebten Anzahl an Gruppen. Das Abzählen durch Sie mit Wechsel der Zählweise (z. B. 1, 2, 3, 4 – 4, 3, 2, 1) unterbindet das Sich-Einordnen einiger Kinder, um in ein bestimmtes Team gewählt zu werden.
- Eine Bewegungsaufgabe wird so beendet, dass die gewünschte Anzahl an Gruppen für das nächste Spiel gegeben ist.
- Jedes Kind zieht ein Los oder hebt eine verdeckt liegende Skat-, Symbol-, Zahlen- bzw. Farbkarte auf. Entsprechend den Losen (dem Spielkartenblatt, den Symbolen, Zahlen oder Farben) bilden sich die Gruppen.
- Sie teilen beim Betreten der Halle bzw. in der Halle gezielt oder nach dem Zufallsprinzip farbige Westen oder Bänder aus. Diese können auch zu Beginn der Stunde in der Halle ausgelegt sein und jedes Kind holt sich eine Weste bzw. ein Band.
- Sie nennen Geburtsmonate oder den Anfangsbuchstaben von Vornamen oder Namen (mit einigen Zuordnungen am Schluss werden unterschiedliche Gruppenstärken ausgeglichen).
- Die Einteilung erfolgt aufgrund der Kleidung der Kinder (hell, dunkel, bunt).

⊳ Die Kinder gehen auf Sie zu und werden jeweils abwechselnd nach links und rechts zum Gehen im Kreis geschickt. Beim ersten Treffen sind es 2 Gruppen. Wenn die Paare nochmals nach links und rechts geschickt werden, ergeben sich beim nächsten Treffen 4 Gruppen (die Kinder in einer Reihe sind eine Gruppe).

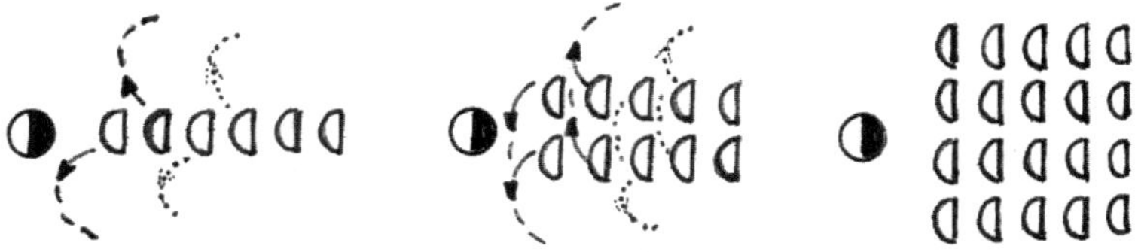

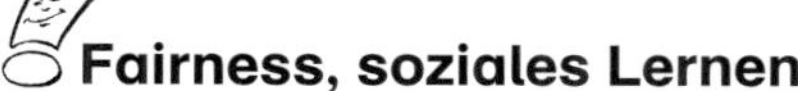

Fairness, soziales Lernen

Das Einhalten der Spielregeln, der mögliche Körperkontakt, vor allem aber das gemeinsame Wirken in heterogenen Gruppen sind Anlässe für soziales Lernen. Gruppenwettbewerbe nennt Seybold pädagogische Wettkampfformen, *„bei denen leistungsstarke und leistungsschwache Schüler im Bemühen um eine gemeinsame Leistung vereint sind“* und Toleranz und Rücksichtnahme gefordert und gefördert werden.[7] Beim Gegeneinander sind „bescheidene Sieger“ und „selbstbewusste Verlierer“ gefragt. Es sind vor allem der Spielgedanke und die Spielregeln und die sich daraus ergebende Notwendigkeit der Abstimmung von Handlungen, die die Kinder erkennen lassen, dass ein lebendiges Spiel ohne ordentliches Verhalten zu den Mit- und Gegenspieler*innen nicht möglich ist. Kleine Spiele mit ihren offenen Handlungen bieten vielfältige Bewährungssituationen, in denen Fairness und gegenseitige Unterstützung gefordert sind. Auch Ordnung und Disziplin werden eher anerkannt, weil offensichtlich ist, dass sie für ein gemeinsames Spiel wichtig sind.

7 Seybold, A. (1959). Pädagogische Prinzipien in der Leibeserziehung. Schorndorf: Hofmann. S. 92.

2 Methodische Aspekte

Nachfolgend wird auf Methodisches eingegangen, das weitgehend auch von Döbler/Döbler[8] thematisiert worden ist.

Platzierung im Stundenverlauf

- Im einleitenden Teil der Stunde dienen Kleine Spiele der Erwärmung, dem Befriedigen des Bewegungsbedürfnisses, dem Herstellen der Übungsbereitschaft und dem Vermeiden von Monotonie in der Übungsauswahl. Dabei ist die Vielfalt der Kleinen Spiele zu nutzen, für einen abwechslungsreichen und bewegungsintensiven Unterricht. Als Nebeneffekt sind die Kinder im weiteren Stundenverlauf oft ruhiger und konzentrierter.
- Im Hauptteil werden Kleine Spiele zur zielgerichteten Schulung körperlicher Fähigkeiten und sportlicher Fertigkeiten (Werfen, Fangen, Spielfähigkeit) eingesetzt, u. a. auch als Spielstunden. Dabei werden in der Regel längere Spiel- und Bewegungszeiten angestrebt, um Entwicklungsreize zu setzen.
- Im Schlussteil tragen Kleine Spiele zur körperlichen und emotionalen Beruhigung und zum freudvollen Abschluss der Sportstunde bei und verstärken die Erwartung und Neugier auf nachfolgende Sportstunden.
- In Doppelstunden bieten verschiedene Kleine Spiele Abwechslung und ermöglichen eine freudvolle Auflockerung zwischen anderen Übungsteilen.

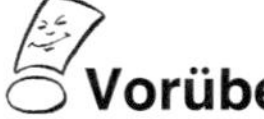

Vorüberlegungen

Vorüberlegungen sind für einen zielgerichteten und störungsfreien Einsatz der Spiele notwendig. Ausgerichtet auf die angestrebte Wirkung und abgestimmt auf die jeweilige Klasse und die örtliche Möglichkeit, ist das Spiel auszuwählen und das methodische Vorgehen zu planen. Weil Kleine Spiele von den Kindern besonders angenommen werden und somit eine verstärkte Mitarbeit zu erwarten ist, sind sie – neben der ganzheitlichen Wirkung auf die Persönlichkeit – zur zielgerichteten Entwicklung körperlicher Fähigkeiten, zur Fertigkeitsschulung und zum sozialen Lernen zu nutzen. Unterstützend wirken lernfreundliche Rahmenbedingungen, wie die Vorbereitung des Spielfeldes, der Spiel- und Hilfsgeräte (u. a. Markierungskegel, Westen), sowie effektive Einteilungs- und Aufstellungsformen. Erst ein gekonntes Spiel macht so richtig Spaß. Deshalb sind Wiederholungen und Varianten sinnvoll, weil die Kinder u. U. erst dadurch den Spielgedanken richtig erfassen und das Spiel mit Spielwitz ausgestalten

8 Döbler, E. & Döbler, H. (1994). Kleine Spiele. (19. Aufl.). Berlin: Sportverlag.

können. Es sind oft Kleinigkeiten, die mitentscheidend sind, ob ein Spiel bei den Kindern ankommt oder nicht. Deshalb sollte stets nach den folgenden Grundsätzen gehandelt werden:

- ▹ Nutzen Sie Anschauungsmaterialien (Tafel) zur Vermittlung von Aufstellungsformen, Spielfeldbegrenzungen, Geräteanordnungen, Lauf- und Ballwegen, zur Organisation des Spiels und zur Unterstützung des Spielgedankens.
- ▹ Demonstrieren Sie oder lassen Sie demonstrieren, planen Sie evtl. einen Probeversuch ein, wiederholen Sie bei Bedarf das Gesagte.
- ▹ Beziehen Sie die Kinder in die Vorbereitung und in den Unterricht mit ein, auch sportbefreite Kinder durch Beobachtungs- und andere kleine Aufgaben (z. B. zum Zählen bzw. Schreiben von Punkten).
- ▹ Positionieren Sie sich so, dass ein guter Überblick gegeben ist, dass alle Kinder Sie sehen und hören können und mögliche Störquellen im Rücken der Kinder sind.
- ▹ Vermitteln Sie das Wesentliche zum Spielgedanken und kommen Sie schnell zum Spiel.
- ▹ Motivieren Sie und appellieren Sie u. U. zur Fairness und zum Miteinander.

Schulung körperlicher Fähigkeiten

Kleine Spiele beanspruchen den ganzen Körper und schulen demzufolge verschiedene konditionelle und koordinative Fähigkeiten. So gibt es Spiele, die betont konditionelle Fähigkeiten (Schnelligkeit, Ausdauer, Kraft) und/oder bestimmte koordinative Fähigkeiten[9] schulen. Um eine Bewegungsförderung zu erreichen, ist im Rahmen einer ausreichenden Bewegungszeit eine größtmögliche individuelle Bewegungszeit anzustreben.

- ▹ Verlieren Sie also keine Übungszeit durch ständig neues Wählen! Lassen Sie Teams über längere Zeit bestehen!

---

9 Nach Hirtz werden 5 fundamentale koordinative Fähigkeiten unterschieden:
- komplexe Reaktionsfähigkeit (schnelle und zweckmäßige Einleitung und Ausführung kurzzeitiger Bewegungen auf ein Signal),
- räumliche Orientierungsfähigkeit (Bestimmung und zieladäquate Veränderung der Lage und Bewegung des Körpers im Raum),
- kinästhetische Differenzierungsfähigkeit (Realisierung von genauen und ökonomischen Bewegungshandlungen),
- Gleichgewichtsfähigkeit (Halten bzw. Wiederherstellen des Gleichgewichts bei wechselnden Umwelteinflüssen, zweckmäßige Lösung motorischer Aufgaben auf kleiner Unterstützungsfläche oder bei labilen Gleichgewichtsverhältnissen),
- Rhythmisierungsfähigkeit (Erfassen, Speichern und Darstellen von vorgegebenen zeitlich-dynamischen Gliederungen).

Hirtz, P. (Hg.) (1985). Koordinative Fähigkeiten im Schulsport. Vielseitig – variantenreich – ungewohnt. Berlin: Volk- und Wissen Volkseigener Verlag.

- ▷ Bevorzugen Sie vor allem in der Stundeneinleitung Laufspiele, bei denen viele bzw. möglichst alle Kinder in Bewegung sind!
- ▷ Bilden Sie relativ kleine Teams von 4–6 Kindern!
- ▷ Spielformen zum Ausscheiden sollten die Möglichkeit beinhalten, wieder schnell am Spiel teilnehmen zu können. Zum Spiel- bzw. Stundenende bietet dies einen zusätzlichen Reiz.

Ingangsetzen und Inganghalten von Kleinen Spielen

Die Lehrkraft ist dafür verantwortlich, dass die Kinder sich an interessanten und lösbaren Bewegungsaufgaben motivieren können und spielen wollen. Bereits oben genannte Hinweise werden hier nicht wiederholt, auf einige wichtige Punkte sei an dieser Stelle aber verwiesen:

- ▷ Bereiten Sie die Spiele möglichst vor Beginn des Unterrichts für die Kinder sichtbar vor! Das schafft Vorfreude bzw. hat Aufforderungscharakter.
- ▷ Stellen Sie Regeln nach dem Prinzip „So viel wie nötig, so wenig wie möglich!" auf! Wenige und überschaubare Regeln werden eher akzeptiert, erleichtern das Einhalten der Vorgaben und fördern den Spielfluss!
- ▷ Führen Sie sich wiederholende Begriffe frühzeitig ein (z. B. die Aufstellungsformen Reihe, Linie, Gasse, Kreis/Innenstirnkreis usw.)!
- ▷ Stellen Sie unter Wettbewerbsbedingungen nur solche Aufgaben, die von allen Kindern gelöst werden können!
- ▷ Spielen Sie zu Beginn mit oder setzen Sie aufgeweckte Kinder ein, damit das Spiel schnell in Gang kommt!
- ▷ Wählen Sie ein kurzes Startkommando: „Fertig, los!" oder „Fertig, ab!"
- ▷ Setzen Sie die Pfeife wenig ein, damit der Pfiff ein besonderes Signal bleibt (z. B. Spielabbruch, um Regeln zu verdeutlichen).
- ▷ Vermeiden Sie unnötige Spielpausen, denn sie sind oft Störquellen!
- ▷ Schaffen Sie Anreize durch Änderungen der Regeln, Wertungen, Zeitvorgaben, Spielfeldgröße sowie Lauf- und Ballwege! Setzen Sie unterschiedliche Spiel-, Wurf- und Fanggeräte ein! Fordern und fördern Sie die Mitarbeit (Ideen, Vorschläge) der Kinder!
- ▷ Achten Sie auf Ehrlichkeit, auf eine gute Kooperation leistungsstärkerer und leistungsschwächerer Kinder sowie auf faires Verhalten bei Gewinner*innen und Verlierer*innen!
- ▷ Setzen Sie ein bestimmtes Spiel nicht so lange ein, bis die Spielfreude nachlässt! Führen Sie rechtzeitig Varianten und neue, andere Kleine Spiele ein! Berücksichtigen Sie hierbei die Vorschläge der Kinder!

- ▹ Die Gewinnchancen einer Gruppe dürfen durch extrem leistungsschwache Kinder nicht entscheidend beeinträchtigt werden – sie erhalten leichtere oder andere Vorgaben.
- ▹ Kleine Spiele brauchen nicht immer Wertungen und Sieger*innen, zumal, wenn das Ergebnis eindeutig ist. Kinder wetteifern auch so.

Erleben persönlicher Erfolge

Durch ihre weitgehend für alle lösbaren und stimulierenden Anforderungen geben Kleine Spiele jedem Kind die Chance zum Erleben persönlicher Erfolge. Auch das freie Spielen ist stets verbunden mit Können-Wollen und Leisten-Wollen. Leistungsstreben und Sich-vergleichen-Wollen gehören zum Spiel. Kinder haben ein ganz natürliches Verlangen nach Vergleichen und nach Wettbewerbssituationen. Störend sind oft überzogene und zusätzliche Wertungen von außen. Wenn Kinder sich am Spiel oder am Wettbewerb mit Begeisterung und mit sichtbarer Anstrengung beteiligen und das Ergebnis für alle offensichtlich ist, wozu braucht man noch zusätzliche Wertungen durch die Lehrkraft? Überzogene Wertungen und Wettbewerbsformen stören oft mehr, als sie helfen, und können zu einem Leistungsdruck führen, der das ungezwungene Mit- und Gegeneinander behindert sowie Frust und Streit aufkommen lässt. Wichtig ist, dass *Sieg und Niederlage* nicht überbewertet, *Fairness und Miteinander* hervorgehoben werden sowie *Anstrengungsbereitschaft und die individuelle Leistung* und deren *Verbesserung* ausreichend Beachtung finden.

Den unterschiedlichen Voraussetzungen der Kinder wird entsprochen, wenn eine sportliche Leistung sowohl als *erfolgreiche* als auch als *bestmögliche Bewältigung* einer Bewegungsaufgabe verstanden wird. Bewegungserfahrungen besitzen einen hohen Anteil an Sozialerfahrungen, d. h. sie beeinflussen das Selbstvertrauen, die Kommunikations- und die Kooperationsbereitschaft. Gerade die Kleinen Spiele geben Kindern die Gelegenheit, sich relativ frei und unbekümmert mit anderen zu vergleichen und auseinanderzusetzen. Aber auch im Spiel brauchen Kinder erwachsene Vorbilder, an deren Einstellungen und Haltungen sie sich orientieren können. Sie sollen erleben, wie man fair und offen miteinander umgeht, wie man mit Stärken und Schwächen, mit Erfolg und Misserfolg, mit Sieg und Niederlage zurechtkommt. Keine Lehrkraft kann sich dieser Wirkung entziehen!

3 Hinweise zu den Spielbeschreibungen

Die **Spielbeschreibungen** sind immer gleich aufgebaut:

- ▷ Einleitend sind kurz *pädagogische Empfehlungen* zum Spielbereich zusammengestellt, die übergreifend wirksam sind. Sie erhalten einen Überblick, welche sportlichen Fähigkeiten und Fertigkeiten sowie Verhaltenseigenschaften durch das jeweilige Spiel besonders angeregt werden und, ob sich ein Spiel auch für den Einsatz in einer 1. Klasse eignet.
- ▷ Jede Spielbeschreibung beginnt mit Angaben zur bevorzugten Klasse sowie zum **Platzbedarf**. Der Platzbedarf für das Spiel mit ca. 20 Kindern wird anhand des Volleyballfeldes dargestellt (9 m x 18 m).

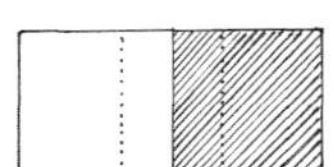

eine Hälfte des Feldes oder kleiner

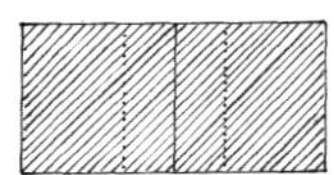

Volleyballfeld

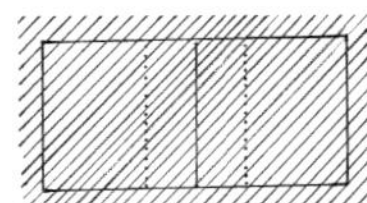

größer als ein Volleyballfeld

- ▷ In den einzelnen Spielen ermöglichen Hinweise zu *Grundgedanke, Materialien, Durchführung, Varianten und Tipps* eine schnelle Übersicht und sollen auftretende Unsicherheiten bei der Einführung eines Spiels begrenzen. Sie sind deshalb ausführlich dargestellt. Darüber hinaus werden z. T. für einzelne Spiele oder Varianten vertiefende Angaben geboten. **Der Schwierigkeitsgrad** wird zusätzlich mit Sternchen gekennzeichnet (niedrig = ohne Stern, mittel = *, hoch = **). Bei den **Tipps** werden übergreifend methodisch-organisatorische Hinweise für das Spiel gegeben. Der Pfeil ▶ kennzeichnet zusätzliche Anregungen.

Alle Angaben und Zuordnungen sind diskutabel und als Orientierung zu verstehen. In der Spielbeschreibung ist in der Regel eine Wertung ausgewiesen. Auf sie wird nur dann näher eingegangen, wenn es mehrere Wertungsaspekte gibt oder Unklarheiten bestehen könnten. Im Allgemeinen sind für Kleine Spiele zu Beginn bzw. zum Abschluss der Sportstunde 8 bis 12 Minuten zu planen. In den Spielbeschreibungen angegebene Zeiten beziehen sich auf das Spiel bis zum Rollentausch mit Wechsel der Aufgaben oder bis zur Zwischenwertung. Vielfältige Möglichkeiten zur alters- und leistungsbezogenen Differenzierung von der 1. bis zur 4. Klasse ergeben sich u. a. durch längere Spielzeiten, längere Laufwege, größere Abstände bei Zielspielen, schwerere bzw. komplexere Aufgaben. Diese Formen der Differenzierung sind in den Spielbeschreibungen nur angedeutet und von Ihnen, anhand Ihrer Kenntnisse vor Ort, zu nutzen.

Laufspiele

Zu den Laufspielen gehören nach Döbler/Döbler[1] Fangspiele, Platzsuchspiele, Wettläufe und Staffeln.

- Im Kapitel 1 sind **Fangspiele** ausgewiesen, die das Fangen eines Mitspielenden und den damit verbundenen Rollentausch beinhalten.
- Im Kapitel 2 sind **Platzsuchspiele und Wettläufe** eingeordnet, die das Wetteifern mit dem Laufen verbinden, aber nicht oder nur zum Teil den charakteristischen Merkmalen der Staffeln entsprechen.
- Im Kapitel 3 sind **Staffeln** ausgewiesen, die geprägt sind vom gruppenbezogenen Wettbewerb, dem Nacheinanderlaufen der Mitglieder der Gruppe und dem typischen Wechsel an der Startlinie.

Dem Bewegungsbedürfnis der Kinder und ihrem Interesse an Neuem kommt entgegen, wenn das Laufen mit kleinen Geschicklichkeitsanforderungen oder dem Lösen von Aufgaben verbunden wird. Der eigentliche Bewegungsantrieb ist die Attraktivität der zu lösenden Handlungsvorgabe, sind abwechselnde Situationen mit Wahlmöglichkeiten und die Offenheit des Spielausgangs.

Laufspiele sollen zum intensiven Bewegen anregen und dabei möglichst alle Kinder einbeziehen. Wird ein Laufspiel des Inhalts wegen von den Kindern angenommen, wird die Belastung eher akzeptiert und weniger wahrgenommen. Im Spielverlauf ergeben sich immer wieder kleine Pausen zur Erholung, sodass Überbelastungen in der Regel nicht auftreten. Das Problem besteht eher darin, dass nicht für alle Kinder ausreichende Belastungsreize gesetzt werden. Durch Ändern von Regeln, durch Variieren des Bekannten oder durch ungewöhnliche Geräte und Materialien sind Interesse und Motivation für bekannte Laufspiele immer wieder neu oder verstärkt anzuregen. Laufspiele bieten sich sowohl in der Halle als auch im Freien an und sind bei altersgerechter Modifizierung für mehrere Klassenstufen geeignet.

Der Wert der Laufspiele liegt vor allem in der Entwicklung der Schnelligkeit und in der Ausdauer als ein Beitrag zur Fitness. Darüber hinaus trägt ein vielfältiges Laufen zur Bewegungssicherheit und somit zur Unfallverhütung bei. Mit dem Laufen verbundene Bewegungs- und Lösungsaufgaben lockern auf, fördern die Bewegungskoordination (besonders Reaktions-, Orientierungs- und Differenzierungsfähigkeit) und das soziale Lernen (Miteinander, Fairness und Ehrlichkeit). In einigen Spielen wird erhöhte Konzentration und taktisches Verhalten verlangt.

1 Döbler, E. & Döbler, H. (1994). Kleine Spiele. (19. Aufl.). Berlin: Sportverlag.

Allgemeine Hinweise für Laufspiele:

- Die Möglichkeit zum gleichzeitigen Lauf der gesamten Gruppe ist wiederholt zu nutzen, um angemessene Belastungen zu erreichen. Das gemeinsame Handeln führt oftmals auch bei motorisch und sozial zurückhaltenden bzw. laufschwachen Kindern zu einer Lauf- und Leistungsbereitschaft, die ohne diese Gruppendynamik schwer zu erreichen ist.
- Die Länge der Laufstrecke sollte Entwicklungsreize setzen, kurze Wartezeiten sowie einen spannenden Wettbewerb ermöglichen.
- Feldgröße, Laufwege und Anzahl der fangenden Kinder sind je nach Zielstellung zu variieren, wobei eine angemessene Intensität für alle Teilnehmenden anzustreben ist.
- Damit sich die laufenden Kinder nicht behindern, ist auf seitlichen Abstand zwischen den Gruppen und den Wendemalen zu achten.
- Legen Sie Spielfeldbegrenzungen fest! Bei unbeabsichtigten Verstößen reagieren Sie moderat, weil der Spieldrang oftmals die Ursache ist.
- Ihr Standort ist so zu wählen, dass bei Streitigkeiten schnell und gerecht entschieden werden kann!
- Der Spieleifer ist oft die Ursache, dass beim Wechsel etwas zu früh losgelaufen wird. Deshalb sollten Sie auch hier moderat reagieren.
- Eine unterschiedliche Gruppenstärke ist nur dann zu beachten, wenn sich daraus Vorteile ergeben. Bei Staffelspielen läuft in der Gruppe mit weniger Teilnehmenden zum Ausgleich ein Kind zwei Mal.
- Treten wiederholt deutliche Leistungsunterschiede zwischen den Gruppen auf, kann das Wendemal zugunsten der laufschwächeren oder zuungunsten der laufstärkeren Gruppe versetzt werden. Diese Maßnahme zur Sicherung der Spannung und Chancengerechtigkeit sollte in Absprache und mit Einsicht der Kinder erfolgen.

Verzeichnis der Spiele mit Anwendungsbereichen

x = hohe Bedeutung o = mittlere Bedeutung

Name des Spiels	Nr. des Spiels	Klasse 1*	Reaktion	Orientierung	Differenzierung	Gleichgewicht	Schnelligkeit	Ausdauer	Kraft	Beweglichkeit	Fertigkeiten	Taktik	Miteinander	Fairness
Fangspiele														
Fuchs und Hase	1	x	x	x		o	o	o	o	o		o	o	o
Wollknäuel drehen	2		x	x	x		o	o			o		o	o
Krake fängt	3		o	x		o	o	o				o	x	x
Fangen hier oder dort?	4	x	x	x				x				o	o	o
Brückenwache	5	x	x	x				x				x	x	x
Punkte sammeln	6		x	x			o	o				x	o	o
Schiffe versenken	7	x	o	x			o	o				o	x	x
Platzsuchspiele/Wettläufe														
Schau mir in die Augen	8	x	x	x			o	o				o	x	o
Richtige Stelle	9	x	x	x				o					x	o
Führungsläufe	10	x	x	o	o			x					x	x
Banksitzen	11	x	x	x		o	o	o	o			o	x	x
Haus suchen	12	x	x	x			x	x				o	x	x
Bäume versetzen	13	x	x	x				x					x	x
Weltraumspiel	14	x	o	x				x				o	x	o
Kurze Treffen	15	x	x	x			o	x					x	x
Was muss ich tun?	16	x	x	x				x					x	x
Familie Meier	17	o	x				o	o					x	x
Feuer-Wasser-Sturm	18	x	x	x		o	o	x				o	x	x
Zahl gleich Kinderanzahl	19	x	o	o			o	x					x	o
Jede Zahl einmal	20		o	o			o	x				o	x	o
Suchwort	21		o	x		o		o				o	o	o
Brennball	22		o	x	o	o		x			o	x	x	x
Staffeln														
Schätze sammeln	23	x	o	x			x	o				o	x	x
Kegel auf und um	24	x	x	x	x		o	o				o	o	o
Tennisring drehen	25		o	x	x		o	o			o		x	x
Hut aufsetzen	26	x	o	x	x	o							x	o
Von 1 bis 10	27		o	x	o		x	o				x	x	x
Richtiges Blatt	28	x	x	o			o	o				o	x	x

Laufspiele

Name des Spiels	Nr. des Spiels	Klasse 1*	Reaktion	Orientierung	Differenzierung	Gleichgewicht	Schnelligkeit	Ausdauer	Kraft	Beweglichkeit	Fertigkeiten	Taktik	Miteinander	Fairness
Puzzeln	**29**	x	o	x			o	o					x	x
Laufen, schauen, holen	**30**	x	x	x	o		x	o				o	x	x
Schauen, laufen, malen	**31**	x	x	x	x		o	o				x	x	x
Pyramide	**32**	x	x	x			o	x				o	x	x
Bingo	**33**		o	o	o		o	x				o	x	x
Tabelle & Code knacken	**34**	x	o	o			o	x					x	x
Klammerhoheit	**35**	x	x	x	x	o		o				x	x	x

* Ein fehlendes Symbol bedeutet, dass für die 1. Klasse das Spiel nicht empfohlen wird.

1 Fangspiele

Besonders zu Beginn einer Sportstunde eignen sich Fangspiele sehr gut, weil sie die Kinder unkompliziert und schnell in Bewegung bringen. Dabei können Sie durch geschicktes Agieren laufschwächeren Kindern helfen (s. u.). Die relativ häufigen Wechsel der fangenden Kinder bieten Anreize, Spaß am Spiel ist vorrangig und die Frage danach, wer gewonnen oder verloren hat, stellt sich kaum. Bei einigen Spielen zwingt ein Agieren als Gruppe zum gemeinsamen und abgestimmten Handeln. Durch das Fangen und Ausweichen werden dynamisches Laufverhalten, das Wählen zweckmäßiger Laufwege und eine effektive Raumausnutzung sowie taktisches und gemeinsames Verhalten trainiert. Fairness im Sinne von Ehrlichkeit und gegenseitige Rücksichtnahme sind ständige Begleiter der Fangspiele.

- ▹ Zur Einführung eines Spieles sollten Sie mitspielen und als erstes fangen. Dadurch wird der Spielgedanke anschaulich vermittelt und die Leistungsbereitschaft der Kinder angeregt.
- ▹ Das fangende Kind bzw. die Fangenden müssen eindeutig erkennbar sein (Chiffontuch). Ein Wechsel soll unkompliziert und schnell erfolgen.
- ▹ Kein Widerschlag nach Abschlag durch eine*n Fänger*in!
- ▹ Es empfiehlt sich eine Zeitbegrenzung beim Fangen oder ein Rollentausch beim „Nichtfangen“, damit laufschwächere Kinder nicht die Lust am Spiel verlieren und ihre „Schwäche“ nicht übermäßig sichtbar wird.
- ▹ Damit gerade auch laufschwächere Kinder ausreichend gefordert und gefördert werden, ist in der Regel ohne Ausscheiden zu spielen. Ein Ausscheiden ist nur gerechtfertigt, wenn nach kurzer Auszeit ein Weiterspielen gegeben ist oder nach individuell hoher Belastung das Zuschauen als Erholung empfunden wird.
- ▹ Fangende und laufende Kinder sollten zur Lösung ihrer unterschiedlichen Aufgaben vergleichbare Chancen haben.
- ▹ Nicht jeder Abschlag muss zum Wechsel des fangenden Kindes führen. Ein Wechsel kann auch erst mit dem Abschlag eines dritten Kindes erfolgen. Zusätzlicher Reiz ist gegeben, wenn gewürfelt wird und die gewürfelte Zahl die Anzahl abzuschlagender Kinder bis zum Wechsel bestimmt.
- ▹ Oftmals wollen viele Kinder fangen. Die Lehrkraft bestimmt und ein Teil der Kinder ist unzufrieden. Entscheidet der Zufall, wird das leichter akzeptiert. Das fangende Kind oder die Fänger*innen können durch Losen oder Würfeln bestimmt werden. Die sich meldenden Kinder ziehen Karten – der Joker darf fangen. Alternativ könnten ihnen Zahlen von 1 bis 6 zugeordnet werden, anschließend wird eine Zahlenkarte gezogen oder mit einem Schaumstoffwürfel gewürfelt.

1 Fuchs und Hase Kl. 1–4

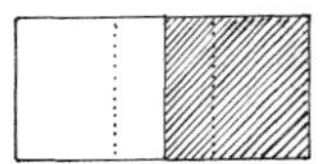

Grundgedanke:
In einem kleinen Feld versucht ein Kind als Fuchs die anderen als Hasen abzuschlagen. Diese können sich durch das Einnehmen einer bestimmten Körperhaltung (Freimal) dem Abschlag entziehen.

Materialien:
Linien/Markierungskegel für Feldbegrenzung, u. U. Plüschtier als Fuchs

Durchführung*:
Damit das Freimal häufig eingenommen wird, ist in einer Hälfte des Volleyballfeldes zu spielen. Durch Sie wird das Spiel eingeleitet: „Ich bin der Fuchs (Fuchs als Plüschtier in der Hand) und ihr die kleinen Hasen, die der Fuchs fangen möchte. Wenn der Fuchs kommt, macht ihr euch ganz klein (Hockstütz zeigen) – dann sieht euch der Fuchs nicht. Ist der Fuchs vorbeigelaufen (Abstand von ca. 2 Metern verdeutlichen), lauft und springt ihr vor Freude wieder umher“. Sie als Fänger*in sollten sich so bewegen, dass die Kinder nicht abgeschlagen werden. Unter Umständen müssen einzelne Kinder zur Einnahme bzw. Aufgabe der Hockstützes aufgefordert werden. Erst dann sollten Kinder als Fuchs eingesetzt werden.

▶ Die wiederholte Änderung der Laufrichtung des fangenden Kinds führt zu einer hohen Bewegungsintensität aller Beteiligten. Der „Fuchs“ hat eigentlich kaum eine Chance zum Abschlag, wenn die „Hasen“ sich aufmerksam verhalten. Deshalb ist eine Zeitbegrenzung von 1 Minute Fangzeit sinnvoll.

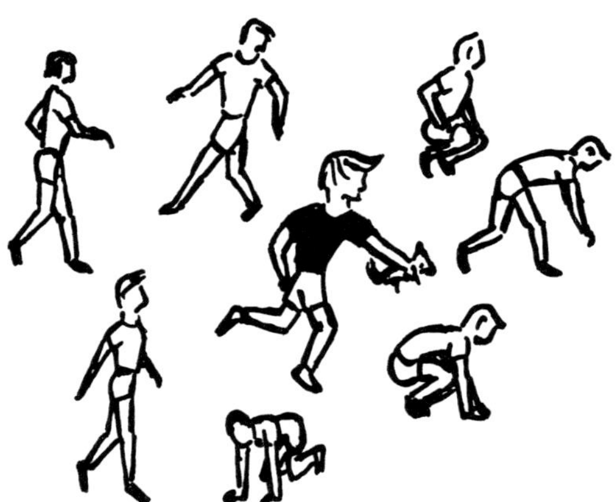

Varianten:

- Als Freimal können der Sitz, der Hockstütz, der Hockstand, die Bankstellung oder die Bauchlage eingenommen werden. Die Art des Freimals kann festgelegt werden oder jedes Kind entscheidet sich stets neu.

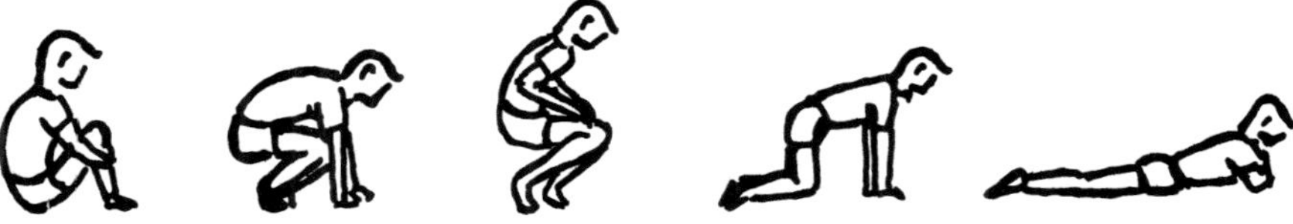

Tipps:

In großen Klassen sollte nach der Einführung durch Sie in 2 Gruppen oder mit 2 Fangenden gespielt werden. Anstatt Fuchs und Hase kann man auch andere Plüschtiere einsetzen, im Sinne von Teufel und Engel, Habicht und Henne, Elefant und Maus, Krümelmonster und Krümel. Es kann auch ohne Plüschtier gespielt werden, aber gerade die Einbeziehung von Gegenständen aus dem Lebensalltag der Kinder bereichert den Unterricht.

▶ **Sprungparcours****: Als Freimal gilt das Überlaufen oder Überspringen eines Hindernisses bei der Verfolgungsjagd, wodurch sich das fangende Kind ein anderes zum Fangen suchen muss. Die zu umlaufenden oder zu überspringenden Hindernisse sind aus Schaumstoff (z. B. Bauklötze, Frisbeescheiben) und ungeordnet im Feld ausgelegt.

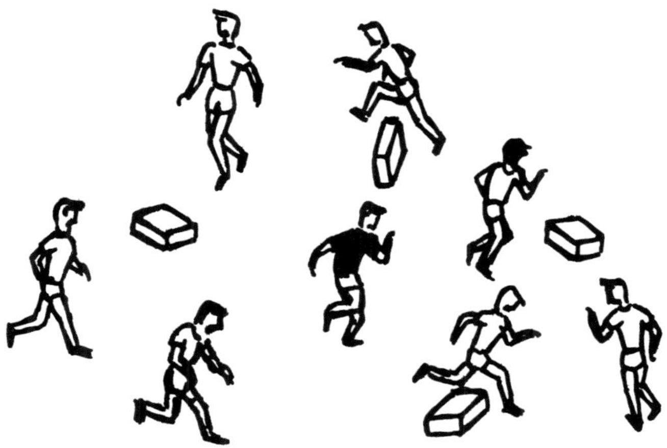

2 Wollknäuel drehen Kl. 2–4

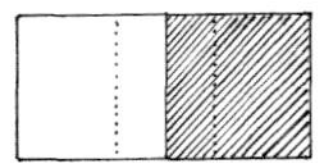

Grundgedanke:
Das fangende Kind dreht in einer Hand ein Wollknäuel am Faden und versucht mit der anderen Hand, eine*n Mitschüler*in abzuschlagen.

Materialien:
Wollknäuel am ca. 20 cm langen Faden oder eine Rassel, Linien/Markierungskegel zur Feldbegrenzung

Durchführung*:
Das Wollknäuel soll vom fangenden Kind ständig gedreht werden. Ein gültiger Abschlag liegt nur vor, wenn sich zum Zeitpunkt des Abschlages das Wollknäuel dreht. Dann übernimmt das abgeschlagene Kind das Wollknäuel und ist als neue*r Fänger*in erkennbar.

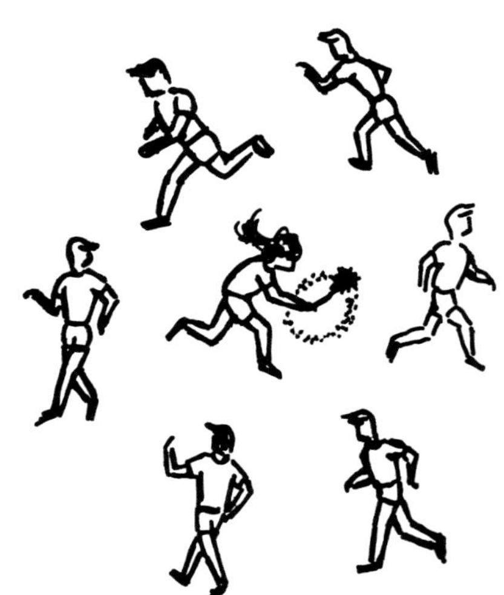

▶ Damit das fangende Kind eine Chance hat, weil das Drehen des Wollknäuels das Laufen und Fangen erschwert, ist das Spielfeld klein zu halten (eine Hälfte des Volleyballfeldes). Bei erfolglosem Fangen sollte nach ca. 1 Min. ein anderes Kind das Fangen übernehmen.

Varianten:
- Leistungsstarken bzw. älteren Kindern ist das Drehen der Rassel** zu empfehlen. (Kl. 3/4) Gelingt das nicht ausreichend, kann zum Wollknäuel gewechselt werden.

Tipps:
Sie sollten als erstes fangen: einerseits zum Verdeutlichen der Aufgabenstellung und andererseits, um zu zeigen, dass ungewöhnliche Geräte das Sporttreiben bereichern können und der Einsatz des Wollknäuels bzw. der Rassel Spaß macht. Bei großen Klassen bietet sich das Spiel in 2 Gruppen auf getrennten Feldern oder mit 2 Fangenden an. Die Lautstärke der Rassel kann gemindert werden, indem ein Gummiband den Anschlag des Rasselarmes dämpft.

3 Krake fängt Kl. 2–4

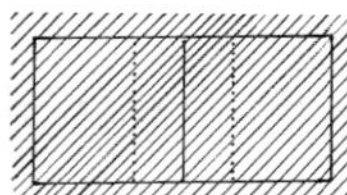

Grundgedanke:
Die fangenden Kinder sind ein Krake und versuchen, die Kraken-Arme durch Abschlagen der Mitschüler*innen zu verlängern.

Materialien:
1 bzw. 2 möglichst weiche Springseile

Durchführung*:
3 Fangende fassen mit einer Hand an ein zusammengebundenes Springseil und sind der Krake. Mit der freien Hand sollen die anderen Kinder abgeschlagen werden. Gelingt das, so wird an dieser Stelle der Arm des Kraken verlängert, d. h. es entstehen ungleich lange Kraken-Arme. Der Krake darf nur mit den freien Händen und wenn alle Glieder der Arme geschlossen sind, abschlagen. Die Laufenden versuchen auch unter den Kraken hindurch, sich einem Abschlag zu entziehen.

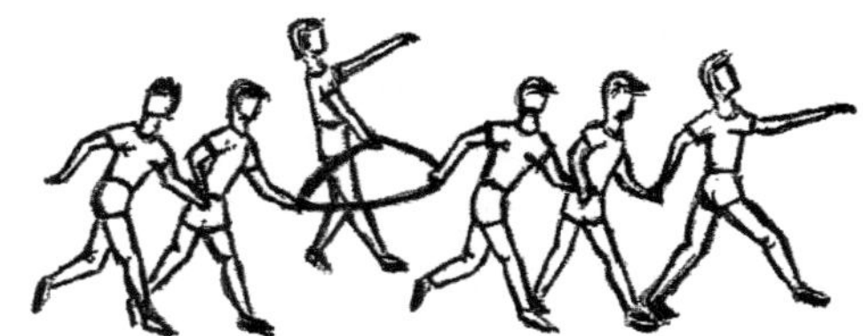

▶ Das Spiel endet nach einer Zeitvorgabe oder wenn alle Laufenden abgeschlagen sind. Bei einer hohen Anzahl an Teilnehmenden (über 20) und ausreichendem Platz kann auch mit 2 Kraken gespielt werden. Das Spielfeld sollte größer als ein Volleyballfeld sein.

Varianten:
- Die Länge der Kraken-Arme wird festgelegt* (z. B. maximal 5 Kinder je Kraken-Arm).
- Beim Kraken am Seil**, beginnend mit 2 bis 3 Kindern, hat jedes Kind eine Hand am Seil, d. h. es entsteht ein Krake mit vielen kurzen Armen. Damit alle abgeschlagenen Kinder am Seil anfassen können, ist u. U. ein längeres Springseil zu wählen oder mit 2 Kraken zu spielen.

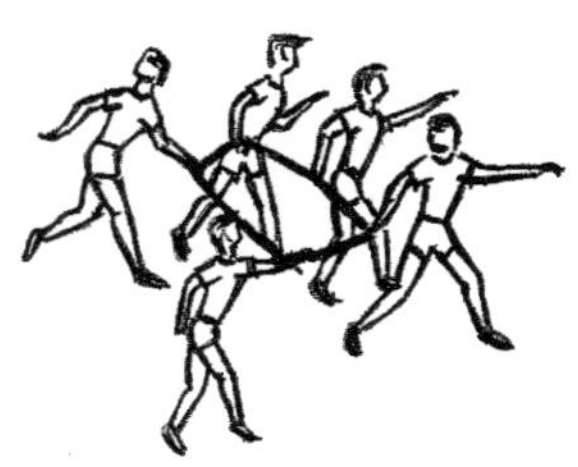

Tipps:
Möglichst ein etwas dickeres, weiches Springseil nutzen. Bei Einführung des Spiels ist auf das gemeinsame Handeln als Krake aufmerksam zu machen. In der 3./4. Klasse können die Kinder selbst erkunden, wie der Krake am effektivsten fängt. Nach dem Spiel ist eine kurze Auswertung zum taktischen Vorgehen und zum Miteinander sinnvoll.
▶ Paarfangen: Hierbei beginnt ein fangendes Kind. Hat es ein Kind abgeschlagen, geben sich beide eine Hand und fangen als Paar weiter. Sobald eine Kette von 4 Kindern besteht, teilt sich die Gruppe wieder zu Paaren.
▶ Kettenfangen: Hier erfolgt eigentlich eine stete Erweiterung der Kette. Es ist aber ratsam, mit dem achten Kind die Kette wieder zu teilen.

4 Fangen hier oder dort? Kl. 1–4

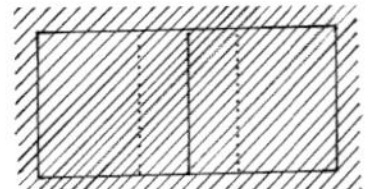

Grundgedanke:
Traditionelles Fangen mit der Besonderheit, dass auf Zeichen der Lehrkraft das Fangen in einem zweiten Fangfeld fortgesetzt wird. Erhöhte Konzentration ist gefordert, weil im Rahmen des Fangspiels auf die Aufforderung zum Feldwechsel zu reagieren ist.

Materialien:
Chiffontuch oder kleines Schaumstoffteil, Linien/Markierungskegel für die Feldbegrenzung

Durchführung:
Es werden 2 getrennte Fangfelder benötigt. Die Kinder spielen „normales" Fangen in einer Hälfte des Spielfeldes mit Wechsel des fangenden Kinds beim Abschlag (Tuchübergabe). Auf Zeichen von Ihnen (Handklatsch oder Pfiff) wechseln alle Kinder in die andere Hälfte des Spielfeldes, auch das fangende Kind. Das Kind, das zuletzt das neue Fangfeld betritt, muss nun fangen.

▶ Das fangende Kind muss deutlich zu erkennen sein und der Wechsel soll zügig erfolgen können, z. B. durch ein Chiffontuch.

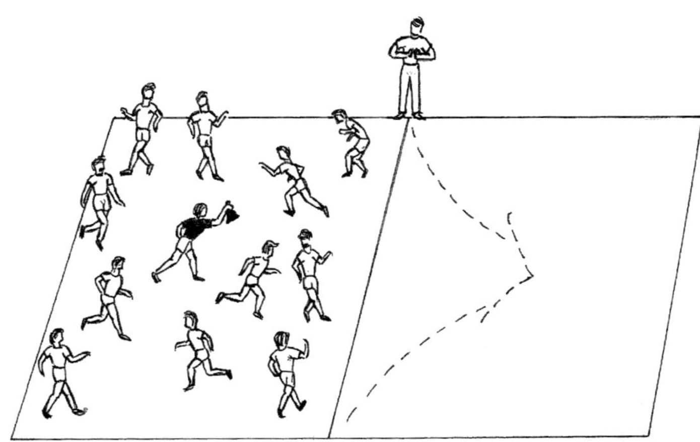

Tipps:
Dieses Fangspiel ist pädagogisch besonders geeignet, weil Sie situationsbedingt und unaufdringlich in den Spielverlauf eingreifen können. Laufschwächeren Fangenden können Sie „helfen", indem Sie zum Feldwechsel auffordern, wenn das Kind in der Nähe der Mittellinie ist. „Eckensteher*innen" müssen ggf. über das ganze Feld laufen.

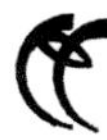

5 Brückenwache Kl. 1–4

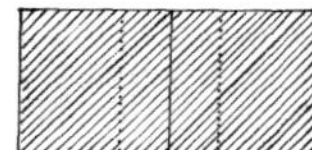

Grundgedanke:
Rundlauf über Brücken, wobei Brückenwachen das Überlaufen ihrer Brücke blockieren und durch Abschlagen neutralisieren.

Materialien:
2 Bänke und Markierungskegel

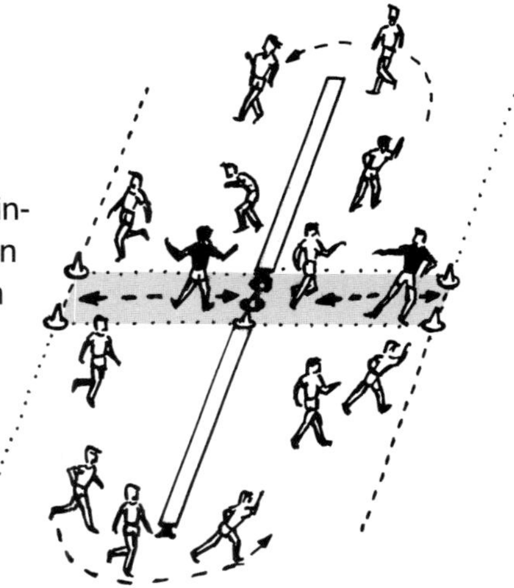

Durchführung:
Ein Spielfeld von ca. 6 m Breite wird durch zwei hintereinander gestellte Turnbänke in zwei Laufzonen (Brücken) von ca. 3 m geteilt. Der Abstand zwischen den Bänken beträgt ca. 1 m und grenzt die Fangzone auf den Brücken ein. Sichtbar auch durch Markierungskegel am Rand der Brücken. Nur in dieser Fangzone bewegen sich die Brückenwachen und dürfen abschlagen. Der Seitenwechsel erfolgt im Rundlauf an den Bänken vorbei. Ein abgeschlagenes Kind läuft weiter, die Brückenüberquerung zählt aber nicht.

▶ Die Fangzone ist so zu wählen, dass Wachen und Laufende ihre Chancen haben (u. U. sind Korrekturen notwendig). Die beiden Brückenwachen erwarten jeweils in ihrer Fangzone die Laufenden. Zur Einführung kann das Spiel als Seitenwechsel erfolgen, indem die Kinder auf Ansage von einer Grundlinie aus zur anderen wechseln. Dort aber warten, bis alle Kinder die Seite gewechselt haben. Auf Ansage wird wieder zur anderen Seite gelaufen.

▶ Es kann eine Zeit vereinbart werden, in der möglichst oft und ohne Abschlag die Brücken überquert werden sollen (z. B. 3 Min.). Die Anzahl erfolgreicher Brückenüberquerungen kann ebenfalls Zielstellung sein (z. B. 20 Überquerungen).

Varianten:

- Ein Mädchen und ein Junge sind Brückenwachen. Sie konzentrieren sich beim Abschlagen nur auf das eigene (oder andere) Geschlecht und lassen die Kinder des anderen (oder eigenen) Geschlechts unbehelligt über die Brücke**.
- Auf jeder Brücke sind 2 über Handfassen verbundene Brückenwachen**. Die anderen Kinder laufen weiterhin allein. Die Breite der Fangzone ist zu erweitern.
- Auf einer langen und schmalen Brücke sind 2 Brückenwachen** in ihrer jeweiligen Fangzone aktiv; der Rücklauf erfolgt in einer Gasse ohne Brücke. Das Kind muss an beiden Brückenwachen ohne Abschlag vorbei, damit die Überquerung zählt.

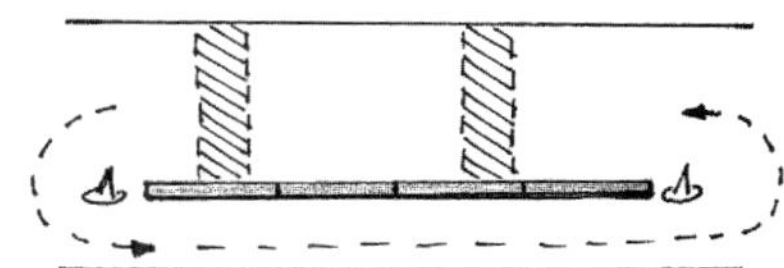

6 Punkte sammeln Kl. 2–4

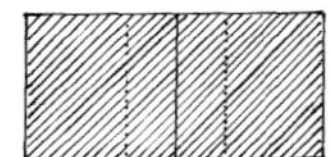

Grundgedanke:
Mit dem Betreten von Punktestationen (Markierungen) können Punkte gesammelt werden. Platzwachen versuchen, dies durch Abschlagen zu verhindern.

Materialien:
8 bis 12 Markierungen (Abwurfzonen aus dem Basketball und gummierte Teppichfliesen), Linien/Markierungskegel, 2 Westen für die Wachen

Durchführung:
In einem Spielfeld (Volleyballfeld) werden vorrangig im zentralen Bereich die Markierungen gelegt. Im Spielfeld sind 2 Platzwachen, die durch Abschlagen einen Punktgewinn verhindern. Alle anderen Kinder ordnen sich außerhalb um das Spielfeld an. Von allen 4 Seiten darf das Feld betreten und **eine** beliebige Punktstation angelaufen werden. Wird ein Kind im Feld oder in einer Punktstation abgeschlagen, muss es ohne Punktgewinn das Feld verlassen, kann aber mit einem neuen Versuch wieder Punkte sammeln.
Es kann nach Zeit gespielt werden, in der jedes Kind möglichst viele Punkte sammelt (z. B. 3 Min.) oder eine bestimmte Anzahl an Punkten wird vorgegeben (z. B. 10).

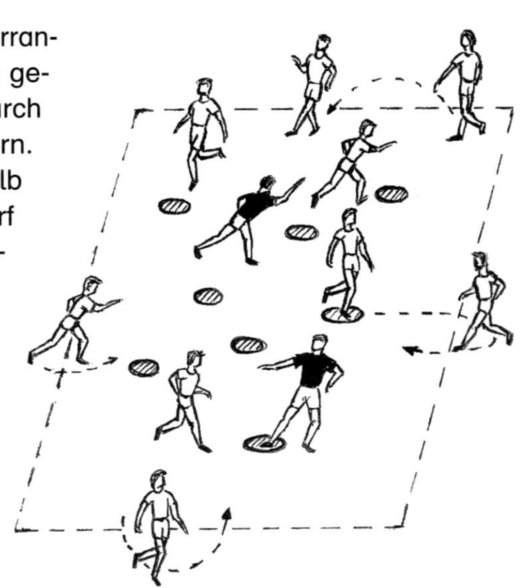

Varianten:
- Die Laufenden dürfen in den Punktstationen stehen bleiben und dort nicht abgeschlagen werden. Es darf sich aber immer nur ein Kind dort aufhalten. Für einige besonders große oder auffällige Markierungen kann auch der Aufenthalt von zwei Kindern zugelassen werden.
- In Punktstationen können 1, 2 oder 3 Punkte** gesammelt werden. Die unterschiedlichen Wertigkeiten sind durch Zahlen oder Farben zu erkennen. Die Stationen mit 3 Punkten sind zentral im Spielfeld auszulegen.

Tipps:
Auch die Platzwachen können ihre Abschläge zählen und vergleichen. Hallenmarkierungen sind zu nutzen, damit eine eindeutige Begrenzung des Spielfeldes gegeben ist.

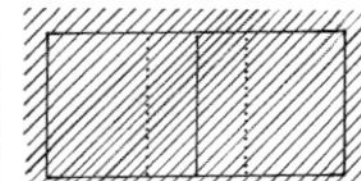

7 Schiffe versenken Kl. 1–4

Grundgedanke:
Pirat*innen versuchen, mit Kanonenkugeln Schiffe zu versenken (Kinder im Reifen), indem ein Ball in den Reifen gelegt wird.

Materialien:
3 kleine Soft- oder Kooshbälle und Westen für die Pirat*innen, für alle anderen Kinder Gymnastikreifen (günstig: Ø 60 cm), Linien/Markierungskegel zur Feldbegrenzung

Durchführung:
Die Kinder stehen im Reifen und tragen ihn als Schiff in Hüfthöhe. 2 bis 3 Pirat*innen haben kleine Softbälle als Kanonenkugeln. Die Schiffe versuchen, durch schnelle Fahrt und durch Wellenbewegungen mit dem Reifen Treffer zu verhindern. Wird ein Schiff versenkt, muss es in die Werft und wird repariert. Die Lehrkraft oder ein festgelegter Ort sind die Werft. Nur 2 Schiffe halten sich in der Werft auf. Kommt ein drittes hinzu, verlässt das Schiff mit der längsten Standzeit die Werft. Gespielt wird nach Zeit (z. B. 3 Min.) oder bis eine bestimmte Anzahl an Schiffen versenkt wurde (z. B. 10).

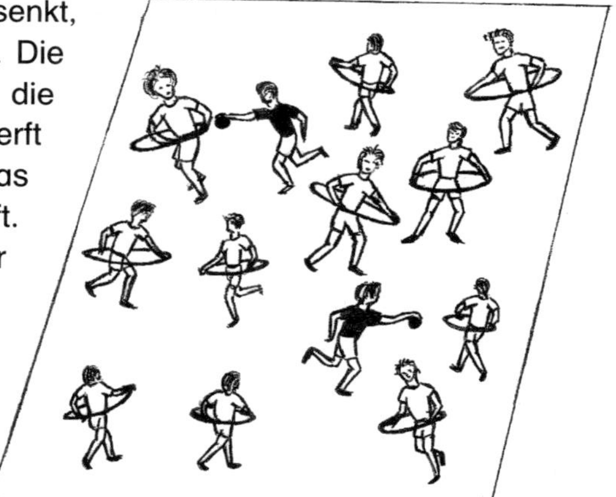

▶ Es kann vereinbart werden, dass ein Schiff erst mit dem zweiten oder dritten Treffer versenkt ist.

Variante:
- Kinder versenkter Schiffe warten an einer als Rettungsufer festgelegten Seitenlinie. Sie legen ihre Reifen außerhalb des Spielfeldes ab und können sich an andere Schiffe anhängen, indem sie am Reifen anfassen. Diese Doppelschiffe sind erst mit der dritten Kanonenkugel versenkt.
- Kinder versenkter Schiffe warten außerhalb des Feldes, bis sie mit dem Kind eines zweiten versenkten Schiffs ein Doppelschiff bilden können.

Tipps:
Aus der Werft kommende Schiffe müssen die Werft unbehelligt von den Pirat*innen verlassen dürfen, um am Spiel wieder teilzunehmen. Das trifft auch für die auslaufenden Doppelschiffe zu. Für dieses Fangspiel ist relativ viel Platz notwendig, weshalb es auch im Freien besonders geeignet ist.

2 Platzsuchspiele/Wettläufe

8 Schau mir in die Augen Kl. 1–4

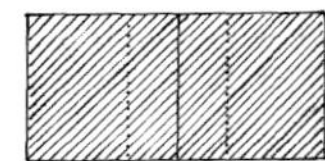

Grundgedanke:
Alle Kinder bewegen sich frei im Raum. Die Bezugsperson beendet plötzlich ihren Lauf und nimmt eine Pose ein. Jedes Kind muss sich so positionieren, dass es der Bezugsperson in die Augen schaut.

Materialien:
möglichst Musikanlage oder Tamburin

Durchführung:
Sie als Bezugsperson bewegen sich zwischen den Kindern. Plötzlich bleiben Sie stehen und nehmen eine Pose ein. Alle Kinder sollen sich zu Ihnen bewegen und sich so positionieren, dass Blickkontakt vorhanden ist. Nach kurzem Blickaustausch, eventuell mit einer kleinen Bemerkung, setzen sich alle wieder in Bewegung. Nachdem Sie 2- bis 3-mal die Bezugsperson waren, übernehmen Kinder diese Rolle. Die Aufforderung zum Blickkontakt sollten Sie durch ein Zeichen geben (Musikunterbrechung oder Tamburinschlag). Im weiteren Verlauf kann die Bezugsperson selbst den Zeitpunkt bestimmen.

Varianten:
- 2 Kinder sind Bezugspersonen. Auf ein Signal hin nehmen beide eine Pose ein. Jedes Kind entscheidet selbstständig, mit welcher Bezugsperson es Blickkontakt aufnimmt.
- 1 Mädchen und 1 Junge sind die Bezugspersonen. Interessant ist eine Zuordnung, indem die Jungen in die Augen des Mädchens und die Mädchen in die des Jungen schauen sollen.
- Sie bestimmen aus einer Gruppe von 3 bis 4 Kindern eine Bezugsperson, ohne die anderen Kinder zu informieren. Erst auf Ihr Zeichen hin und mit eindeutiger Pose wird die Bezugsperson für alle erkennbar.

Tipps:
Ungewöhnliche Posen beleben das Spiel. Zum Beispiel: Blick zur Seite, Einnahme eines Hockstandes oder Sitzes, Bauchlage mit auf den Händen gestütztem Kopf, Blick nach hinten durch die gegrätschten Beine. Es ist generell abzusichern, dass die Bezugsperson sich so positioniert, dass für alle Kinder der Blickkontakt möglich ist (nicht zum Boden oder zur Hallendecke schauen).

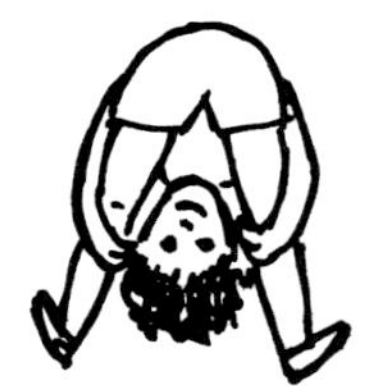

9 Richtige Stelle Kl. 1–4

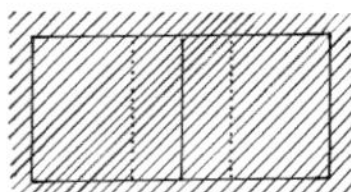

Grundgedanke:
Alle Kinder bewegen sich frei im Raum. Die Bezugsperson beendet plötzlich ihren Lauf und ruft laut bekannte Begriffe, die eine entsprechende Positionierung der Kinder zur Bezugsperson verlangen.

Materialien:
Chiffontuch, Softfrisbee für die Variante, eventuell Tamburin

Durchführung:
Sie bewegen sich unter den frei umherlaufenden Kindern. Auf Ihren Ruf (**nah, weit weg, vor mir, hinter mir, um mich herum, links neben mir** (linken Arm heben) oder **rechts neben mir** (rechten Arm heben)) nehmen die Kinder diese räumliche Position zu Ihnen ein. Nachdem Sie mehrmals Bezugsperson waren, können Kinder diese Aufgabe übernehmen. Sie sollten aber weiterhin die Begriffe ansagen und unterstützend eingreifen.
▶ Mit der lauten Aufforderung dürfen Sie Ihre Standposition nicht mehr ändern, damit für die Kinder eine klare Positionierung möglich ist. Ihre Ansage kann u. U. durch einen Tamburinschlag angekündigt werden.

Variante:
Die Kinder spielen in 3er-Gruppen. Ein Kind der Gruppe ist durch ein Chiffontuch/Softfrisbee als Bezugsperson hervorgehoben. Jede 3er-Gruppe bewegt sich frei im Raum (möglichst kreuz und quer in angemessenem Tempo). Sie rufen laut: **vorn, hinten, zwischen, rechts** oder **links**. In dieser Position hat sich die Bezugsperson im Rahmen der 3er-Gruppe zu bewegen. Entsprechend der Begriffe müssen sich die Kinder der Gruppe immer wieder neu und möglichst unter Beibehaltung der Laufbewegung positionieren. Nach ca. 2 Min. wechselt das Chiffontuch innerhalb der Gruppe, bis jedes Kind mindestens einmal Bezugsperson war.

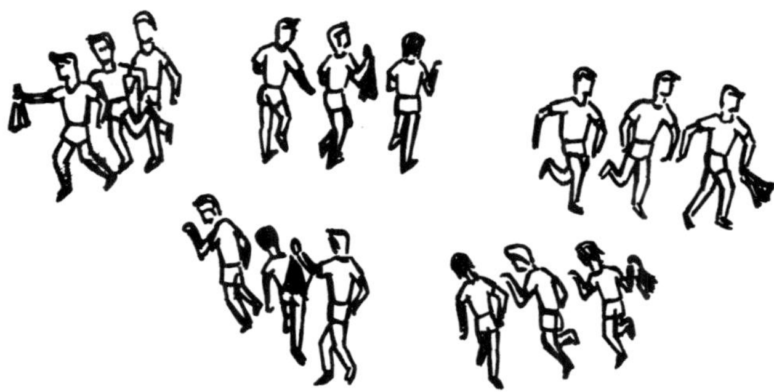

▶ Alle Begriffe bzw. Positionen sind vor dem Spiel mit den Kindern zu klären.

10 Führungsläufe Kl. 1–4

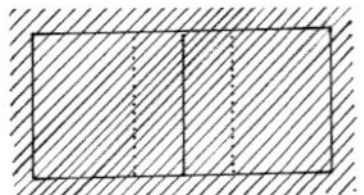

Grundgedanke:
Aus dem freien Lauf heraus finden sich kurzzeitig Laufgruppen von 4 Kindern, die sich – von gekennzeichneten Kindern angeführt – im Laufparcours frei bewegen, wieder auflösen und neue Laufgruppen bilden.

Materialien:
ca. 6 Chiffontücher/Softfrisbees für die führenden Kinder, Hindernisse (Markierungskegel, Turnhocker), eventuell Tamburin

Durchführung:
Jedes Kind läuft für sich, auch die mit Tuch hervorgehobenen Kinder. Auf ein Zeichen von Ihnen (Handklatsch, Pfiff, Tamburinschlag) ordnen sich 3 Kinder hinter ein gekennzeichnetes Kind ein. Möglichst ohne Laufunterbrechung soll diese Gruppenbildung erfolgen. Das führende Kind gibt den Laufweg vor. Nach ca. 1 bis 2 Minuten erfolgt mit der Auflösung der Laufgruppen die Übergabe des Tuches an ein anderes Kind der Gruppe. Jedes Kind läuft bis zum Zeichen für eine Neugründung der Laufgruppen wieder allein.

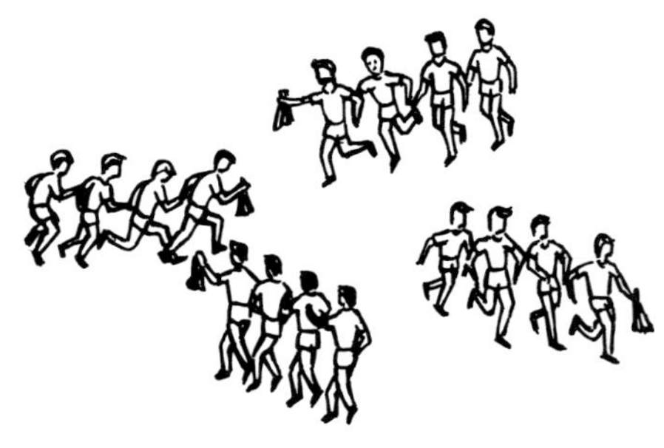

▶ Auf eine moderate Laufgeschwindigkeit und auf gegenseitige Rücksicht bei Begegnungen ist zu verweisen (rechts vor links bei Kreuzungen). Oftmals bilden sich, trotz Hinweisen, Laufgruppen mit einer abweichenden Anzahl an Kindern. Im Sinne eines reibungslosen Ablaufes sollte nicht zu stark in das Spiel eingegriffen werden.

Varianten:
- **Beständige Gruppen**: Spiel in 4er-Gruppen, die über das gesamte Spiel zusammen bleiben. Auf ein Zeichen übernimmt jeweils ein anderes Kind der Gruppe die Führung. In dieser vereinfachten Form ist gesichert, dass bei 3 Wechseln jedes Kind einmal die Gruppe anführt.
- **Hindernisse**: Die Einbeziehung von kleinen Hindernissen im Laufparcours ist besonders reizvoll, weil sich damit eine Vielzahl an Entscheidungen und Bewegungsaufgaben ergeben.

Tipps:
Es ist darauf zu achten, dass alle Kinder einmal die Führung übernehmen. In dieser Rolle erfahren sie eigenständiges Entscheiden und gegenseitige Unterstützung. Gerade für Kinder mit wenig Selbstvertrauen dient es der Stärkung ihres Selbstwertgefühls.

11 Banksitzen Kl. 1–4

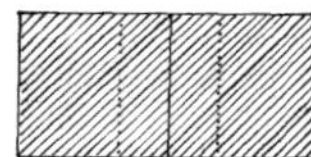

Grundgedanke:
Die Kinder laufen um sternförmig angeordnete Turnbänke und nehmen auf ein Zeichen hin auf den Bänken Platz. Neben der Schulung der Reaktionsfähigkeit fördert der Wechsel von Laufen, Sitzen und Aufstehen die Kondition.

Materialien:
3 bis 4 Turnbänke, für die Staffel 4 bis 8 Bälle

Durchführung:
Entsprechend der Anzahl der Kinder sind 3 bis 4 Turnbänke sternförmig angeordnet (für ca. 6 Kinder eine Turnbank). Um diesen Stern herum muss Platz für das Laufen sein. Alle Kinder laufen im Kreis um die Bänke und nehmen auf ein Signal hin (Handklatsch oder Pfiff) auf den Bänken Platz. Ohne große Pause wird zum Weiterlaufen aufgefordert.

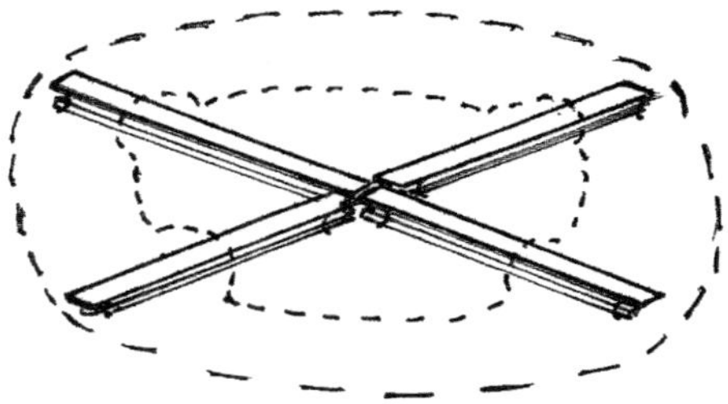

▶ Nach ca. 6 Wiederholungen wird nicht mehr außerhalb der Turnbänke gelaufen, sondern diese werden im zügigen Gehen überwunden (Kl. 1/2) bzw. überlaufen (Kl. 3/4) und auf ein Signal hin wird Platz genommen. Damit die Kinder die Bänke möglichst weit außen überqueren, bewegt sich die Lehrkraft im Zentrum des Sterns entgegen der Laufrichtung der Kinder. Nach weiteren 4 bis 6 Durchgängen bleiben die Kinder auf den Bänken sitzen. Sie müssen absichern, dass auf jeder Bank gleich viele Kinder sind.

▶ Aus dieser Sitzordnung heraus bieten sich Staffeln mit Bällen an. Beispiele: Transport eines Balles vor der Brust, am Rücken, auf einer Schulter, mit erhobenen Armen, im Dribbling, mit den Füßen (der Rundlauf erfordert viele Ballkontakte und ist deshalb sehr wirkungsvoll). Nachdem das letzte Kind der Gruppe seine Runde absolviert hat und die Gruppe ordentlich sitzt, können auch Punkte vergeben werden.

Variante:
Die Kinder laufen zu zweit mit Handfassen und jedes transportiert einen Ball**.

Tipps:
Ungleiche Gruppenstärken sind auszugleichen, indem ein Kind/Paar der kleineren Gruppe(n) ein zweites Mal die Aufgabe löst.

12 Haus suchen Kl. 1–4

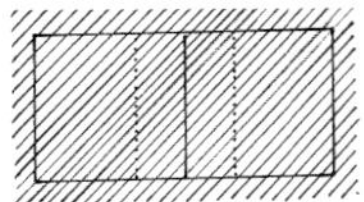

Grundgedanke:
Die Kinder laufen im großen Kreis oder durcheinander. Auf ein Zeichen der Lehrkraft sucht jedes Kind eine Markierung auf, sein Haus.

Materialien:
Für jedes Kind eine Markierung (Teppichfliesen mit der gummierten Seite am Boden, Abwurfhilfen im Basketball, Markierungskegel), Musikanlage oder Tamburin

Durchführung:
Auf dem Spielfeld sind in beliebiger Anordnung Markierungen ausgelegt. Alle Kinder laufen außen um die Häuser herum bzw. frei im Feld. Auf ein Signal hin sucht sich jedes Kind ein Haus. Ein Sitzen oder Hocken im Haus erleichtert die Übersicht für die Kinder, die noch kein Haus haben. Nach kurzer Pause wird zum Weiterlaufen aufgerufen (Musik oder Tamburin setzt ein). Zu Beginn sollte jedes Kind sein Haus finden. Nach einigen Wiederholungen sind 2 bis 3 Häuser zu entfernen, sodass immer einige Kinder ohne Haus bleiben.

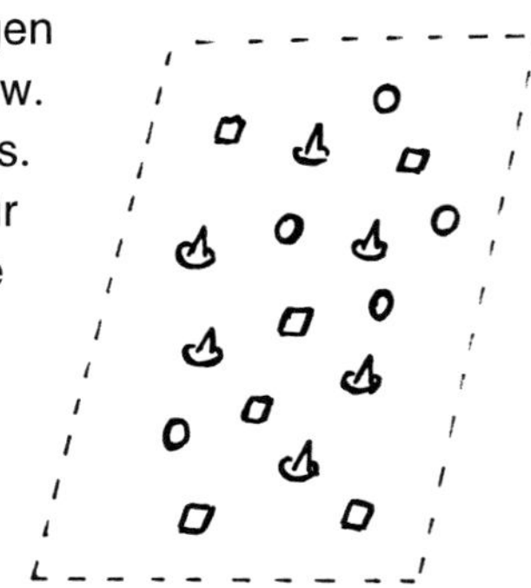

▶ Es sollten mindestens 2 Häuser entfernt werden, weil die gleiche Situation (ohne Haus) auch andere betrifft und leichter hingenommen wird. Musikunterbrechung oder Tamburin sind hilfreich, um die laute Aufforderung „Haus suchen“ anzukündigen. Ein Verteilen von Minuspunkten für die Kinder ohne Haus ist in der Regel nicht angebracht. Ein Entfernen von Häusern nach jedem Durchlauf und damit ein Ausscheiden sollte nur als Abschluss des Spiels, nach ausreichender Belastung für alle Kinder, erfolgen. Ehrliches Verhalten ist hier besonders gefordert, weil oft strittig ist, wer zuerst das Haus betreten hat.

Varianten:
- **Doppelhaus*:** Einige der Markierungen (große Fliesen bzw. Markierungskegel oder Doppelkegel) sind als Doppelhäuser von 2 Kindern zu belegen.
- **Gesperrte Häuser****: Einige Häuser werden gesperrt, die Markierungen dürfen nicht betreten werden. Zum Beispiel eine bestimmte Farbe der Fliesen, Nummern der Basketballhilfen, ein umgelegter Kegel. Noch spannender ist es, wenn das Aufsuchen der Häuser mit dem Rufen der verbotenen Farbe oder Nummer ausgelöst wird.
- **Fahre mit …****: Markierungen bzw. Sportgeräte stellen Verkehrsmittel dar, die eine unterschiedliche Anzahl an Personen benutzen darf: Turnmatte – 4 Kinder, Kastendeckel – 3 Kinder, Turnhocker/große Fliesen – 2 Kinder, Medizinbälle/kleine Fliesen – 1 Kind. Auch hier kann man die Anordnung so wählen, dass 2 bis 3 Kinder nicht mitfahren können, aber stets im nächsten Spiel wieder Mitfahrgelegenheiten bekommen.

13 Bäume versetzen Kl. 1–4

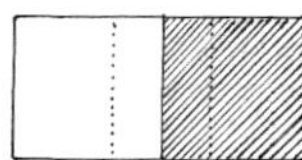

Grundgedanke:
Die Kinder bewegen sich in einem Spielfeld um ungeordnet aufgestellte Markierungskegel (Bäume) herum. Auf ein Zeichen der Lehrkraft werden die Bäume aufgenommen und im Spielfeld (Wald) versetzt.

Materialien:
für jedes Kind ein Markierungskegel, Musikanlage oder Tamburin

Durchführung:
In einem kleineren Feld (halbes Volleyballfeld) sind Markierungskegel ungeordnet ausgelegt. Die Kegel stellen Bäume in einem Wald dar. Aus der Bewegung heraus sucht sich jedes Kind nach dem ersten Tamburinschlag und dem Ruf „Baum suchen“ einen Kegel und umläuft ihn, bis alle Kinder einen Baum gefunden haben. Beim nächsten Ruf „Baum versetzen“ (2 Tamburinschläge) nimmt jedes Kind seinen Baum auf und bewegt sich mit ihm im Feld. Auf den Ruf „Baum pflanzen“ (Tamburinwirbel) wird der Kegel aufgestellt. Nach einem kurzen Spaziergang durch den neuen Wald wird zum Laufen aufgefordert und das Spiel beginnt von vorn.

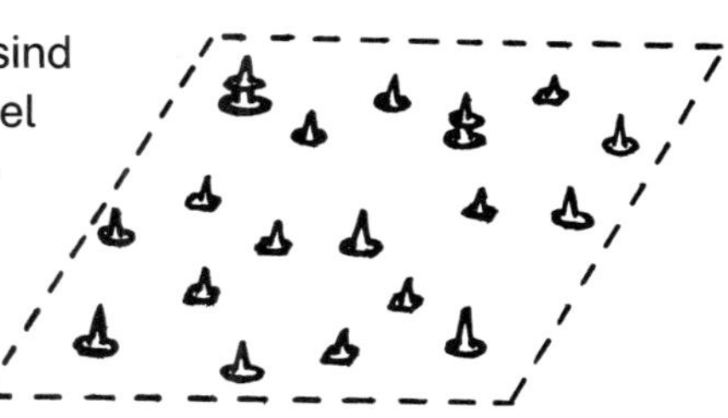

▶ Musikunterbrechung oder Tamburin sind hilfreich, um Ihre laute Aufforderung anzukündigen. Neben Kegeln unterschiedlicher Größe sind auch Schaumstoff-Bauklötze und Schaumstoffwürfel als Bäume einzusetzen.

Varianten:
- **Große Bäume:** Einige besonders große Kegel sind als Jahrhundertbäume von 2 Kindern aufzusuchen und zu versetzen.
- **Zwillingsbäume:** Jeweils 2 Kinder pflanzen einen Zwillingsbaum, indem 2 Kegel übereinander gestülpt werden. Bei der nächsten Runde können daraus wieder Einzelbäume oder ein Zwillingsbaum mit einem **anderen** Partnerkind werden.

Tipp:
Zum Abschluss des Spiels rufen Sie „Wald verlassen“ und alle Kinder stülpen vor Ihnen oder im Geräteraum die Kegel übereinander (getrennt nach verschiedenen Größen).

14 Weltraumspiel Kl. 1–4

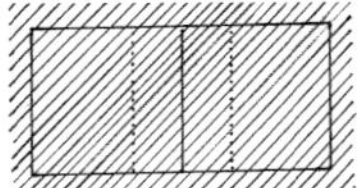

Grundgedanke:
Die Kinder bewegen sich relativ langsam auf einer Kreisbahn (Erde). Auf ein Zeichen hin startet jedes Kind zu einem günstig zu erreichenden Planeten (Kegel), umläuft ihn und kehrt zur Kreisbahn (Erde) zurück.

Materialien:
kleine Markierungskegel für die Erde, 4 große Kegel für die Planeten

Durchführung:
Die Erde hat einen Durchmesser von ca. 5 m und die 4 Planeten sind in einem Abstand von ca. 10 m sternenförmig angeordnet. Alle Kinder laufen im mittleren Tempo in einer Laufrichtung um die Erde. Auf ein Zeichen (Handklatsch, Pfiff oder Tamburin) startet jedes Kind zu dem Planeten, der in seiner Laufrichtung am nächsten liegt, umläuft ihn, kehrt zur Erde zurück und umrundet sie wieder in geringem Tempo. Ein flüssiger Lauf wird erreicht, wenn eine Laufrichtung vorgegeben wird (Erde und Planeten werden immer links umlaufen). Nach 3 bis 4 Starts zu den Planeten ruhen sich die Astronaut*innen durch Gehen um die Erde aus. Die nächsten Starts können auch aus der anderen Laufrichtung erfolgen (Erde und Planeten werden rechts umlaufen).

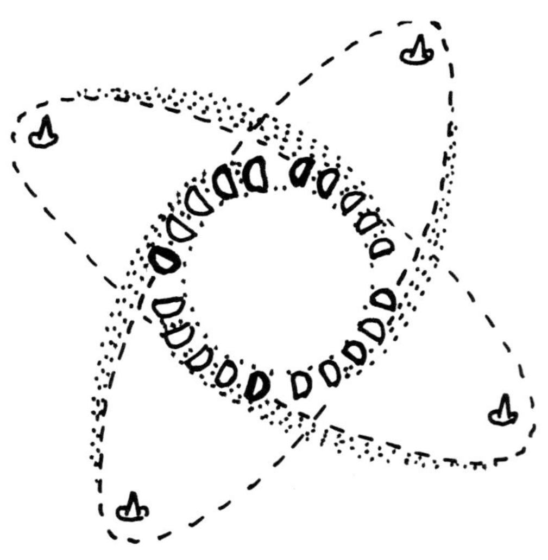

▶ Auf ein moderates Tempo beim Lauf um die deutlich markierte Erde ist zu achten.

Varianten:
- Die Kinder laufen nebeneinander zu Paaren* um die Erde. Nur die jeweils äußeren Kinder sind Astronaut*innen und laufen zu den Planeten. Die Partnerkinder umlaufen dabei weiterhin die Erde. Die Astronaut*innen müssen bei ihrer Rückkehr ihr Partnerkind als Landeplatz wieder erreichen. Die Partnerkinder können nach jedem Start ihre Plätze tauschen oder erst nach 2 bis 3 Läufen (bringt weniger Unruhe).
- Der Start zu den Planeten wird durch optische Signale** ausgelöst. Ein Zahlen- oder Farbwürfel wird in der Erdmitte gedreht und gibt den Start auf bestimmte Zahlen oder Farben frei oder eine Wurfscheibe mit ja/nein wird geworfen.

15 Kurze Treffen Kl. 1–4

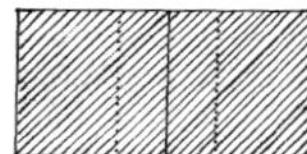

Grundgedanke:
Die Kinder laufen im Kreis. Eine gewürfelte Zahl gibt die Anzahl an Kindern vor, die sich treffen.

Materialien:
2 Schaumstoffwürfel unterschiedlicher Farbe

Durchführung:
Alle Kinder laufen im großen Kreis. In der Kreismitte wird der Würfel durch die Lehrkraft „gezwirbelt/gedreht". Die Zahl entspricht der Anzahl an Kindern, die sich schnell in Gruppen zusammenfinden (bei der Zahl 5 bilden jeweils 5 Kinder eine Gruppe). Nach kurzem Treff laufen alle Kinder im Kreis weiter und der Würfel wird erneut gedreht.

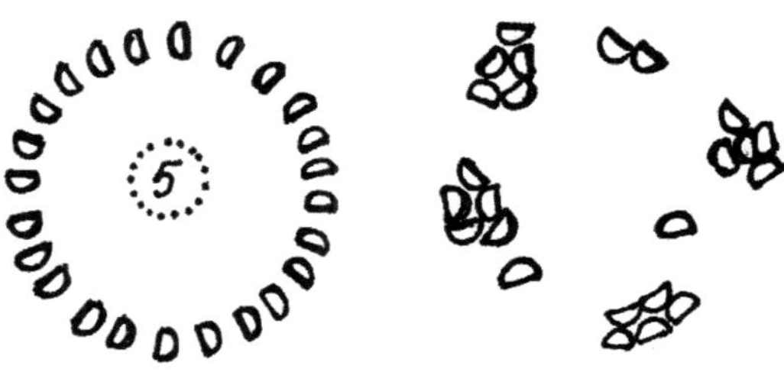

▶ Der Reiz liegt im schnellen Finden einer entsprechenden Gruppe. Ohne auf die Kinder besonders einzugehen, die sich keiner Gruppe anschließen konnten, ist nach kurzem Treff wieder zu laufen und neu zu würfeln. Für die Zahl 1 kann vereinbart werden, dass z. B. ein Liegestütz von allen Kindern oder nur vom Würfelnden auszuführen ist (natürlich besonders reizvoll, wenn Sie würfeln). Die gewünschte Zahl laut ansagen.

Varianten:
- **Getrennt***: Mit 2 farbig unterschiedlichen Zahlenwürfeln spielen, z. B. roter Würfel für die Mädchen und blauer Würfel für die Jungen. Mädchen und Jungen bilden getrennte Gruppen.
- **Gemeinsam****: Mädchen und Jungen bilden gemeinsame Gruppen mit der Anzahl an Mädchen und Jungen entsprechend ihrer Würfel (z. B. 3 Mädchen und 4 Jungen als eine Gruppe).
- **Begrüßung***: Im Treffpunkt soll sich jede Gruppe eine Pose ausdenken und ausführen, z. B. Hände heben, Ohren zuhalten, Blick zur Decke, Stehen auf einem Bein, Po an Po.

16 Was muss ich tun? Kl. 1–4

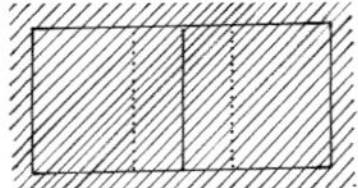

Grundgedanke:
Die gewürfelte Zahl gibt die Anzahl an Kindern vor, die als Gruppe gemeinsam laufen. Mit jedem Würfeln bilden sich neue Laufgruppen.

Materialien:
1 Schaumstoffwürfel; für die Variante „Aliens besuchen" Markierungskegel mit Zahlen oder Zahlenschilder

Durchführung:
Es werden keine Laufwege vorgeschrieben, die Kinder sollen das Spielfeld in alle Richtungen nutzen. Die Anzahl der Kinder, die gemeinsam laufen, wird durch die gewürfelte Zahl bestimmt: 2 = zu zweit, 3 = zu dritt, 4 = zu viert, 5 = zu fünft. Bei den Zahlen 1 und 6 werden Laufpausen durch Gehen eingelegt. Wird die gleiche Zahl (2, 3, 4 oder 5) unmittelbar in Folge gewürfelt, lösen sich die Gruppen auf und bilden sich in einer anderen Zusammensetzung neu.
▶ Der Reiz liegt im wiederholten Wechsel der Anzahl und Mitglieder der Laufgruppe. Auf ein „gemütliches" Tempo und auf eine Gruppenbildung aus dem Laufen heraus sollte hingewiesen werden. Die gewürfelte Zahl ist laut anzusagen.

Varianten:
- **Auto fahren**: Die Kinder „fahren Auto" und bewegen sich dabei möglichst frei im Raum, nicht im Kreis. Die gewürfelten Zahlen sind die Gänge und dementsprechend gestalten die Kinder ihre Bewegung: 1 = Gehen; 2 = leichter Lauf; 3 = schneller Lauf; 4 = mit Beifahrer in leichtem Lauf; 5 = Rückwärtsgang, langsames Gehen rückwärts; 6 = Garage, Auto abstellen (bei Ihnen oder in einer vereinbarten Hallenecke).
- **Aliens besuchen**: Die Kinder laufen im kleinen Kreis um die Erde. 2 oder 3 sind als Sternenkinder hervorgehoben (z. B. durch Chiffontuch). In einer Entfernung von ca. 8 m vom Laufkreis sind gut sichtbar 6 Sterne angeordnet (Markierungskegel mit Zahlen). Die gewürfelte Zahl wird laut gerufen (es können auch 2 Würfel gleichzeitig eingesetzt werden). Die Sternenkinder verlassen erst die Kreisbahn, wenn der richtige Stern in Laufrichtung sichtbar wird. Die Kinder hinter den Sternenkindern folgen ihnen als Schweif (hintereinander). Die Sterne und die Erde werden immer von der gleichen Seite angelaufen (Bewegungsfluss). Damit der Schweif nicht zu lang ist, kann auch zu Paaren gelaufen werden (als Sternwolke).

Mit einem 6-Farben-Würfel kann auch nach Farben gespielt werden, wobei farbige Markierungskegel oder Sportgeräte als Farbsterne anzulaufen sind.

Tipps:
Entsprechend der Spielsituation sollte zügig gewürfelt werden, weil das Neue mit dem Moment des Zufalls reizt. Das Miteinander, die Hilfe und Kooperation der Kinder untereinander stehen eindeutig im Vordergrund und sind anzuregen, kein Wettbewerbsstreben. Die gewürfelte Zahl sollten Sie laut ansagen. Hinweise beim Wechsel der Bewegungsaufgabe sind für den Spielfluss sinnvoll.

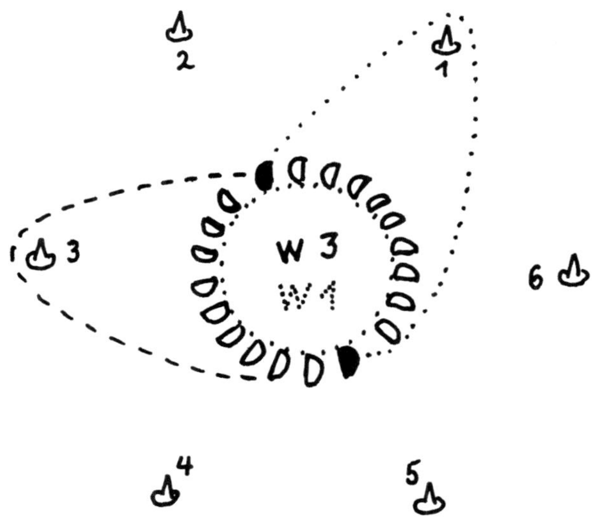

17 Familie Meier Kl. 1–4

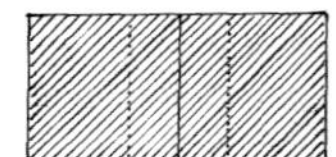

Grundgedanke:
Es wird eine Geschichte über die Familie Meier erzählt, die dabei vorkommenden Personen laufen um ein Mal herum und ordnen sich wieder in ihrer Gruppe ein.

Materialien:
Markierungskegel als Wendemale

Durchführung*:
5 bis 6 Kinder bilden jeweils eine Familie und stellen sich in Reihe (hintereinander) als Mutter, Vater, Tochter, Sohn, Oma und Opa auf. Die in der Geschichte genannte Person läuft um ein Mal (ca. 8 m entfernt) und ordnet sich wieder in ihre Gruppe ein. Bei „Familie Meier“ laufen alle Kinder als Gruppe.

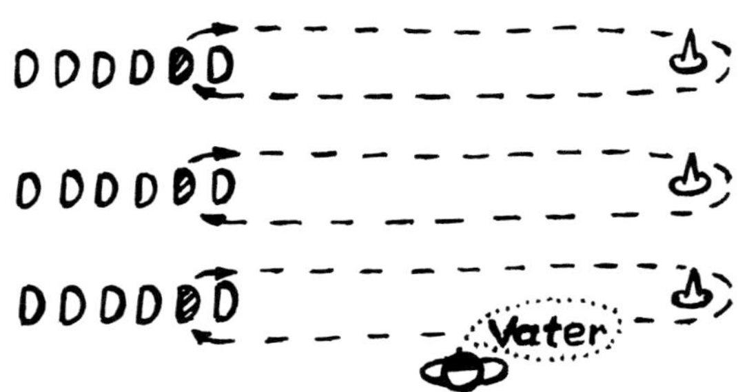

Beispiel: ***Familie Meier** sitzt am Frühstückstisch. Die **Mutter** schlägt vor, in den Zoo zu gehen. Der **Sohn** ist begeistert, die **Tochter** auch, dem **Vater** ist es egal. **Oma** und **Opa** freuen sich. Der **Sohn** bringt dem **Vater** die Zeitung. Die **Oma** sucht die Brille vom **Opa**, damit der **Opa** auch Zeitung lesen kann. Die **Tochter** ist seit 10 Minuten im Bad. Die **Mutter** steht davor und wartet, bis die **Tochter** fertig ist. Der **Vater** flüstert der **Oma** etwas ins Ohr. Das Telefon klingelt, der **Sohn** hebt ab, aber es ist für die **Mutter**. Besuch für **Familie Meier** kündigt sich an usw.*

▶ Wegen der Laufwege ist auf seitlichen Abstand zwischen den Gruppen zu achten. Es kann auch aus dem Sitz auf dem Hallenboden oder auf Turnbänken gespielt werden. Das Spiel lebt vom Reiz des Erzählten und dem Wechsel der Personen. Ein freies und ungezwungenes Erzählen sichert Spannung und Aufmerksamkeit. Ein Wettbewerb nach Punkten ist nicht sinnvoll. Die Lehrkraft wäre bei der Vergabe von Punkten überfordert und eine langsam vorgetragene Geschichte verliert an Reiz.

Varianten:
- Nach dem Lauf stellen sich die Kinder immer am Ende der Gruppe an**. Jedes Kind bleibt die zugeordnete Person als Mutter, Vater usw.
- Den Kindern werden die Zahlen von 1 bis 6 zugeordnet. Entsprechend der Zahl in einer Geschichte ist zu laufen. Beispiel: In der Familie sind 6 Kinder, davon 4 Mädchen und 2 Jungen, 3 Kinder gehen zur Schule, 1 Kind ist krank, Nudeln essen 5 Kinder

gern, 4 können Rad fahren, 2 nicht usw. Weniger Konzentration wird bei der einfachsten Form des Nummernlaufes verlangt, indem nur Zahlen aufgerufen werden, hier ist ein Wettbewerb möglich.

Tipps:
Es können auch Personen unmittelbar nacheinander genannt werden, sodass von jeder Gruppe mehrere Kinder gleichzeitig laufen. Der Inhalt der Geschichte sollte aktuelle Bezüge zur Lebenswelt der Kinder berücksichtigen und überraschende Wendungen einschließen. So bietet sich mit dem ersten Schnee eine Geschichte über eine Schlittenfahrt mit Schneeballschlacht an. Um die Osterzeit sucht die Familie Meier Ostereier. Begriffe des aktuellen Lernstoffs können ebenfalls Inhalte der Geschichte sein (z. B. Tiere, Blumen, Figuren aus dem Lesestoff). Wichtig ist, dass keine Person zu lange auf ihren Einsatz wartet. Ab der 3. Klasse kann auch ein Kind das Erzählen der Geschichte übernehmen. Bei 20 Kindern können auch 4 Gruppen mit je 5 Personen gebildet werden, z. B. ohne Opa. Bei 22 Kindern gibt es für 2 Gruppen 2 Omas.

Beispiel anhand von Figuren des Lesestoffs der 1. Klasse: *Versteckspiel: **Mi** und sein Freund **Mo** wollen sich verstecken. **Tip** und **Tap** sollen suchen. **Filo** und auch **Lotta** wollen mitspielen. **Mi** ruft aus seinem Versteck leise nach **Mo**, das hört **Filo** und gibt **Lotta** ein Zeichen. **Lotta** findet **Mo**, aber wo ist **Mi**? Gemeinsam suchen **Tip** und **Tap**, aber **Filo** findet **Mi** zuerst. Nun wollen sich **Tip** und **Tap** verstecken.*

18 Feuer-Wasser-Sturm Kl. 1–4

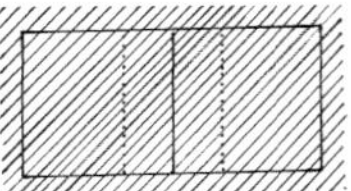

Grundgedanke:
Die Kinder laufen im Kreis oder durcheinander. Auf einen gerufenen Begriff hin sind festgelegte Aktionen auszuführen, möglichst schnell bestimmte Orte anzulaufen oder eine Körperhaltung einzunehmen.

Materialien:
Musikanlage oder Tamburin

Durchführung:
Die Aktionen, die die Kinder auf die Begriffe ausführen sollen, sind vor Spielbeginn festzulegen, z. B. **Feuer**: zur Tür laufen (oder zur Lehrkraft oder auf den Boden legen); **Wasser**: Füße vom Boden (Bänke/Turnhocker/Sprossenwand); **Sturm**: Partnerkind suchen und festhalten. Die Kinder laufen im großen Kreis oder frei im Raum. Durch die Lehrkraft wird laut ein Begriff gerufen, der das Laufen unterbricht und die Aktion der Kinder auslöst. Nach kurzem Verharren in der Aktion wird zum Weiterlaufen aufgefordert (unterstützt durch Musik oder Tamburin). In der Regel nehmen alle Kinder aktiv am Spiel teil, sodass kein zusätzlicher Wettbewerb anzuregen ist. Langsam reagierende Kinder sind anzuspornen.

▶ Musik oder Tamburin sollten eingesetzt werden. Die Musikunterbrechung bzw. der Tamburinschlag kündigt Ihre Ansage an, fordert dadurch Ruhe und Aufmerksamkeit und erleichtert Ihre Ansage in einem ansonsten relativ lauten Umfeld. Nachdem das Spiel bekannt ist, können weitere Begriffe eingeführt bzw. ausgetauscht werden.

Varianten:
- **Spiel mit 5 Begriffen****: Erweitern des Grundspiels, z. B. durch **Regen**: Hände bilden über Kopf einen Schirm; **Eis oder Blitz**: Verharren/Erstarren in der Laufbewegung; **Sonne**: Rückenlage mit erhobenen Armen als Sonnenschutz; **Hagel**: Hockstand mit Schutz des Kopfes; **Kaugummi/Magnet**: mit dem Körper eng an die Wand anlehnen

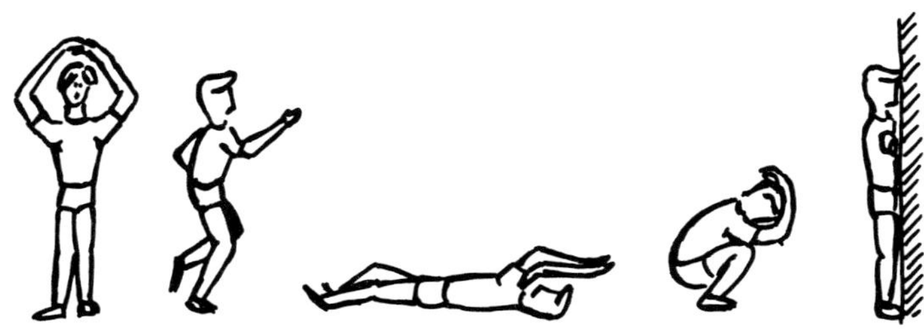

- **Spiel mit einem 6-Farben-Würfel****: Die gewürfelte Farbe gibt die Aktion vor, die zusätzlich durch die Lehrkraft laut angesagt wird. Rot = Feuer; Blau = Wasser; Gelb = Sturm; Orange = Regen; Violett = Eis, Grün = Kaugummi. Es können auch 1 bis 2 neutrale Farben ohne Aktion vorkommen. Unter Umständen kann sich die Lehrkraft auch etwas zurücknehmen und die Kinder, die das Würfeln verfolgen, rufen die Farben bzw. Begriffe.
- **Spiel mit einem Ball****: Jedes Kind hat einen Ball, der beim Laufen mitgeführt wird. Beim Aufruf werden folgende Aktionen mit Ball ausgeführt: **Feuer**: Ball am Ort prellen (Feuer ersticken); **Wasser**: Ball hochhalten oder leicht anwerfen (nicht nass werden); **Sturm**: Sich über den Ball beugen oder mit dem Fuß den Ball sichern; **Magnet**: 2 bis 3 Bälle berühren sich; **Eis**: mit Ball verharren/erstarren; **Kaugummi**: Ball an die Wand kleben. In der 3./4. Klasse sollte mit dem Ball gedribbelt werden.

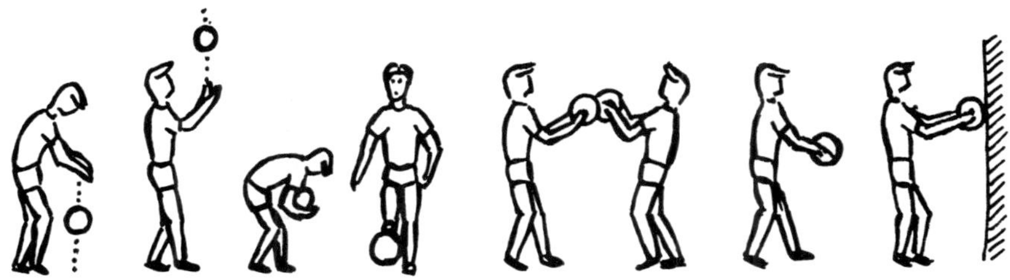

Tipps:

Nur wenn das Spiel am Ende der Stunde eingesetzt wird oder die Belastung relativ hoch ist, sollten die Kinder ausscheiden, die die Aufgabe nicht erfüllt oder als letzte die Aufgabe erfüllt haben.

19 Zahl gleich Kinderanzahl Kl. 1–4

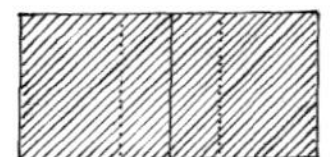

Grundgedanke:
Mit der gewürfelten Zahl wird die Anzahl der Kinder vorgegeben, die jeweils zum Umkehrlauf starten.

Materialien:
1 Schaumstoffwürfel, 3 oder 4 Markierungskegel für die Grundform (bis 18 Kegel bzw. andere Markierungen und Zahlenschilder für die Variante „Entfernung"), 2 Würfel für die Variante Seitenwechsel

Durchführung:**
Gruppen von 6 bis 8 Kindern stehen mit ausreichendem seitlichen Abstand hinter der Start-Ziel-Linie. Vor jeder Gruppe befindet sich in ca. 8 m Abstand ein Markierungskegel als Umkehrmal. Sie „drehen/zwirbeln" den Würfel. Entsprechend der gewürfelten Zahl (z. B. 4) begeben sich 4 Kinder von jeder Gruppe auf den Umkehrlauf und stellen sich in ihrer Gruppe hinten an. Bei jeder gewürfelten Zahl muss die entsprechende Anzahl an Kindern laufen.

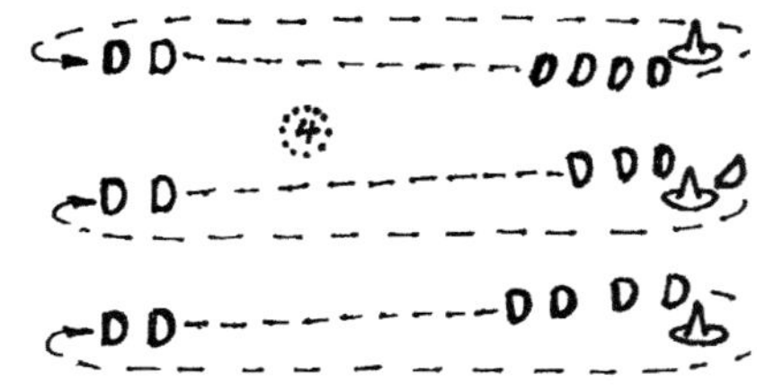

▶ Nachdem zu Beginn mit Pausen gewürfelt wurde, damit alle Kinder die Aufgabe verstehen und eine gute Übersicht gegeben ist, kann in kürzerer Folge gewürfelt werden. Ein zügiges Würfeln mit wechselnden Laufenden ist ausreichend anregend, sodass ein zusätzlicher Wettbewerb (1 Punkt für die jeweils schnellste Laufgruppe) oftmals nicht notwendig ist. Damit sich die Kinder orientieren können, ist direkt vor den Gruppen zu würfeln (ohne beim Laufen zu stören) bzw. seitlich neben den Gruppen (mit Wechsel der Seiten). Zusätzlich sollten Sie die gewürfelte Zahl laut ansagen und ggf. Hinweise geben.

Varianten:

- **Zahl gleich Entfernung***: Vor jeder Gruppe sind ab 5 m und im weiteren Abstand von stets 1 m Kegel (mit Zahlen) oder Zahlenschilder von 1 bis 6 angeordnet. Sie würfeln und die Zahl bestimmt den zu umlaufenden Kegel. Es läuft jeweils das erste Kind bzw. Paar und stellt sich in der Gruppe hinten an. Ein Laufen als Gruppe bietet sich zur Einstimmung und zum Abschluss des Spiels an.

- **Zahl gleich Startnummer**: Jedes Kind der Gruppe erhält eine Startnummer von 1 bis 6. Mit der „sicheren" Zahl des ausrollenden Würfels ist der Start zum Umkehrlauf um den Markierungskegel gegeben (ergänzt durch lautes Ansagen). Damit für alle Kinder der Blick zum Würfel möglich wird, ist eine Aufstellungsform in Linie in einer Gasse zu empfehlen.

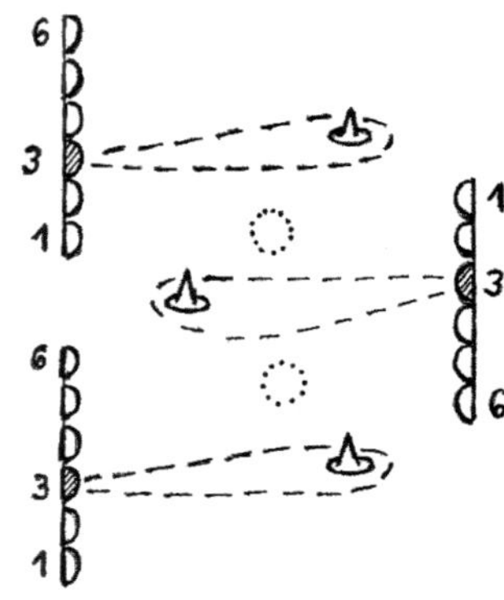

  Drei Varianten sind möglich:
  a) Mit feststehender Position in der Gruppe: Jedes Kind ordnet sich nach dem Lauf wieder an die gleiche Stelle in der Gruppe ein.
  b) Die Kinder stellen sich in ihrer Gruppe immer außen (Position 6) an, behalten aber ihre Nummern. Die Kinder rücken stets zur Position 1 nach*.
  c) Die Kinder stellen sich in ihrer Gruppe stets außen an, behalten aber nicht ihre Nummern. Die Nummer wird durch die Position des Kinds in der Gruppe bestimmt. Durch das ständige Nachrücken zur Position 1 und der damit für das Kind verbundenen Änderung der Nummer ist erhöhte Aufmerksamkeit gefordert** (Kl. 4).

- **Seitenwechsel**: Jeweils die Hälfte der Klasse bildet ein Team und würfelt für sich. In ca. 12 m Entfernung ist das Etappenziel (Markierungskegel). Der gewürfelten Zahl entsprechend wechseln Kinder zur anderen Seite und warten, bis alle der Gruppe dort sind. Ist die gewürfelte Zahl größer als die Anzahl der noch verbleibenden Kinder, laufen alle. Das letzte Kind bzw. die letzten Kinder müssen den Würfel mitnehmen. In gleicher Art laufen die Kinder wieder zurück. Gewonnen hat die Gruppe, die zuerst wieder vollzählig am Ausgangsort ist. Eine höhere Intensität und auch mehr Spannung sind gegeben, wenn die Wertung erst mit dem zweiten oder dritten Erreichen des Ausgangsortes erfolgt.
  ▶ Noch spannender wird der Wettbewerb, wenn das letzte Kind bzw. die letzten Kinder nur bei Übereinstimmung ihrer Anzahl mit der gewürfelten Zahl die Seite wechseln dürfen.

Tipps:
Größere Pausen beim Würfeln in den Klasse 1/2 sind eine Differenzierung des Spiels zur Klasse 3/4. Falls keine Schaumstoffwürfel vorhanden sind, kann auch mit normalen Spielwürfeln gespielt werden. Der Reiz mit einem Schaumstoffwürfel ist allerdings größer. Der rollende Würfel kann mit den Augen gut verfolgt und die Zahl selbst schnell erkannt werden.

20 Jede Zahl einmal Kl. 2–4

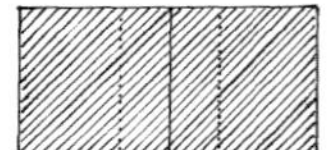

Grundgedanke:
Entsprechend der gewürfelten Zahl starten Kinder zum Umkehrlauf, bis jede der Zahlen 1 bis 6 mindestens einmal gewürfelt und abgelaufen worden ist.

Materialien:
3 Schaumstoffwürfel, 3 Markierungskegel (3 Turnhocker, 3-mal Zahlenkarten von 1 bis 6, Stifte/Zettel)

Durchführung:**

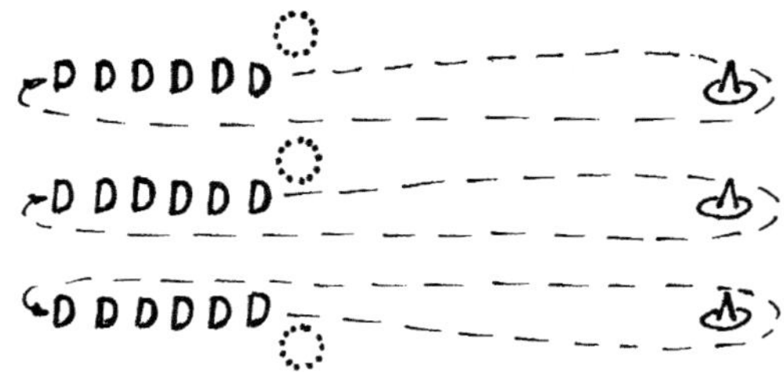

3 Gruppen stehen mit ausreichendem seitlichen Abstand hinter der Start-Ziel-Linie. Vor jeder Gruppe befindet sich in ca. 8 m Abstand ein Kegel als Umkehrmal. Jede Gruppe hat einen Würfel und würfelt für sich. Ziel ist es, die Zahlen 1 bis 6 einmal zu würfeln und „abzulaufen“. Bei jeder gewürfelten Zahl muss die entsprechende Anzahl an Kindern laufen, auch wenn die Zahl bereits „abgelaufen“ worden ist. Gelaufene Kinder stellen sich in der Gruppe hinten an.

▶ Durch diese Wettbewerbsform wird nahezu ständiges Laufen angeregt. Es gewinnt die Gruppe, die zuerst alle Zahlen des Würfels gewürfelt und abgelaufen hat. Damit sich die Kinder orientieren können, ist jeweils neben der Gruppe zu würfeln. Die bereits gewürfelten Zahlen sind zu notieren oder am Start ausgelegte sichtbare Zahlenkarten von 1 bis 6 sind umzudrehen, sodass die noch zu würfelnden Zahlen stets erkennbar sind.

Varianten:

- **Wunschzahl****: Jede Gruppe legt sich auf eine Zahl von 1 bis 6 fest. Diese Wunschzahl ist 3-mal zu würfeln und abzulaufen. Auch hier wird bei jeder gewürfelten Zahl gelaufen. Es kann vereinbart werden, dass bei Wiederholungen der Zahlen 3 bis 6 immer nur 2 Kinder laufen.

  ▶ Nachdem beim Spielen der Grundform eine Zahl vermeintlich häufiger als andere gewürfelt wurde, ist die Hoffnung auf die Wunschzahl motivierend.
- **Zahlenkarte***: Auf einem Turnhocker am Start liegen verdeckt Zahlenkarten von 1 bis 6. Eine Karte wird umgedreht und es wird so lange gewürfelt, bis diese Zahl vorliegt. Dann läuft die Gruppe geschlossen. Nach dem Lauf wird die nächste Zahl aufgedeckt und gewürfelt. Für die Gruppe ist das Spiel zu Ende, wenn die letzte Zahlenkarte aufgedeckt und abgelaufen ist.

Tipps:
Mit 6-Farben-Würfeln sind alle Varianten nach Farben zu spielen. Festzulegen ist nur die Anzahl der Kinder, die nach jedem Würfeln laufen (2 oder 3).

21 Suchwort Kl. 2–4

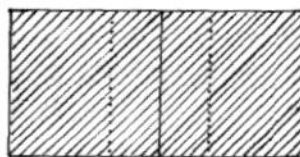

Grundgedanke:
In einem Lauffeld verteilte Becher oder Karten mit Buchstaben sind anzulaufen und aus den Buchstaben ist das gesuchte Wort zu bilden. Konzentration ist gefordert, damit dieselbe Station nicht wiederholt angelaufen wird.

Materialien:
Trink- oder Joghurtbecher mit den Buchstaben für die Suchwörter, Zettel und Stifte zum Eintragen der Buchstaben

Durchführung:
Versehen mit Buchstaben des Suchwortes sind Trinkbecher in der Halle verteilt. Von einer Zentrale aus (Hallenecke mit Bänken) laufen die Kinder die Becher in beliebiger Folge an. Es darf aber stets nur ein Becher angelaufen werden. Der Becher kann aufgenommen und nach Hinweisen zur Stellung des Buchstabens im Suchwort geschaut werden. Anschließend ist er wieder mit dem Buchstaben sichtbar abzustellen. In der Zentrale werden die Buchstaben und ihre Folge im Suchwort notiert. Nachdem das Kind alle Becher angelaufen hat, bildet es das Suchwort und schreibt es auf.

▶ Unterschiedliche Schwierigkeiten ergeben sich durch die Länge der Suchwörter und durch die Anzahl an Hilfen. In ausgewählten Bechern sind innen am Boden Zahlen, welche die Folge des Buchstabens im Suchwort angeben.

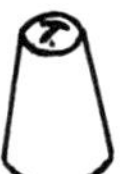

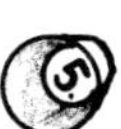

Varianten:
- Die Kinder entscheiden selbst, wann sie zum Eintragen die Zentrale aufsuchen, bis zu 3 Becher können angelaufen werden*.
- Die Kinder bilden Paare: Ein Kind läuft alle Becher an, das andere schreibt die Buchstaben auf und gemeinsam lösen sie das Suchwort. Damit jedes Kind einmal läuft, ist ein zweites Suchwort notwendig.
- Die Kinder eines Paares laufen jeweils im Wechsel. Das ist besonders in kleinen Hallen angebracht, weil dann nur die Hälfte der Kinder unterwegs ist. Die Teammitglieder müssen sich absprechen und konzentrieren, damit dieselben Becher nicht mehrfach angelaufen werden.

Tipps:
Die Buchstaben werden auf den Boden des Bechers (außen) mit einem Marker aufgetragen. Zur Orientierung sind die Positionen für ca. ein Drittel der Buchstaben innen auf den Boden des Bechers mit Zahlen ausgewiesen. Anstelle von Bechern können auch kleine Zettel oder Bierdeckel mit Buchstaben auf der Vorderseite und Orientierungszahlen auf der Rückseite versehen werden. Beispiele für Suchwörter: SPORT, SPIEL, FERIEN, AUSDAUER*, HOFPAUSE*, FERIENSPIELE**, SCHULHOFSPIELE**.

22 Brennball Kl. 2–4

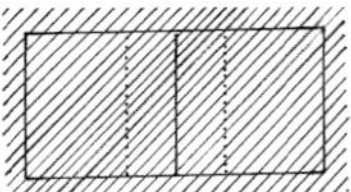

Grundgedanke:
Die Mitglieder des Wurfteams erspielen sich Laufzeit, indem sie ein Wurfgerät in das Spielfeld werfen. Die Kinder im Feld wiederum versuchen, das Laufen zu unterbinden, indem sie das Wurfgerät aufnehmen und in ein Mal ablegen.

Materialien:
als Lauf-/Freimale: 4 Turnhocker oder Markierungskegel oder große Fliesen; als Brennmal: Eimer/Turnhocker, Reifen; als Wurfgeräte: Softball (Mini-Football, Wurfscheibe „Soft"); u. U. Hindernisse

Durchführung*:
Um das Spielfeld bzw. an den Außenseiten werden Laufmale angeordnet, die die Mitglieder des Wurfteams als Freimale nacheinander anlaufen. Im Spielfeld verteilen sich die Mitglieder des Fangteams so, dass sie das Wurfgerät möglichst schnell in ein Brennmal ablegen können. In der Regel wird das Brennmal nahe der Abwurflinie angeordnet. Das Spiel beginnt mit dem Wurf und dem Lauf des ersten Mitglieds des Wurfteams. Wird das Wurfgerät in das Brennmal abgelegt und ist zu diesem Zeitpunkt ein Kind zwischen 2 Laufmalen oder vor der Ziellinie, so ist es „verbrannt" und muss ein Laufmal zurück. Vom Brennmal wird das Wurfgerät fair dem nächsten Mitglied des Wurfteams zugespielt. Mit dem Überlaufen der Abwurf-/Ziellinie erhält das Wurfteam einen Punkt.

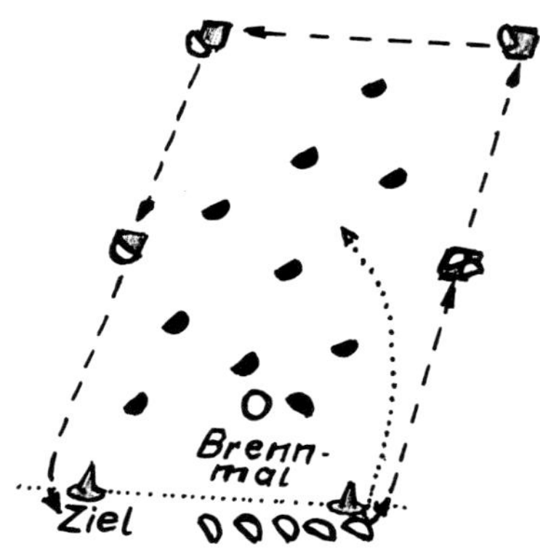

▶ Es ist zu vereinbaren, ob das Wurfgerät in einem begrenzten Feld aufkommen muss oder die Wände zum Feld gehören (kleine Hallen). Es ist über die Start-Ziel-Linie in das Feld zu werfen. Läuft ein Kind nach einem schwachen Wurf nicht, so startet es mit dem Wurf des nächsten Werfenden.

▶ Laufintensität und Spannung sind gewährleistet, wenn Chancengerechtigkeit gegeben ist. Das heißt, nach einem guten Wurf müssen 2 bis 3 Laufmale zu erreichen sein bzw. bei taktisch klugem Verhalten des Fangteams muss ein schnelles Unterbinden des Laufes möglich sein. Entsprechend der Anzahl an Kindern und der Größe des Feldes ist zu entscheiden, ob einzeln oder in Paaren gelaufen wird. Im Verlauf des Spiels sollte etwa die Hälfte der Mitglieder des Wurfteams auf der Laufstrecke sein, was in größeren Gruppen zu erreichen ist, indem jeweils 2 Kinder starten. Außerdem können gleichzeitig 2 Wurfgeräte eingesetzt werden.

Varianten:

- Allein der Einsatz verschiedener Wurf- und Fanggeräte* bringt Abwechslung und sorgt für neue Anforderungen. In der Regel werden handliche Softbälle benutzt. Abwechslung bringen größere Softbälle und besonders Mini-Footbälle, weil sie in der Bewegung nur schwer zu kontrollieren sind, oder Soft-Wurfscheiben.
- Mit dem Fuß wird ein Softball in das Spiel gebracht, für die meisten Jungen vorteilhaft und für die Mädchen eine Abwechslung.
- Als weitere Variante sind zwei unterschiedlich farbige Bälle oder zwei unterschiedliche Wurfgeräte** in ein gemeinsames Mal oder in unterschiedliche Brennmale abzulegen. Erst mit Ablegen des zweiten Balles/Gerätes ist das Laufen zu stoppen.
- **Hindernisparcours****: Zwischen den Laufmalen sind kleine Bewegungsaufgaben zu lösen. Beispiele:

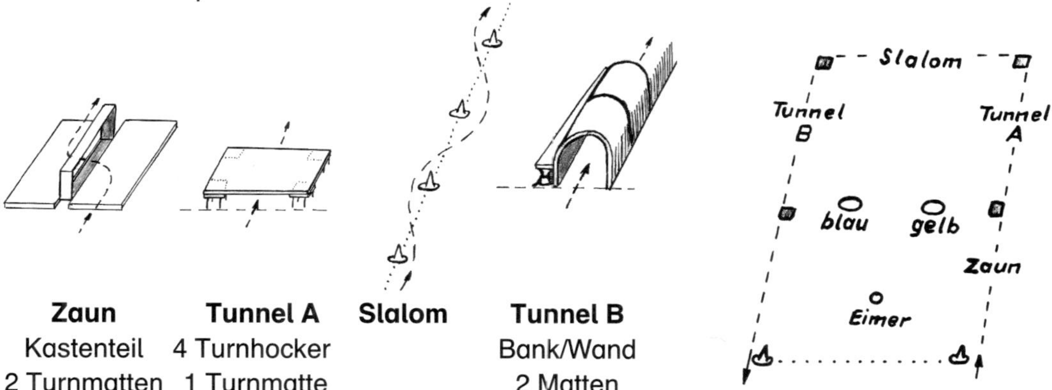

▶ Der aufgezeigte Hindernisparcours ist als Anregung zu verstehen, 2 bis 3 Hindernisse sind ausreichend. Den Kindern wird Zeit für die Aufgabenlösung eingeräumt, indem mit 2 bis 3 entfernt angeordneten Brennmalen gespielt wird. Beispiele: Beim Spiel mit einem Ball ist der Ball zuerst durch die Beine eines Turnhockers zu rollen (oder in einen Reifen bzw. auf einer großen Fliese zu prellen) und danach in einen Eimer abzulegen. Bei zwei Bällen (blau und gelb) ist das jeweils erste Brennmal ein blauer und ein gelber Reifen, beide Bälle müssen danach in einen neutralen Eimer.

Tipps:

Sportbefreite Kinder können beim Zählen der Punkte eingesetzt werden. Das Ablegen des (zweiten) Wurfgerätes im Brennmal sollte mit lautem Ruf „Halt!“ bzw. „Stopp!“ oder mit einem Pfiff verbunden sein. Auf ein ehrliches Verhalten der Kinder an den Laufmalen ist zu achten. Das erste Laufmal sollte in der Regel leicht erreichbar sein, ein erfolgreicher Lauf regt zum Mitspielen an und schafft am Start Platz und Übersicht. Das Abwägen zum Laufmalwechsel mit dem Risiko, „verbrannt“ zu werden, gibt dem Spiel seinen besonderen Reiz. Damit das Laufen gefördert und nicht gehemmt wird, ist eine „dezente Strafe“ angemessen, indem das verbrannte Kind „nur“ zu seinem letzten Laufmal zurück muss.

3 Staffeln

Staffeln gehören zu den beliebtesten und intensivsten Laufspielen, weil der wechselnde Verlauf und der ungewisse Ausgang den gemeinsamen Wettstreit zusätzlich anreizen.

- Für Laufspiele in Form von Staffeln (Umkehrstaffel) bieten sich Gruppen von 5 bis 6 Kindern an. Kleine Gruppen werden dem Bewegungsdrang der Kinder eher gerecht und sind weniger störanfällig.
- Besonders bei Staffelspielen gehört ein angemessener Ordnungsrahmen zum Spiel und sollte Teil der Wertung sein.
- Beim üblichen Wechsel läuft das nächste Kind los, wenn das vorherige die Start-Ziel-Linie erreicht (u. U. mit Handabschlag). Diese etwas ungezwungene Form des Wechsels ist angebracht, wenn die Kinder sich regelgerecht verhalten bzw. das Spiel selbst und nicht der Wettbewerb im Vordergrund steht.
- Mehr Sicherheit beim Wechsel ist gegeben, wenn das Kind ein Mal hinter seiner Gruppe umläuft und den Ersten der Gruppe anschlägt. Dieser Wechsel ist sehr fair und mindert Streitigkeiten. Eine geeignete Form ist das Sitzen der Kinder in ihrer Gruppe hintereinander auf einer Bank, die zum Wechseln umlaufen werden muss.
- In der üblichen Aufstellungsform stehen die Kinder hintereinander in ihrer Gruppe (Reihe). In einer schrägen Reihe können die Kinder den Spielverlauf besser beobachten. Aufstellungsformen in Linie (Gasse oder Viereck) gewähren die beste Sicht, benötigen aber mehr Platz.

Aufstellungsformen mit Abschlag von vorn und nach Umlaufen der Gruppe:

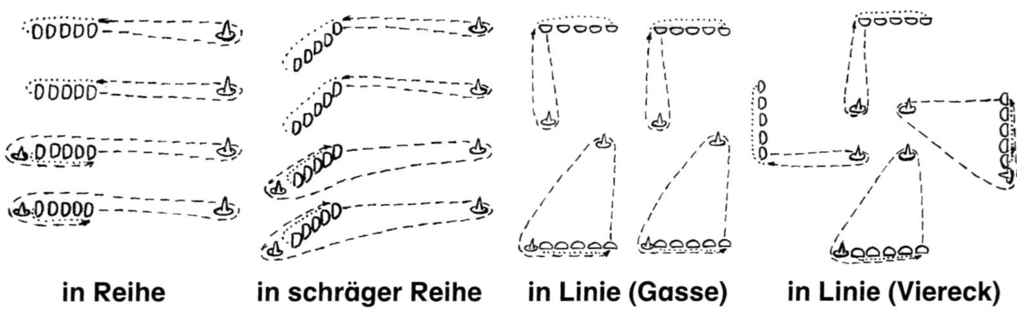

in Reihe **in schräger Reihe** **in Linie (Gasse)** **in Linie (Viereck)**

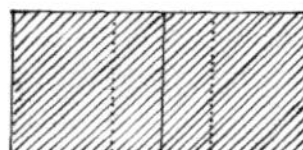

23 Schätze sammeln Kl. 1–4

Grundgedanke:
Vom Wendemal einer Laufstrecke sind möglichst viele Schätze zu holen.

Materialien:
entsprechend der Kinderzahl das 3-fache an Karten oder Piktogrammen (in 3 Wertigkeiten)

Durchführung:
In einer ca. 1 m breiten Gasse als Wendemal einer Laufstrecke von ca. 10 m werden Karten mit verdeckter Wertigkeit ausgelegt. Es sollten ca. 3-mal mehr Schätze ausgelegt sein, als Kinder am Spiel teilnehmen. Die Gruppen stehen mit ausreichendem seitlichen Abstand hinter der Start-Ziel-Linie. Die Schätze sind für alle Laufenden zugänglich. Es läuft stets nur ein Kind der Gruppe, es darf nur eine Karte aufnehmen und hinter der Gruppe ablegen.

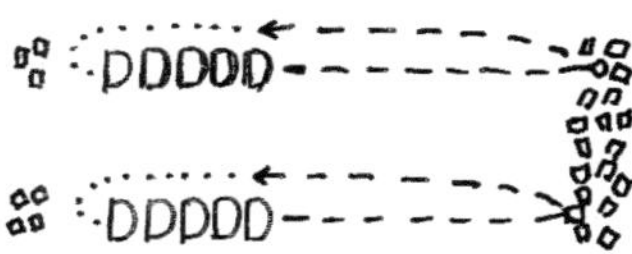

▶ Sind alle Karten geholt, zählen und vergleichen die Gruppen ihre Schätze. Im Grundspiel haben die Karten Wertigkeiten von 3, 2 oder 1. Als Schätze können auch Piktogramme (z. B. ☺,☺,☺/☺,☹,☹) oder Karten mit Symbolen ***, **, * oder Farben von unterschiedlicher Wertigkeit ausgelegt werden. Als „Schwarzer Peter" können 2 bis 3 Karten ohne Wertigkeit das Spiel auflockern.

Varianten:

- **Zweite Karte***: Eine zweite Karte darf aufgedeckt werden, nachdem die zuerst aufgedeckte Karte wieder **verdeckt** abgelegt wurde. Die zweite aufgedeckte Karte muss genommen werden, unabhängig von ihrer Wertigkeit (zusätzliche Spannung und Risiko durch die zweite Karte).
- **Wertigkeit sichtbar***: Die Schätze werden mit der Wertigkeit sichtbar ausgelegt. Das Kind muss sich unter Zeitdruck entscheiden, ob es eine höherwertige Karte sucht oder schnell eine Karte zur Gruppe bringt.
- **Zusatzpunkt****: Die Schätze werden mit der Wertigkeit sichtbar ausgelegt. Die Wertigkeit spielt aber keine Rolle, jeder Schatz ist einwertig. Der Reiz des Spieles liegt darin, dass ein zusätzlicher Punkt mit dem jeweils dritten gleichen Schatz vergeben wird. Die Möglichkeit der Zusatzpunkte verlangt und fördert das Zusammenspiel der Gruppe**.

Tipps:
Die Schätze können auf dem Boden, auf Turnbänken oder auf Matten ausgelegt werden. Sind genügend Kleingeräte vorhanden, kann man diese auch als Schätze einsetzen. Das Ablegen in einen Karton/Eimer oder auf einem Turnhocker ist ein kleiner Beitrag zur Ordnung.

24 Kegel auf und um Kl. 1–4

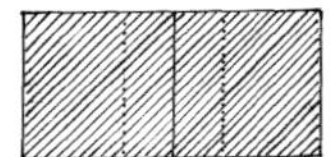

Grundgedanke:
Ohne größere Laufverzögerung sind als Wendemal einer Laufstrecke angeordnete Markierungskegel umzulegen bzw. aufzurichten.

Materialien:
je Gruppe 2 Markierungskegel

Durchführung:
In ca. 10 m Entfernung von der Startlinie bilden ein liegender und ein stehender Markierungskegel das Wendemal. Jedes Kind muss den liegenden Kegel aufstellen und den stehenden Kegel umlegen. Beide Kegel müssen stets hinter einer Linie oder in einer Gasse sein. Damit Belastungsreize wirksam werden, sind bis zur Wertung 2 bis 3 Durchgänge angebracht. Auf einen ausreichenden seitlichen Abstand zwischen den Gruppen ist zu achten.

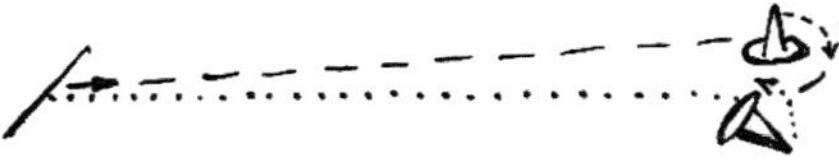

Varianten:
- Beide Markierungskegel stehen oder liegen und sind demzufolge umzulegen oder aufzurichten.
- Es starten immer 2 Kinder gleichzeitig. Jedes Kind muss einen anderen Kegel bewegen*. Das nächste Paar läuft erst, wenn beide Kinder die Start-Ziel-Linie erreicht haben. Ein Lauf mit Handfassen erfordert noch mehr gegenseitige Abstimmung**.
- Bei ca. zwei Drittel der Laufstrecke wird ein Kegel gestellt, der zweite Kegel ist das Wendemal. Der Kegel auf der Laufstrecke ist beim Lauf zum Wendemal umzulegen und beim Rücklauf aufzustellen. Der Kegel als Wendemal ist zu umlaufen.

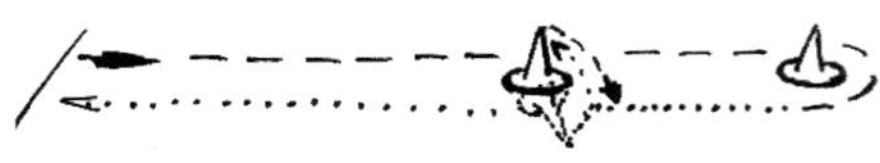

Tipps:
Die Markierungskegel können von unterschiedlicher Größe sein. Auch der Einsatz von Kleingeräten mit 2 deutlich unterschiedlichen Seiten (wie Frisbeescheiben, Bierdeckel, Spielkarten, kleine Teppichfliesen) ist möglich. Vom laufenden Kind sind die Materialien jeweils am Ort umzudrehen.

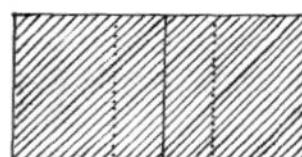

25 Tennisring drehen Kl. 2–4

Grundgedanke:
Ein Tennisring ist in der Wendezone so zu drehen (zwirbeln), dass er möglichst nicht zum Ruhen kommt.

Materialien:
4 bis 8 Tennisringe oder kleine Gymnastikreifen (Ø 50/60 cm), 4 Markierungskegel für den Gruppenlauf (Tipps: Kinder-Bausteine und kleine Holzkreisel)

Durchführung*:
In einer ca. 50 cm breiten Gasse als Wendemal einer Laufstrecke von ca. 8 m liegt für jede Gruppe ein Tennisring. Auf seitlichen Abstand zwischen den Gruppen ist zu achten.

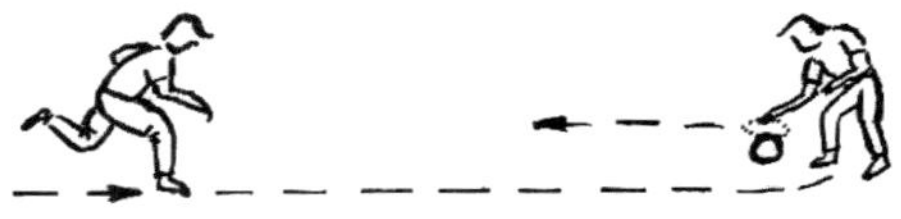

Der Tennisring ist vom ersten Kind der Gruppe zu drehen und von jedem nachfolgenden Kind ebenso, unabhängig davon, ob er sich noch dreht oder zum Liegen gekommen ist.
▶ Damit Belastungsreize wirksam werden, sind bis zur Wertung 2 bis 3 Durchgänge angebracht. Außerdem kommt Spannung auf, weil bei vielen Läufen der Tennisring häufiger zum Ruhen kommt. Wird die Reihenfolge des Zieleinlaufes mit der Anzahl ruhender Ringe summiert, erhält man eine Rangfolge.

Varianten:
- **2 Tennisringe****: Es werden 2 Tennisringe je Gruppe eingesetzt. Einer ist zu Beginn der Laufstrecke oder in der Mitte und einer in der Wendezone zu drehen.

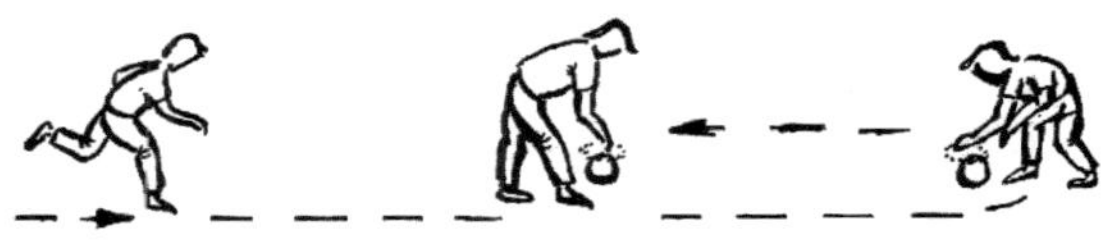

- **Gruppenlauf****: Jede Gruppe bestimmt ein Kind, das als erstes in der Wendezone den Ring dreht und damit den Start für die Gruppe auslöst. Die Gruppe soll möglichst oft den sich drehenden Tennisring im Umkehrlauf erreichen. Kommt der Tennisring zum Ruhen, ist der Lauf zu beenden. Es kann vereinbart werden, dass der Lauf fortgesetzt und erst mit der zweiten oder dritten Ruhelage beendet wird.

Tipps:
Vor Spielbeginn ist das Drehen/Zwirbeln der Tennisringe/Gymnastikreifen zu üben. Luftgefüllte Tennisringe mit einem Außendurchmesser von 17 cm in den Farben Blau und Rot sind ideal, Kinderbausteine mit halbrundem Teil und kleine Holzkreisel eignen sich ebenso zum Drehen.

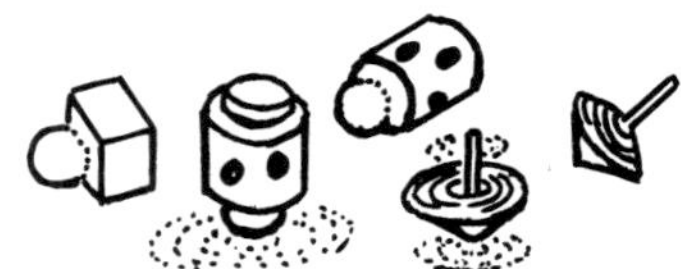

26 Hut aufsetzen Kl. 1–4

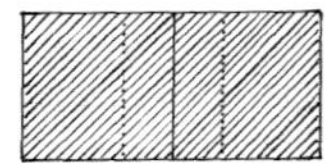

Grundgedanke:
Ein Becher ist bei möglichst geringer Verzögerung der Laufbewegung von der Spitze eines Markierungskegels zu nehmen und auf die Spitze eines zweiten Kegels zu stülpen.

Materialien:
je Gruppe 3 Markierungskegel und 2 Joghurt- bzw. Trinkbecher (500 g) oder Tennisringe

Durchführung*:
Die Gruppen stehen mit ausreichendem seitlichen Abstand hinter der Start-Ziel-Linie. In ca. 6 und 10 m Entfernung werden die Markierungskegel aufgestellt. Auf die Spitze des ersten Kegels wird ein Joghurtbecher gestülpt. Vom laufenden Kind ist der Becher stets auf den jeweils freien Kegel zu stülpen. Es ist freigestellt, ob der Kegel im Wendemal nur angelaufen oder umlaufen wird. Entscheidend ist die Mitnahme bzw. die Ablage des Bechers. Nur nach erfolgreicher Becherablage wird zur Gruppe gelaufen.

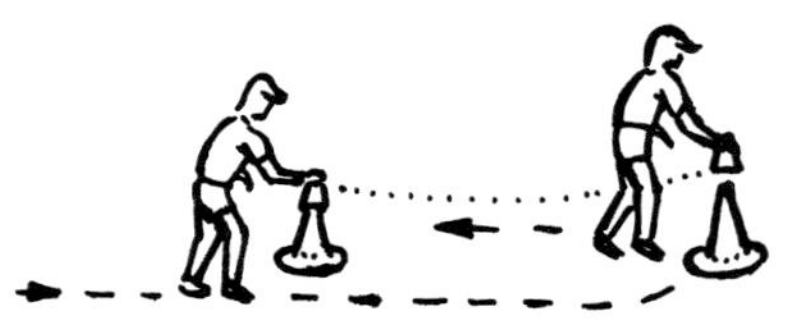

Varianten:
- **1 Kegel**: Es wird ein Kegel als Wendemal eingesetzt. Das erste Kind jeder Gruppe hat einen Becher oder Tennisring und legt ihn auf dem Kegel ab. Das zweite Gruppenmitglied muss ihn holen und dem nächsten übergeben usw. (einfache Form für Klasse 1).
- **3 Kegel****: Es werden Kegel bei ca. 4, 7 und 10 m aufgestellt. Auf die ersten beiden Kegel sind Becher gestülpt. Beide Becher sind nacheinander zu versetzen. Der beim Lauf jeweils erste Becher ist aufzunehmen und auf den freien Kegel zu stülpen, dann der zweite Becher auf den frei gewordenen Kegel. Es darf immer nur ein Becher aufgenommen und versetzt werden.

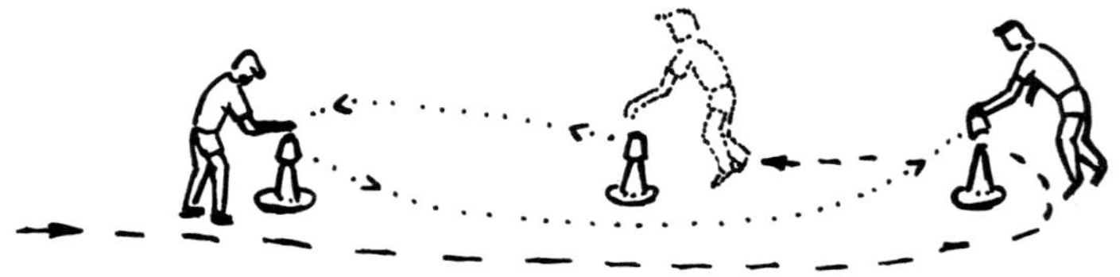

- **Offene Spitze****: Stehen Kegel mit einer offenen Spitze zur Verfügung (z. B. Kegel von 40 cm Höhe), kann das Spiel mit Tennisbällen sehr reizvoll sein. Nach dem oben ausgewiesenen Prinzip werden die Tennisbälle in die offenen Spitzen der Kegel gelegt.

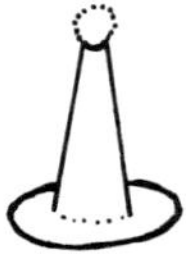

- **Ablage***: Nach dem gleichen Prinzip können Bälle (kleine Medizinbälle, Schaumstoffbauklötze oder Tennisbälle) von einer zur anderen, deutlich gekennzeichneten Ablage (Linien, Turnhocker, Tennisringe, Kartons) transportiert werden.

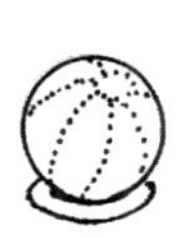
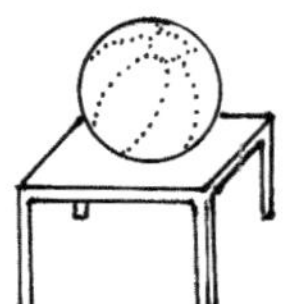
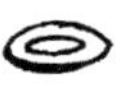

Tipps:
Der Einsatz unterschiedlich großer Markierungskegel stellt zusätzliche koordinative Anforderungen. Besonders beim Spiel mit drei Kegeln sollten Sie den Bewegungsablauf demonstrieren. Zwei bis drei Durchläufe ohne Pause erhöhen die Intensität des Spiels. Treten wiederholt deutliche Leistungsunterschiede zwischen den Gruppen auf, sind in Absprache mit den Kindern, zur Sicherung der Spannung und Chancengerechtigkeit, die Kegel im Wendemal zu versetzen. Entsprechend des Zieleinlaufs kann z. B. der Kegel der laufschwächsten Gruppe um 50 cm zurückgesetzt werden (das Vorgehen sollte den Kindern dabei erklärt werden).

27 Von 1 bis 10 Kl. 2–4

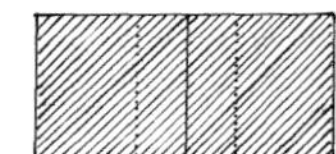

Grundgedanke:
In der Folge von 1 bis 10 sind als Wendemal ausgelegte Karten, deren Zahlen nicht sichtbar sind, zur Gruppe zu holen.

Materialien:
je Gruppe 1 Kartensatz mit den Zahlen von 1 bis 10 oder den Buchstaben von A bis J (günstig sind Zahlen/Buchstaben auf Pappe oder auf Bierdeckeln)

Durchführung:
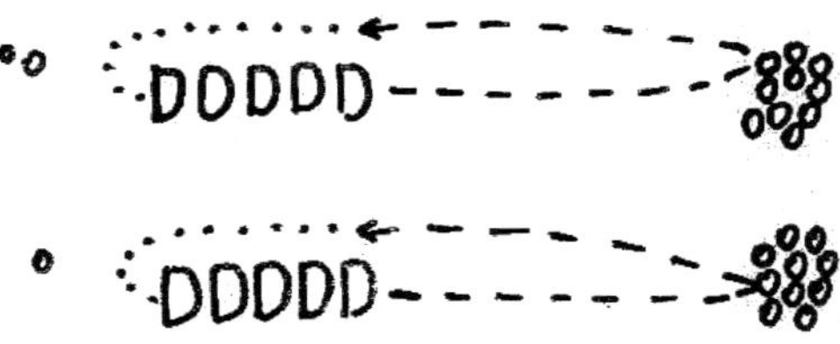

Die Gruppen stehen mit ausreichendem seitlichen Abstand hinter der Start-Ziel-Linie. In ca. 10 m Entfernung liegen für jede Gruppe getrennt die Karten in einem „Kreis“ von ca. 1 m Durchmesser oder in einem Reifen. Sie sind so abgelegt, dass die Zahlen nicht sichtbar sind. Das erste Kind jeder Gruppe läuft und deckt **eine** Karte auf. Ist es nicht die Zahl 1, wird die Karte wieder abgelegt, aber mit **sichtbarer** Zahl. Dieser Vorgang wiederholt sich, bis die Karte mit der Zahl 1 aufgedeckt wird. Sie wird zur Gruppe mitgenommen. Das nächste Kind muss die Karte mit der Zahl 2 holen. Ist die Karte mit der Zahl 2 bereits aufgedeckt, wird sie zur Gruppe mitgenommen, ohne eine weitere Karte aufzudecken. Deckt ein Kind trotzdem eine Karte auf, ist diese verdeckt wieder abzulegen und es muss ohne Karte zur Gruppe laufen. Nur wenn die gesuchte Zahl nicht sichtbar ist, darf eine Karte aufgedeckt werden. In dieser Art und Weise sind die Karten bis zur Zahl 10 zu holen. Hat eine Gruppe alle 10 Karten in der richtigen Folge geholt, ist für sie das Spiel beendet.

▶ Als humorvolle Einlage kann in jeder Gruppe eine Karte als „Schwarzer Peter“ mit der Zahl 0 oder 100 bzw. ein Smiley einbezogen werden. Diese Karten sind immer wieder verdeckt abzulegen.

Varianten:
- **Wieder zurück****: Jede Karte mit der falschen Zahl ist wieder an der gleichen Stelle verdeckt abzulegen. Diese Variante fordert erhöhte Aufmerksamkeit und das Miteinander aller Gruppenmitglieder, weil das Wissen von Zahl und Platz der Karten für den Fortgang des Spiels von Nutzen ist. (Kl. 3/4)
- **Strategie***: Die Gruppen werden aufgefordert, sich eine Strategie zu überlegen, wie „falsche“ Karten gezielt abzulegen sind, damit im weiteren Spielverlauf die richtigen Karten schneller gefunden werden (z.B. am Rand rechts oder links, oben oder unten). Jede Karte mit der falschen Zahl ist wieder mit der Zahl verdeckt abzulegen.

- **Mit Ball****: Die Konzentration auf die richtige Karte kann zusätzlich erschwert werden, indem ein Ball zu rollen oder mit ihm zu dribbeln ist. (Kl. 3/4)
- **Code***: Im Sinne eines Codes kann man die bereits beschriebenen Varianten auch spielen, indem am Start als Code z. B. fünf Zahlen- oder Buchstabenkarten abgedeckt liegen (Turnhocker). Es wird eine Karte aufgedeckt, welche die erste Zahl vorgibt, die vom Wendemal zu holen ist. Nachdem die entsprechende Karte gefunden worden ist, wird sie auf die erste Karte gelegt und eine zweite Karte aufgedeckt usw., bis der 5-stellige Code vollständig ist.
- **Kartenhaus****: In einer Gasse werden die Karten mit verdeckten Zahlen ausgelegt, sie stehen den Laufenden aller Gruppen zur Verfügung. „Falsche" Karten sind mit sichtbaren Zahlen zurückzulegen. Das Kind muss sich unter Zeitdruck orientieren und entscheiden, ob es eine bereits aufgedeckte „richtige" Karte vorfindet oder eine aufdeckt. Ein zusätzlicher Kartensatz erleichtert das Finden und ist zugleich Reserve, falls eine falsche Karte mitgenommen wurde.

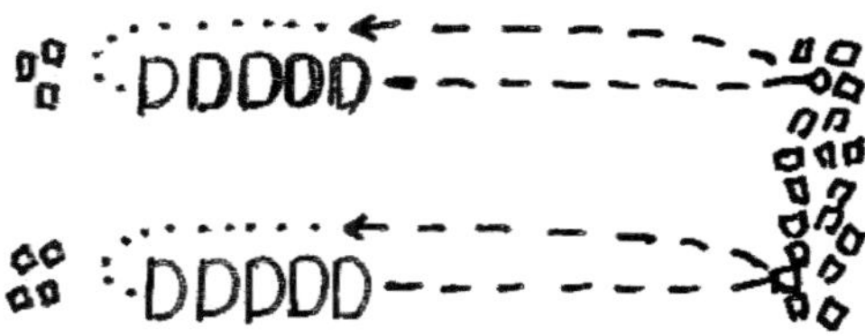

Tipps:

Sie sollten die Kinder zum Beobachten auffordern und ein Agieren als Gruppe anregen, weil das Wissen um die Lage bereits aufgedeckter, aber falscher Zahlen für nachfolgende Kinder von Nutzen sein kann. Auch wenn eine Gruppe bereits alle Karten eingesammelt hat, spielen die anderen Gruppen weiter. Bei großen Problemen der letzten Gruppe(n) ist abzubrechen, damit die Kinder nicht demotiviert werden. Anstelle der Zahlen von 1 bis 10 können auch die Buchstaben des Alphabetes von A bis J genutzt werden.

28 Richtiges Blatt Kl. 1–4

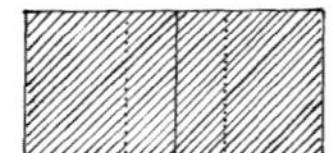

Grundgedanke:
Als Wendemal werden Skatkarten verdeckt ausgelegt. Von den Kindern ist das Blatt ihrer Gruppe zu finden und zur Gruppe zu bringen.

Materialien:
Skatkarten oder vergleichbare Kartenspiele, für das „richtige Paar" ein zweites Skatspiel, Memorykarten oder Bilder, 4 Turnhocker

Durchführung*:

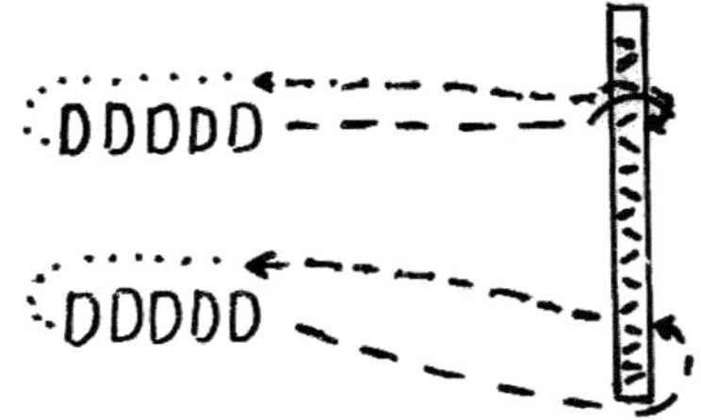

Die Gruppen stehen mit ausreichendem seitlichen Abstand hinter der Start-Ziel-Linie. In ca. 8 m Entfernung liegen auf einer quer zur Laufrichtung stehenden Turnbank die Skatkarten abgedeckt und ungeordnet. Die Skatkarten sind vor Beginn den Kindern zu zeigen, um abzusichern, dass alle Kinder ihr Blatt kennen. Es ist immer nur eine Karte aufzunehmen und wieder verdeckt abzulegen, wenn sie nicht dem Blatt der Gruppe entspricht. Richtige Karten werden zur Gruppe mitgenommen und dort abgelegt.

▶ Die Kinder sind zum Beobachten anzuregen. Aufmerksame Kinder erhalten somit Hinweise zur Lage „falscher" und möglicher „richtiger" Karten. Mit dem Ablegen der achten Karte hinter der Ziellinie ist für die Gruppe das Spiel beendet.

Varianten:

- **2 Gruppen**: Zur Einführung und für die 1. Klasse können die Karten getrennt für jeweils 2 Gruppen ausgelegt werden. Die Kinder müssen sich in dieser vereinfachten Variante nur auf 2 Blätter konzentrieren (z. B. Herz und Schell bzw. Eichel und Grün).
- **Richtiges Paar****: Beim richtigen Paar spielt jede Gruppe für sich. Es werden doppelte Spielkarten benötigt. Für jede Gruppe sind am Start 8 Karten verdeckt ausgelegt (günstig auf einem Turnhocker) und am Wendemal der Laufstrecke ebenfalls verdeckt die gleichen 8 Karten. Es ist immer die gleiche (zweite) Karte zu finden, das Paar.

  ▶ Das erste Kind jeder Gruppe deckt am Start eine Karte auf, die aufgedeckt liegen bleibt, läuft zum Wendemal und deckt eine Karte auf. Nur wenn es die gleiche Karte wie am Start ist, wird die Karte mitgenommen, ansonsten wird sie aufgedeckt wieder abgelegt. Dieser Vorgang wiederholt sich, bis es eine Übereinstimmung mit der am Start aufgedeckten Karte gibt. Kartenpaare werden am Start unter dem Turnhocker abgelegt. Das nächste Kind deckt am Start wieder eine Karte auf und es wird das zweite Paar gesucht usw. Man kann den Schwierigkeitsgrad erhöhen, indem die falsche Karte am Wendemal abgedeckt** zurückgelegt wird.

Tipps:
Jedes Kind zieht eine Skatkarte, hat damit seine Gruppe gewählt und kann sich sein Blatt einprägen. Als „Schwarzer Peter" können auch die neutralen Deckkarten des Spiels eingesetzt werden. Neben Skatkarten sind Spielkarten mit kindgerechten Motiven besonders geeignet. Beim richtigen Paar können auch Karten mit Bildern, Symbolen, Zahlen (1 bis 8) oder Buchstaben (A bis H) genutzt werden.

29 Puzzeln Kl. 1–4

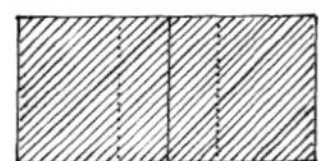

Grundgedanke:
Jede Gruppe holt die Teile eines Puzzles und legt diese als Bild zusammen. Dabei werden Schnelligkeit sowie Kooperations- und Kommunikationsfähigkeit gefördert.

Materialien:
für jede Gruppe ein Puzzle mit ca. 25 Teilen (eventuell 1 bis 2 „falsche" Teile)

Durchführung:
Etwa 25 Teile eines Puzzles liegen als Wendemal einer Laufstrecke in ca. 10 m Abstand. Jede Gruppe hat ihr eigenes Puzzle. Es darf immer nur ein Teil aufgenommen und zur Gruppe gebracht werden. Hinter der Gruppe wird das Puzzle zusammengesetzt. Mit dem gelegten Bild ist das Spiel für die Gruppe beendet.

▶ Zusätzlich können 1 bis 2 „falsche" Teile das Legen des Bildes erschweren*.

Varianten:

- Alle Gruppen haben das gleiche Puzzle zu lösen.
- Es werden unterschiedliche Puzzles eingesetzt. Hier bieten sich Wiederholungen mit dem Austausch der Puzzels zwischen den Gruppen an.
- Jede Gruppe hat gleichzeitig 2 Puzzles zu lösen*, deren Teile miteinander vermischt sind. Farblich unterschiedliche Rückseiten erleichtern, gleiche Rückseiten erschweren die Zuordnung**.

Tipps:
Beim Legen der Puzzles können auch sportbefreite Kinder eingebunden werden. Zur Selbstanfertigung von Puzzles sind z. B. (alte) große Jahreskalender mit örtlichen Sehenswürdigkeiten wie Rathaus, Bahnhof, Theater, Kirche oder mit Blumen und Tiermotiven sehr gut geeignet. Aufgeklebt auf Pappe und in ca. 25 handliche Teile zerschnitten, sind die Puzzles leicht anzufertigen und über mehrere Jahre haltbar. Die Vergleichbarkeit ist am höchsten, wenn alle Gruppen die gleiche Aufgabe lösen. Unterschiedliche Bilder haben ihren Reiz in der nachfolgenden Betrachtung und Diskussion. Außerdem sind in einem zweiten Durchgang die Vorlagen austauschbar. Als Motive für die Puzzles können auch Inhalte des aktuellen Lernstoffs genutzt werden, z. B. Bilder und Figuren aus Lernbüchern. Zusätzlich können Anregungen zur Diskussion über die Bilder gegeben werden.

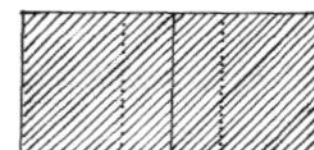

30 Laufen, schauen, holen Kl. 1–4

Grundgedanke:
Jeder Gruppe werden Gegenstände zugeordnet, die von der Wendezone zu holen sind.

Materialien:
Je Gruppe ca. 20 Gegenstände, die sich nach Form, Größe oder Farbe unterscheiden (z. B. 20 runde, dreieckige und viereckige Bierdeckel oder rote, gelbe und blaue Farbtafeln oder lachende, neutrale und zwinkernde Gesichter/Smileys).

Durchführung:
Jeder Gruppe wird ein Gegenstand mit einem typischen Merkmal zugeordnet. Alle Kleingeräte werden in ca. 10 m Entfernung als Wendemale ungeordnet ausgelegt und sind für alle Gruppen zugänglich. Mit jedem Lauf darf nur ein der Gruppe zugeordneter Gegenstand mitgenommen werden. Für die Gruppe ist der Lauf zu Ende, wenn der letzte zu holende Gegenstand am Start-Ziel abgelegt ist.

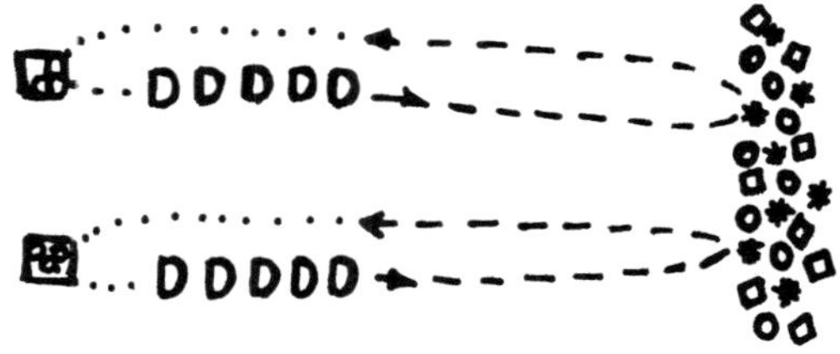

▶ Das Ablegen der Gegenstände auf einen Turnhocker oder in einen Karton/Eimer schafft Übersicht und regt zur Ordnung an. Falsch mitgenommene Gegenstände werden der richtigen Gruppe übergeben.

Varianten:
- **Separat**: Zur Erleichterung bzw. zur Einführung des Spiels sind die Gegenstände jeder Gruppe separat ausgelegt. 2 bis 3 falsche Gegenstände können einbezogen werden.
- **Anzahl***: Es ist eine bestimmte Anzahl unterschiedlicher Gegenstände zu holen, z. B. 6 runde und 10 eckige.
- **Zwei Merkmale****: Jeder Gruppe werden Gegenstände mit zwei Merkmalen zugeordnet. Für 3 Gruppen z. B. Farbtafeln mit je einer Hälfte rot/blau; rot/gelb; blau/gelb.

Tipp:
Für die 1. Klasse kann als Beispiel am Start ein zu holender Gegenstand ausgelegt werden.

31 Schauen, laufen, malen Kl. 1–4

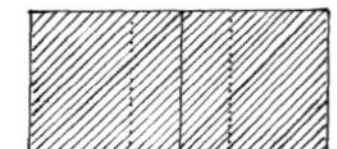

Grundgedanke
Im Wendepunkt ist ein unvollständiges Bild nach einer am Start ausgelegten Vorlage zu vervollständigen.

Materialien
für 3 Gruppen Bild- und Malvorlagen sowie Malstift/Marker, 3 bis 6 Turnhocker

Durchführung*
Die Gruppen stehen mit ausreichendem seitlichen Abstand hinter der Start-Ziel-Linie. Am Start wird für jede Gruppe das Bild einer Blume mit 7 Blütenblättern ausgelegt. Auf einem Turnhocker als Wendemal liegt in ca. 8 m Entfernung die Vorlage des zu ergänzenden Blumenstraußes mit 3 Blumen ohne Blütenblätter. Für die 1. Klasse kann jeweils 1 Blütenblatt beispielhaft eingezeichnet sein. Ein Marker dient als Mal- und Staffelstab. Es darf immer nur 1 Blütenblatt ergänzt werden. In welcher Gruppe erblühen die 3 Blumen mit je 7 Blütenblättern zuerst und welcher ist der schönste Strauß?

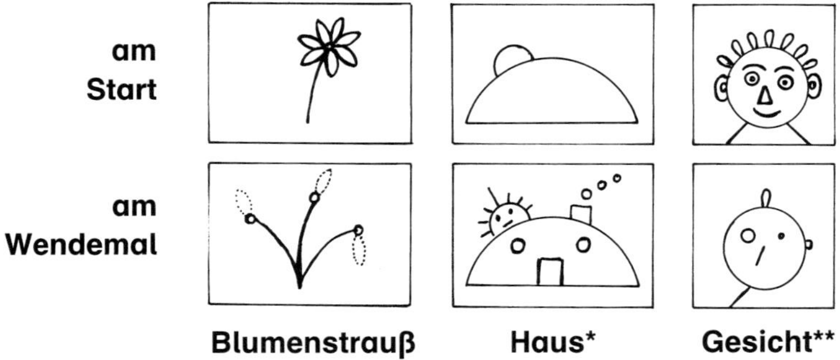

Varianten:

- **Haus** *: Am Start liegt die zu ergänzende Malvorlage, am Wendemal das Bild. Beim Umlaufen des Wendemales sind das Bild bzw. wesentliche Merkmale des Bildes einzuprägen und am Start in die Vorlage durch einen Strich oder Kreis zu ergänzen. Die Kinder können sich untereinander helfen. Es ist darauf zu achten, dass immer nur ein Strich/Kreis ausgeführt wird. Es ist hilfreich, wenn das Bild stets von der richtigen Seite betrachtet und vervollständigt wird (deshalb auch die Grundlinie mit Kreisbogen).
- **Gesicht** **: Das vollständige Bild wird am Start ausgelegt und die Malvorlage ist am Wendemal zu ergänzen. Falls einem Kind am Wendemal keine zu zeichnende Position einfällt, läuft er zurück und übergibt den Marker dem nächsten Kind. Ist eine Gruppe überzeugt, dass das Bild vollständig ist, ruft sie „Bild gemalt“. Sind alle Gruppen fertig bzw. 2 von 3, kann abgebrochen und die Bilder untereinander verglichen werden. Bei dieser Variante sollten Sie sich im Bereich der Wendemale aufhalten und u. U. Hinweise geben.

Tipps:
Die Kinder sind zur Absprache anzuregen, z. B. wer malt was bzw. was noch zu malen ist. Die zu vervollständigenden Vorlagen sind auf Turnhocker zu legen. Die Malvorlagen sollten ca. 20 bis 25 zu ergänzende Teile enthalten, damit viele Laufwege notwendig sind. Es ist darauf zu achten, dass immer nur ein Strich/Kreis/Punkt gezeichnet wird. Reservestifte bereitlegen, weil das Malen z. T. aus der Bewegung heraus beginnt und dabei die Mine eingedrückt werden könnte. Als Malunterlagen eignen sich besonders Papierkartons (DIN-A4- bzw. DIN-A5-Blätter), bei denen der Marker nicht durchdrückt.

Weitere Beispiele:

- **Punkte verteilen***: Am Start wird jeder Gruppe ein Symbol zugewiesen und als Beispiel ausgelegt. Am Wendemal liegt für jede Gruppe die gleiche Vorgabe mit je 20 Symbolen (Kreise, Dreiecke, Vierecke). Von den Kindern ist nur in das Symbol, das der Gruppe zugeordnet wurde, ein Punkt zu setzen. Im Wettbewerb werden die Anzahl an Fehlern und die Folge der Spielbeendigung summiert. Die Gruppe mit dem kleinsten Wert hat gewonnen.

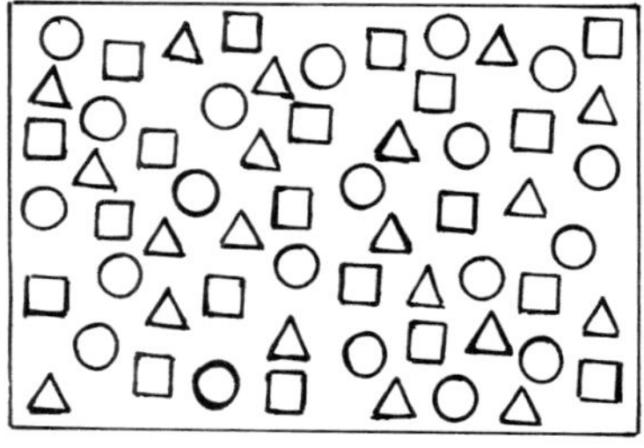

▶ Mehr Konzentration und Absprache ist notwendig, wenn Anzahlen unterschiedlicher Symbole zu kennzeichnen sind, z. B. 10 Kreise, 6 Dreiecke und 4 Vierecke**. (Kl. 3/4)
▶ Der Wettbewerb wird noch intensiver, wenn die Gruppen mit verschiedenfarbigen Markern eine gemeinsame Malvorlage anlaufen. Da immer nur 1 Kind je Gruppe unterwegs ist, ergeben sich keine größeren Behinderungen beim Abstreichen.

Tipps:
Vorlagen mit Kreisen, Dreiecken und Vierecken können von den Kindern im Sach- oder Mathematikunterricht angefertigt werden.

- **Smiley erkennen***: Jeder Gruppe wird ein Smiley mit unterschiedlicher Mundstellung zugeordnet (lächelnd, neutral, traurig). Am Wendemal liegt eine Malvorlage für alle Gruppen aus. Das Smiley der Gruppe ist zu erkennen und mit der Farbe der Gruppe anzukreuzen bzw. beide Augen sind zu ergänzen.

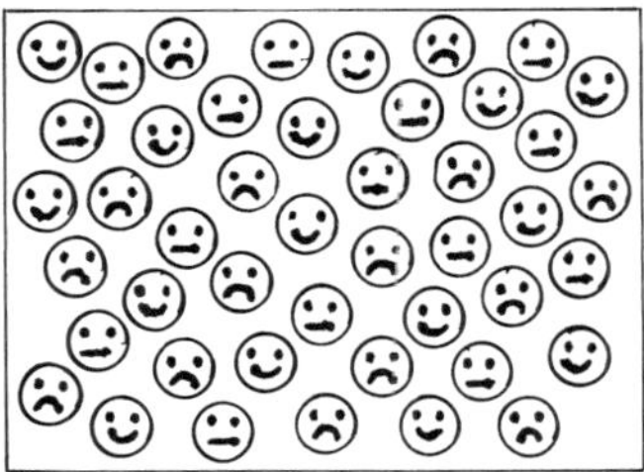

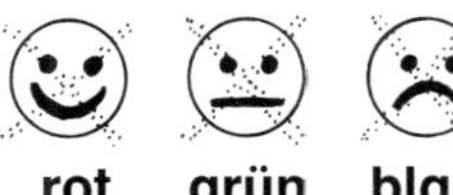

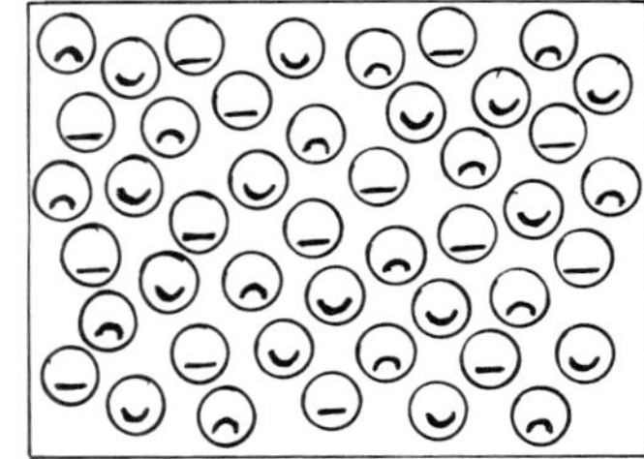

32 Pyramide Kl. 1–4

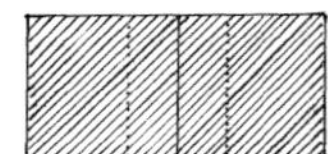

Grundgedanke:
Nach jeder gewürfelten Zahl muss die entsprechende Anzahl an Kindern laufen, bis alle Zahlen einer Zahlenpyramide gewürfelt und abgelaufen sind.

Materialien:
3 Schaumstoffwürfel (u. U. Spielwürfel), 3 Markierungskegel, 3 Marker, 3 Zahlenpyramiden mit und 3 ohne Zahlenvorgabe, für die Varianten „Laufweg" Zahlenschilder bzw. weitere Kegel

Durchführung:**
3 Gruppen stehen mit ausreichendem seitlichen Abstand hinter der Start-Ziel-Linie. Vor jeder Gruppe befindet sich in ca. 8 m Abstand ein Kegel als Wendemal. Jede Gruppe hat einen Schaumstoffwürfel und würfelt für sich. Ziel ist, die Zahlen der Zahlenpyramide so schnell wie möglich abzustreichen. Bei jeder gewürfelten Zahl muss die entsprechende Anzahl an Kindern laufen, auch wenn die Zahl bereits „abgelaufen" worden ist. Gelaufene Kinder stellen sich in der Gruppe hinten an.

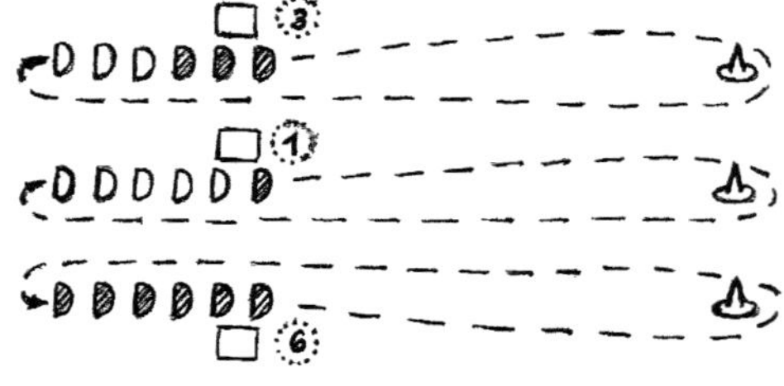

▶ Die Kinder sind bei dieser Spielform nahezu ständig in Bewegung. Es hat die Gruppe gewonnen, die zuerst alle Zahlen der Pyramide gewürfelt und abgelaufen hat. Das Abstreichen gewürfelter Zahlen erfolgt bei der Gruppe. Im Verlauf des Spiels kann festgelegt werden, dass bei Wiederholung bereits vollständig abgestrichener Zahlen von 3 bis 6 nur 2 Kinder laufen. Ein zusätzlicher Ansporn ist gegeben, wenn jede Gruppe vor Beginn des Spiels ca. 4 Zahlen ihrer Wahl in der Pyramide abstreichen darf.

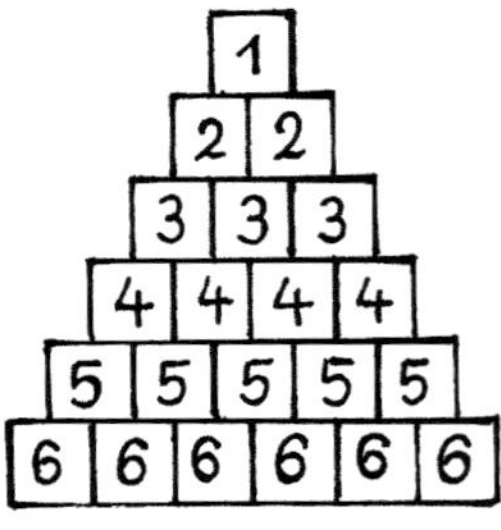

Varianten:

- **Laufweg***: 5 m von der Startlinie entfernt werden für jede Gruppe 6 Kegel mit Zahlen im Abstand von jeweils 1 m aufgestellt (Folge 1 bis 6). Jedes Kind würfelt einzeln und läuft im Umkehrlauf zum Kegel seiner gewürfelten Zahl. Das nächste Kind würfelt, wenn das vorherige die Start-Ziel-Linie überschreitet.

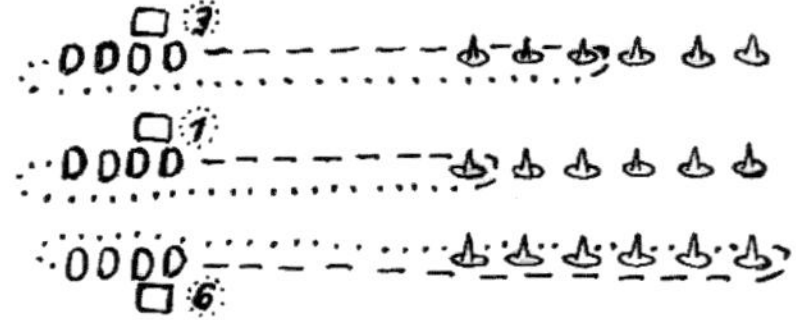

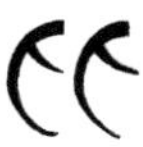

▶ Wird die aufsteigende Folge von 1 bis 6 nicht vorgegeben**, d.h. die Folge der Zahlen ist ungeordnet, so wird noch mehr Aufmerksamkeit verlangt. Das Abstreichen der abgelaufenen Zahlen erfolgt wie oben. Die Intensität des Spiels kann gesteigert werden, wenn die Kinder ohne Pause würfeln dürfen oder als Paare laufen**. Um ein Gegenlaufen zu vermeiden, sind die Kegel immer von der gleichen Seite zu umlaufen.

- **Wahlpyramide***: In einer Pyramide ohne Zahlenvorgabe trägt die Gruppe die Zahlen selbst ein. Den Kindern wird freigestellt, in welcher Zeile die Zahlen einzutragen sind. Es müssen aber alle Zahlen von 1 bis 6 vorhanden sein (siehe Beispiel).
  ▶ Nachdem ein Pyramidenlauf nach der Vorgabe der Zahlen absolviert wurde, bietet das Eintragen vermeintlich häufiger bzw. weniger oft vorkommender Zahlen einen zusätzlichen Reiz. Es kann nach der Grundidee oder nach der Variante „Laufweg“ gespielt werden.

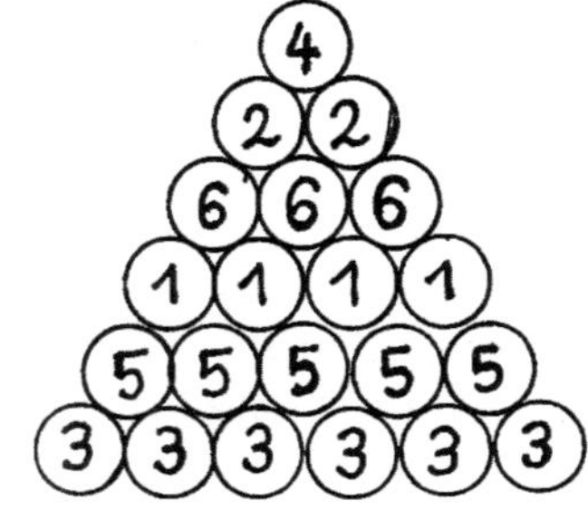

Tipps:
Sind keine Schaumstoffwürfel vorhanden, kann auf Spielwürfel zurückgegriffen werden. Eine schnelle Folge des Würfelns ist unter Wettbewerbsbedingungen zu erwarten und damit eine hohe Anforderung an die Laufausdauer. Übersicht und Miteinander sind beim Laufen nach der Würfelvorgabe gefordert. Ehrlichkeit wird beim Abstreichen der gewürfelten Zahlen verlangt.

33 Bingo Kl. 2–4

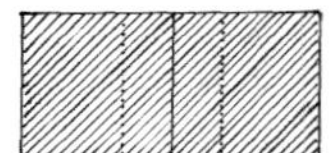

Grundgedanke:
Die Zahlen in zwei Zeilen, Spalten oder Diagonalen einer Tabelle sind zu würfeln und zu streichen.

Materialien:
3 Schaumstoffwürfel, Hallenwand bzw. Turnbänke, Tabellen-Vorlagen und Marker

Durchführung*:
Drei Gruppen stehen mit ausreichendem seitlichen Abstand vor einer ca. 10 m entfernten Hallenwand. Das erste Kind jeder Gruppe hat einen Schaumstoffwürfel. Aus dem Lauf heraus wird der Würfel gegen die Wand geworfen, die gewürfelte Zahl gemerkt, der Würfel aufgenommen, und dem nächsten Kind der Gruppe am Start übergeben. Gewonnen hat die Gruppe, die zuerst 2 Zahlenreihen vollständig gewürfelt und abgelaufen hat, unabhängig, ob waagerecht, senkrecht oder diagonal (siehe Beispiel). Das richtige Abstreichen zweier Zahlenreihen ist vor Spielbeginn zu verdeutlichen.

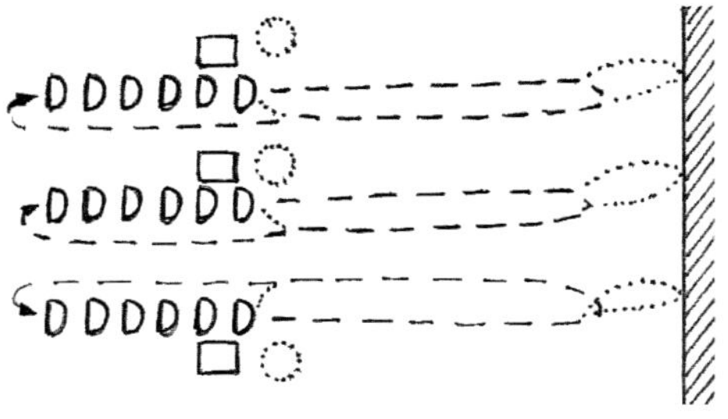

▶ Das Abstreichen der gewürfelten Zahlen sollte auf einem Turnhocker bei der Gruppe erfolgen (sportbefreite Kinder einbeziehen). Damit sind die noch abzustreichenden Zahlen in den Zahlenreihen für die Gruppenmitglieder zu erkennen und regen ihren Einsatz an.

Varianten:

- **Würfeln mit dem Fuß***: Der Schaumstoffwürfel liegt zu Beginn ca. 2 m vor der Wand. Aus dem Lauf heraus wird der Würfel mit dem Fuß so an die Wand gestoßen, dass er etwas zurückrollt. Vom ruhenden Würfel ist die Zahl zu merken und ohne Würfel zur Gruppe zu laufen.

  ▶ Werden als Würfelwand die Sitzflächen um 90 Grad gedrehter Turnbänke benutzt, wird der Schwierigkeitsgrad durch die kleinere Fläche erhöht**. Der Würfel ist an die Sitzfläche zu spielen. Bleibt der Würfel direkt an der Wand bzw. Bank liegen bzw. verfehlt er die Bank, wird er vom nachfolgenden Kind ca. 1 m davor zum Schuss abgelegt.
- **Würfellinie***: Im Gegensatz zum Grundspiel wird der Würfel nicht gegen eine Wand geworfen, sondern ist über eine Linie zu rollen. Damit wird ein differenziertes Würfeln angeregt, weil ein kurzer Rollweg effektiv ist.

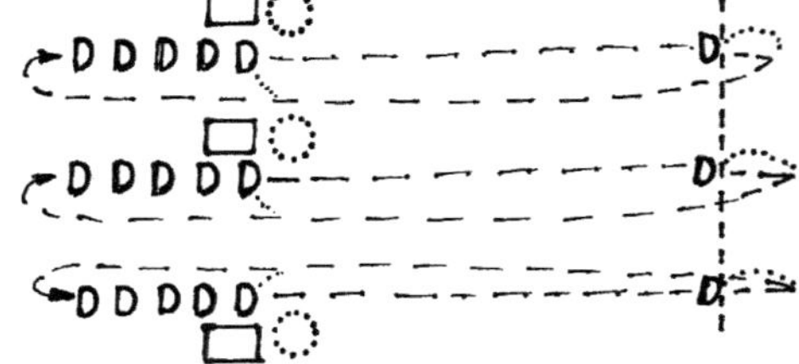

▶ Der Würfel kann auch liegen bleiben und muss vom nächsten Kind stets zur Würfellinie geholt und von dort gewürfelt werden. Weil der Würfel möglichst schnell und nahe der Linie ausrollen soll, ist so zu würfeln, dass das nachfolgende Kind den Würfel schnell aufnehmen kann.

- **Alles Bingo****: Es wird so lange gewürfelt und gelaufen, bis alle Zahlen auf der Vorlage abgestrichen sind. In dieser Form können alle ausgewiesenen Varianten gespielt bzw. „zu Ende“ gespielt werden.

▶ Diese Variante bietet sich als unmittelbare Fortsetzung der Grundvariante mit dem Abstreichen zweier Zahlenreihen an, indem einfach weitergespielt wird (besonders am Ende einer Sportstunde). Dabei sollte den Kindern überlassen bleiben, wie sie innerhalb der Gruppe das Laufen und Abstreichen der Zahlen regeln. Das Spiel kann beendet werden, wenn die zweite Gruppe erfolgreich ist, weil damit die Plätze vergeben sind und die Aktionen der weniger erfolgreichen Gruppe nicht im Fokus stehen. Zur Motivation sollten Sie Zwischenergebnisse ansagen.

Beispiele von Bingo-Vorlagen:

X	4	X	5	X	3	2
3	X	4	6	X	X	6
X	X	X	X	X	X	X
X	5	2	X	X	3	2
6	3	5	4	X	4	6
2	X	6	5	X	2	X
5	X	2	3	X	6	3

1	3	6	5	1	2	4
6	5	4	2	3	6	1
3	1	4	2	5	3	6
3	4	2	5	1	1	3
2	6	4	3	5	2	2
4	3	2	1	4	5	6
5	2	4	3	1	6	5

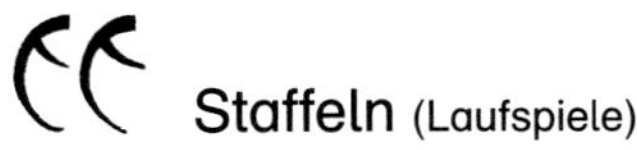

34 Tabelle & Code knacken Kl. 1–4

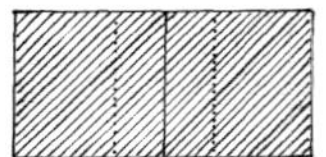

Grundgedanke:
Je 3-mal sind die Zahlen 1 bis 6 zu würfeln und in einer Tabelle einzutragen, wobei jeweils 2 Kinder würfeln und laufen.

Materialien:
3 Schaumstoffwürfel (u. U. Spielwürfel), 3 Markierungskegel, 3 Tabellen und Marker,

Durchführung*:
Drei Gruppen stehen mit ausreichendem seitlichen Abstand hinter der Start-Ziel-Linie. Vor jeder Gruppe befindet sich in ca. 8 m Abstand ein Kegel als Wendemal. Jede Gruppe hat einen Schaumstoffwürfel und würfelt für sich. In die Tabelle sind die Zahlen 1 bis 6 jeweils 3-mal einzutragen. Es laufen immer 2 Kinder. Ein Mitglied des Paars würfelt und beide laufen. Das nächste Paar nimmt den Würfel auf und würfelt, wenn das vorherige Paar die Start-Ziel-Linie erreicht. Das Eintragen in die Tabelle übernehmen wartende Kinder. Jedes Würfeln ist mit Laufen verbunden, auch wenn die gewürfelte Zahl bereits 3-mal eingetragen wurde.

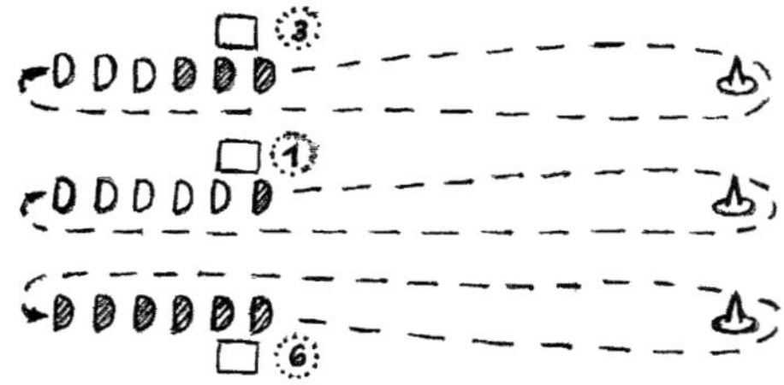

▶ Zusätzlicher Reiz ist gegeben, wenn jede Gruppe vor Spielbeginn eine Zahl in der Tabelle streichen darf, bei der nicht gelaufen wird. Es ist auch möglich, das Laufen bei der Zahl auszusetzen, die bereits 3-mal gewürfelt worden ist. Die Anforderung kann erhöht werden, indem mit Erreichen des Wendemals gewürfelt werden darf**. Zur Vermeidung eines Gegenlaufes sind das Wendemal und die Gruppe stets links zu umlaufen. Mit 6-Farben-Würfeln wird nach Farben anstatt nach Zahlen gespielt.

1			
2			
3			
4			
5			
6			

Varianten:
- **Code knacken***: Sie geben für alle Gruppen einen 3- bis 5-stelligen Code mit den Zahlen von 1 bis 6 vor, z. B. 6624. Die Zahlen des Codes sind in der richtigen Folge zu würfeln (6-6-2-4). Es laufen immer 2 Kinder, nachdem sie gewürfelt haben. Erfolgreiche Codenummern werden abgestrichen oder die Zahlenkarte umgedreht. Die Intensität des Spiels und die Gewinnchancen werden durch ein zügiges Würfeln erhöht. In einem zweiten Durchgang kann jede Gruppe ihren eigenen Code aufstellen. Mit einem 6-Farben-Würfel lässt sich nach einer Farbkombination spielen.
- **Summe***: Jede gewürfelte Zahl wird in einer Strichliste eingetragen. Ziel ist, ein möglichst hohes Ergebnis in der Spielzeit zu erzielen (ca. 4 Min.) oder schnell eine vorgegebene Punktzahl zu erreichen. In großen Gruppen sollte zu zweit gelaufen werden, damit eine ansprechende Intensität erreicht und das Miteinander gestärkt wird.

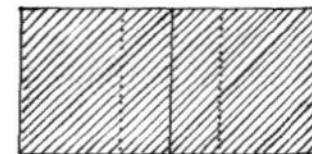

35 Klammerhoheit Kl. 1–4

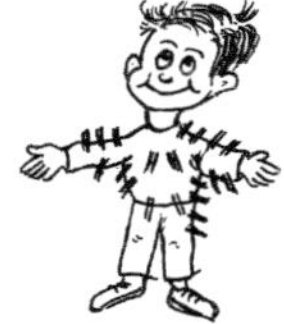

Grundgedanke:
Jede Gruppe versucht, möglichst schnell bzw. möglichst viele Wäscheklammern an einem Gruppenmitglied (Klammerhoheit) anzubringen.

Materialien:
ca. 4 bis 5 Klammern je Kind, Kartons oder Reifen zur Ablage der Klammern

Durchführung*

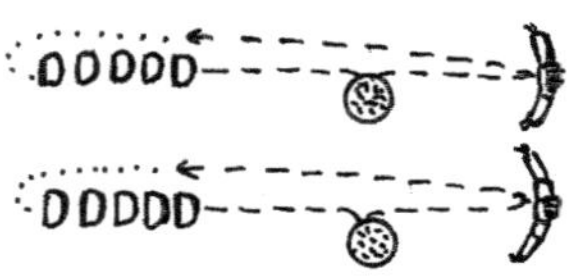

Die Gruppen stehen mit ausreichendem seitlichen Abstand hinter der Start-Ziel-Linie. In ca. 8 m Entfernung stehen die Klammerhoheiten und bei ca. 4 m liegen die Klammern für jede Gruppe gesondert an der Laufstrecke. Die Kinder laufen einzeln. Möglichst ohne große Laufunterbrechung wird eine Klammer aufgenommen und an der Klammerhoheit angebracht. Mit dem Anbringen der letzten Klammer ist für die Gruppe der erste Durchgang beendet und die Reihenfolge der Gruppen sichtbar.

▶ Zur Sicherung der freien Laufwege können die Klammern in Kartons, kleine Reifen, auf Turnhockern oder auf Teppichfliesen gelegt werden. Die Bekleidung der Klammerhoheiten und die Standposition (ausgebreitete Arme) sollten das Anbringen der Klammern erleichtern. Der zweite Durchgang erfolgt als Variante „Klammern weg" (s.u.).

Varianten:

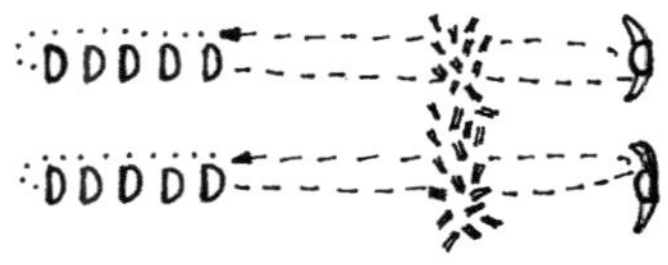

- **Viele Klammern***: Die Klammern werden nicht den Gruppen zugeordnet, sondern liegen in einer schmalen Gasse und sind für alle Laufenden zugänglich. Es wird so lange gelaufen, bis keine Klammer mehr zur Verfügung steht. Damit ergibt sich in der Regel eine unterschiedliche Anzahl angebrachter Klammern an den Klammerhoheiten und eine eindeutige Platzierung.
- **Klammern weg****: In einem zweiten Durchgang sind die an den Klammerhoheiten angebrachten Klammern abzunehmen. Die Klammerhoheiten werden bei ca. 6 m positioniert. Etwa 2 m hinter ihnen werden Kartons oder Turnhocker gestellt. Sie dienen als Wendemale und der ordentlichen Ablage der Klammern. Gewonnen hat die Gruppe, die zuerst alle Klammern von ihrer Klammerhoheit entfernt hat. Es ist im Sinne eines „Handicaps" zu spielen, wenn vorher die Variante „Viele Klammern" gespielt wurde.

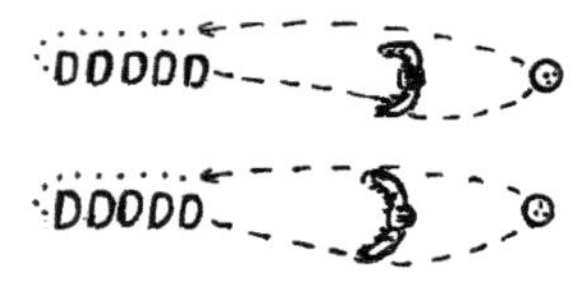

Tipps:
Die Kinder sind darauf hinzuweisen, nicht auf die Klammern zu treten (Rutschgefahr). Teilsportbefreite Kinder eignen sich u. U. als Klammerhoheiten.

Ballspiele

Im Schul-, Vereins- und Freizeitsport gehören die Ballspiele zu den beliebtesten Bewegungsspielen. Ballspiele mit dem Reiz offener und wechselnder Situationen wirken besser als jede andere Form der Motivation. Voraussetzung für eine aktive Teilnahme ist eine ausreichende Ballbeherrschung und situationsbezogenes Verhalten. Wenn Kinder keine Möglichkeit zum Beherrschen und Lösen der Spielsituation sehen, das Spielgerät als bedrohlich oder das Klassenklima als unangenehm empfinden, kann keine Spielfreude entstehen oder sie geht verloren. Deshalb ist es wichtig, dass durch **Können** (Fangen, Werfen, Ballführung) und **Spielübersicht** (Ausweichen, Freilaufen und Decken) sowie durch **angemessene Forderungen** das Spiel von den Kindern „beherrscht" werden kann. Ebenso ist durch eine **kindgerechte Unterrichtsgestaltung** (z. B. Softball statt Hohlball bei Abwurfspielen, Anknüpfen an Bekanntes und Gekonntes, das Miteinander betonen) und durch ein **sportlich-soziales Klima** zu gewährleisten, dass die positiven Reize des Spiels wirken können.

Der schnelle Wechsel von Situationen hinsichtlich der Ortsveränderungen des Balles und der Spielenden fördert die Ganzkörpermotorik. Die Entwicklung koordinativer Fähigkeiten (Orientierungs-, Reaktions- und Differenzierungsfähigkeit) und der Fertigkeiten (Werfen und Fangen) sowie des taktischen Verhaltens (Freilaufen und Decken) werden besonders angeregt. Im Verlauf des Spiels ergeben sich immer wieder neue, offene Situationen und soziale Lerngelegenheiten. Für ein erfolgreiches Spielen sind oft Probleme zu lösen, die Verständigung und gemeinsames Handeln voraussetzen und zum Miteinander auffordern. Das selbstständige Handeln ist von Ihnen als Lehrkraft bewusst anzuregen. Diszipliniertes Spielen äußert sich im Befolgen von Regeln und im kameradschaftlichen Verhalten. Spontane Äußerungen der Freude oder der Enttäuschung gehören besonders im Grundschulalter zum lebendigen Spiel. Je intensiver die Kinder den Reiz des Ballspielens erleben, desto freiwilliger und engagierter werden sie am Spiel teilnehmen und ihre Fitness positiv beeinflussen. Ein Beitrag zur Ausprägung der allgemeinen Spielfähigkeit und somit der Vorbereitung der Sportspiele wird in vielen kleinen Ballspielen geleistet. Fehlerhafte technische Ausführungen sind im Spiel weitgehend zu ignorieren, denn im Vordergrund steht eine aktive, freudvolle Teilnahme am Spiel. Hinweise zur Technik sind in Pausen bzw. nach dem Spiel angebracht (z. B. falsches Stemmbein beim Werfen). Die Aufteilung aller Kinder in Gruppen oder Teams kann zu einer unterschiedlichen Anzahl an Teammitgliedern führen. Lassen Sie alle Kinder am Spiel teilnehmen, ein Kind mehr beeinflusst das Spiel kaum.

Verzeichnis der Spiele mit Anwendungsbereichen

x = hohe Bedeutung o = mittlere Bedeutung

Name des Spiels	Nr. des Spiels	Klasse 1*	Reaktion	Orientierung	Differenzierung	Gleichgewicht	Schnelligkeit	Ausdauer	Kraft	Beweglichkeit	Fertigkeiten	Taktik	Miteinander	Fairness
Feld freihalten	1	x	x	x			o	o	o			o	x	x
Wurfprellball	2	x	x	x	x						x	x	x	x
Ball über die Schnur	3	x	x	x	x						o	x	x	x
Zielball	4	x	x	x	x				o		x	x	x	x
Bälle versenken	5	x		x	x						x	x	x	x
Bälle vertreiben	6	x	o	x	x				o		x	o	x	x
Ablöseball	7	x	o	x	x						x		x	x
Spielreihe Parteiball	8	x	x	x	x						x	o	x	x
Parteiball	9		x	x	x			o			x	o	x	x
Zweifelderball (Völkerball)	10	x	x	x	x			o	o		x	x	x	x
Einfelderball	11	x	x	x	x			o			x	x	x	x
Tigerball auf Geräten	12	o	x	x	x				o		x		x	x
Auf die Bank	13	x	x	x	o		o	o	o		x	x	x	x
Auf die Matte	14	x	x	x	o						x	x	x	x
Turm beschützen	15	o	x	x	x	x			o		x	x	x	x
Rettungskräfteball	16		x	x			o	o			o		x	x
Bälle weg	17	x	x	x			o	o	o			o	x	x

* Ein fehlendes Symbol bedeutet, dass für die 1. Klasse das Spiel nicht empfohlen wird.

1 Feld freihalten Kl. 1–4

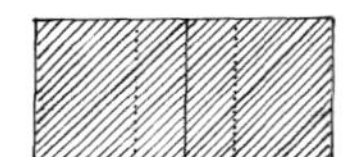

Grundgedanke:
Beide Teams versuchen ihre Spielhälfte von Bällen freizuhalten, indem die Bälle in das andere Feld geworfen werden.

Materialien:
für jedes Kind 1 Softball (möglichst verschiedene Größen), 2 Turnbänke als Spielfeldtrennung

Durchführung:
Die Spielhälften sind durch Turnbänke getrennt. Jedes Kind hat einen Ball. Über eine Spielzeit von ca. 3 bis 4 Min. werden die Bälle, die im eigenen Spielfeld sind, aufgenommen und in das Feld des anderen Teams geworfen. Nach dem Spielende werden in jeder Spielhälfte die Bälle gezählt. Gewonnen hat das Team, in dessen Spielfeld weniger Bälle sind. Gelingt es einem Team vor Spielende, im eigenen Feld keine Bälle zu haben, hat es das Spiel frühzeitig gewonnen. Weil das oft nur sehr kurzzeitig erfolgt, kann auch weiter gespielt werden.

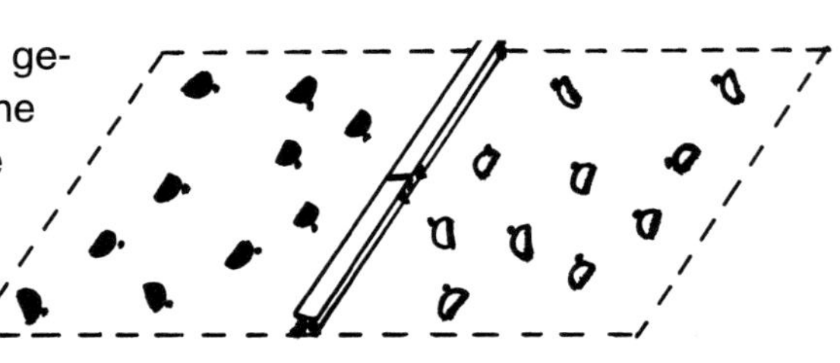

▶ Das Spiel lebt vom Auf und Ab im Spielverlauf, der Ausgeglichenheit beider Teams. Diese Chancengleichheit sollte durch eine entsprechende Teambildung angestrebt werden. Bei absichtlichem Werfen über die seitliche Spielfeldbegrenzung hat das werfende Kind diesen Ball in das eigene Feld zu holen.

Tipps:
Generell sollten Wände und gekippte Turnbänke das weite Rollen der Bälle einschränken. Unterschiedlich große Softbälle sind bewusst einzusetzen.

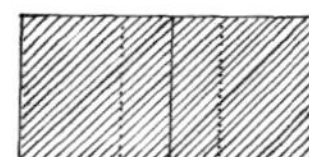

2 Wurfprellball Kl. 1–4

Grundgedanke:
Jedes Team spielt den Ball mit Bodenkontakt (Prellwurf) in das Feld des anderen Teams, wo er gefangen werden muss.

Materialien:
gut springende Softbälle oder leichte Hohlbälle

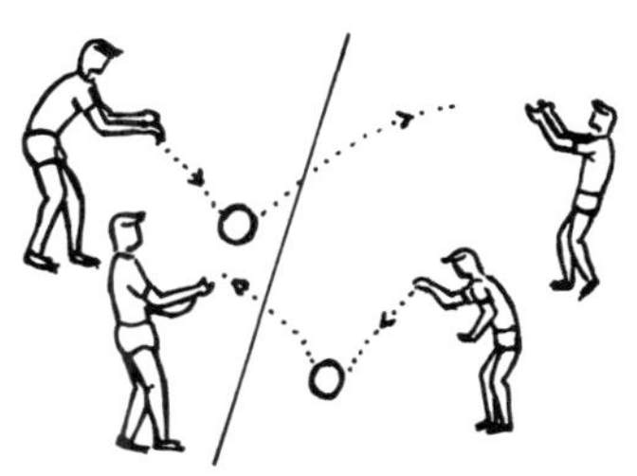

Durchführung:
Ein Volleyballfeld ist günstig. In jeder Feldhälfte verteilt sich ein Team. Der Soft- oder leichte Hohlball wird mit einem Prellwurf im eigenen Spielfeld in das andere Feld gespielt, wo er gefangen werden muss. Wird der Ball nicht gefangen und berührt den Boden innerhalb des Feldes, erhält das Prellteam einen Punkt. Der gefangene oder aufgenommene Ball wird wieder über einen Bodenkontakt im eigenen Feld in das andere Feld gespielt. Ein über die Feldbegrenzung gespielter Ball gilt als Fehler und Punktgewinn für das andere Team. Gewonnen hat das Team, das zuerst eine bestimmte Anzahl an Punkten erreicht (z. B. 15). Es kann auch nach Zeit gespielt werden (z. B. 4 Min.).
▶ Zur Einführung des Spiels ist ohne Punktwertung zu spielen, mit Hinweisen zum effektiven Verhalten. Die Kinder, die die Bälle fangen, sollten selbst den Prellwurf ausführen. Hinten stehende Kinder können die Bälle aber auch nach vorn zuspielen.

Varianten:

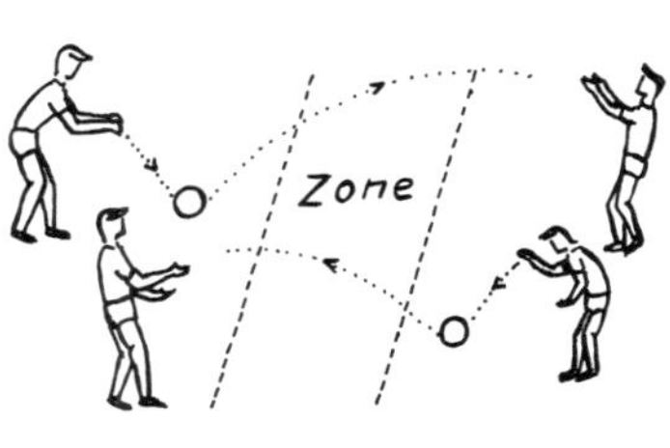

- **Hindernis**: Der Ball ist mit Bodenkontakt im eigenen Feld über ein ca. 50 cm hohes Netz oder über 2 aufeinander gestellte Turnbänke zu spielen.
- **Neutrale Zone**: Über eine neutrale Mittelzone von ca. 2 m, die beide Spielfelder trennt, ist der Ball in das andere Feld zu spielen.
- **Zonenprellball***: In einer 2 m breiten Prellzone, die beide Spielhälften trennt, muss der Ball einmal aufkommen, bevor er in das gegnerische Feld fliegt.

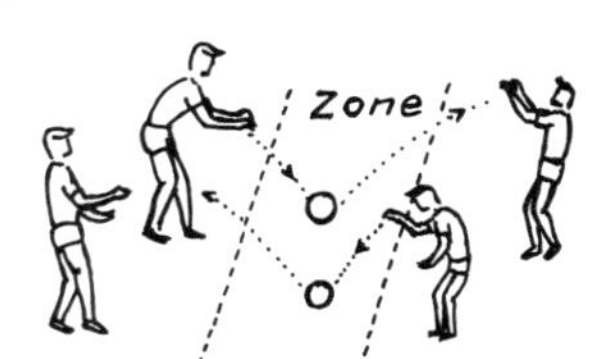

Tipps:
Es ist darauf zu achten, dass die Kinder im Verlauf des Spiels ihre Position im Feld wechseln (von vorn nach hinten). Ein Spiel in kleineren Gruppen (4 gegen 4) sichert die Intensität. Deshalb sollten Sie prüfen, ob ein Spielen auf mehreren Feldern bzw. mit 2 Bällen möglich ist.

3 Ball über die Schnur (Netz) Kl. 1–4

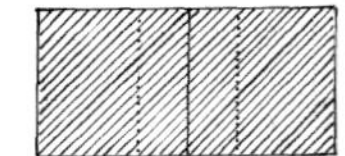

Vorbemerkung:
An diesem alten, bekannten und „einfachen" Spiel soll beispielhaft verdeutlicht werden, dass bereits geringfügige Änderungen dem Spiel neue Impulse geben.

Grundgedanke:
Jedes Team wirft den Ball so über die Schnur oder das Netz in das andere Feld, dass er schwer zu fangen ist und möglichst auf dem Boden aufkommt.

Materialien:
Softbälle, leichte Hohlbälle und andere Wurf- und Fanggeräte wie Indiaca, Soft-Frisbee, Schaumstoffwürfel, Schaumstoff-Bauklötze oder Luftballons, Netz oder Langband, 2 bis 4 Turnbänke für das Spiel im Sitzen

Durchführung:
Ein Volleyballfeld ist günstig. In jeder Feldhälfte verteilt sich ein Team. Der Soft- oder leichte Hohlball wird über das Netz in das andere Feld geworfen. Berührt er dabei den Boden, erhält das Wurfteam einen Punkt. Der gefangene oder aufzunehmende Ball wird über das Netz zurückgespielt. Ein über die Feldbegrenzung geworfener Ball gilt als Fehler und Punktgewinn für das andere Team. Bei Netzberührung läuft das Spiel weiter.

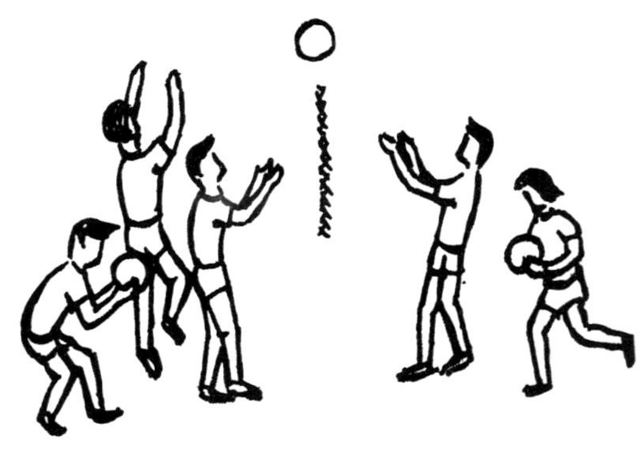

▶ Es sollte ohne Abwurflinie und mit dem Netz in Reichhöhe gespielt werden. Gewonnen hat das Team, das zuerst eine bestimmte Anzahl an Punkten erreicht (z. B. 15). Es kann auch nach Zeit gespielt werden (z. B. 3 oder 4 Min.). Dabei sind die Treffer jedes Teams zu zählen. Zur Einführung des Spiels ist ohne Punktwertung zu spielen, gute und weniger gute Aktionen sind zu kommentieren. Beim Werfen ist ein Bein immer am Boden (kein Sprungwurf).

Varianten:
- **Ungewöhnliche Wurf- und Fanggeräte*** bereichern und beleben das Spiel. Beim Spiel mit Schaumstoffwürfeln kann festlegt werden, dass der Würfel bei Bodenkontakt ausrollen muss und die Augen als Punkte zählen. Wird der Würfel vorher aufgenommen, werden 6 Punkte angerechnet (zusätzliche Anforderung an die Konzentration).

- **Spiel mit 2 Softbällen oder unterschiedlichen Wurf- und Fanggeräten**:** Mehrere und unterschiedliche Geräte erfordern erhöhte Aufmerksamkeit, Anpassung und Umstellung. Die Spielübersicht darf dabei nicht verloren gehen.
- **Einmaliges Aufkommen*** des Balles ist Pflicht: Diese ungewöhnliche Regel erfordert erhöhte Aufmerksamkeit und Umstellung. Diese Variante sollte aber erst eingesetzt werden, wenn das Grundspiel relativ sicher beherrscht wird.
- **Wahl beim Fangen*:** Es wird den Kindern freigestellt, ob der Ball direkt oder nach einem Bodenkontakt gefangen wird. Wahlmöglichkeiten aktivieren und beleben das Spiel. (Kl. 3/4)
- **Direkt oder indirekt**:** Spiel mit 2 Bällen mit unterschiedlicher Aufgabenstellung. Der „weiße" Softball muss aus der Luft und der „bunte", leichte Volleyball darf erst nach einem Bodenkontakt gefangen werden. Diese Variante ist besonders anspruchsvoll. (Kl. 3/4)
- **Spiel im Sitzen****: Der Ball ist über aufeinander gestellte Bänke oder über ein ca. 50 cm hohes Netz oder mit Bogenwurf über eine ca. 2 m breite Mittelzone (Bänke) in das gegnerische Feld zu spielen.

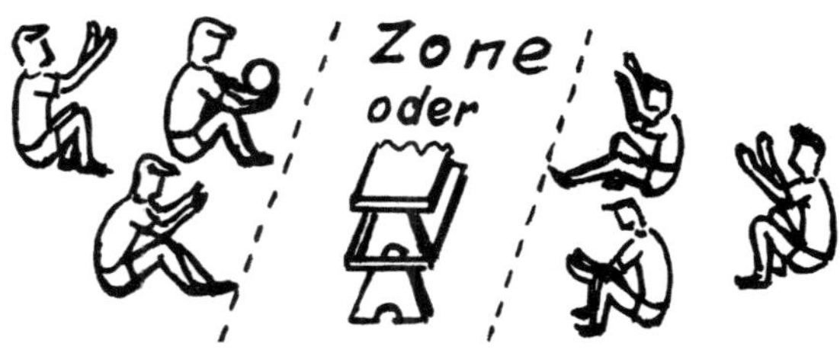

- **Luftballon**: Jedes Team besitzt zu Beginn die gleiche Anzahl an Luftballons (ca. 4). Nur durch Tippen bzw. Schlagen sind die Luftballons im eigenen Feld zu bewegen und in das andere Feld zu bringen. Am Boden liegende Luftballons sind aufzuheben, sie gelangen durch Anstoßen ins Spiel. Das Team hat gewonnen, in dessen Hälfte weniger Luftballons den Boden berührten oder am Spielende weniger Luftballons sind. Große „Luftkissen" bieten zusätzlichen Reiz. Für dieses Spielobjekt werden 2 bis 3 Luftballons in einer Tragetasche eingebunden.

Tipps:

Der Einsatz eines Netzes erleichtert die Spielübersicht und reduziert Fehlerdiskussionen. Besonders beim Spiel mit mehreren Bällen ist auf ein zügiges Rückspielen zu achten, kein Ballsammeln. Gezielt sollten neben Bällen auch andere Wurf- und Fanggeräte eingesetzt werden. Ungewöhnliche Geräte bieten neue Reize und Erfahrungen. Es ist darauf zu achten, dass die Kinder im Verlauf des Spiels ihre Position im Feld wechseln (von vorn nach hinten). Ein Spiel in kleineren Gruppen (6 gegen 6) sichert die Intensität. Deshalb sollten Sie prüfen, ob ein Spielen auf mehreren Feldern möglich ist, z. B. durch ein längs der Halle zu spannendes farbiges, dehnbares Langband. Ein Spiel mit 2 bzw. mehreren Bällen ist nur dann anzustreben, wenn die Spielübersicht gewährleistet ist.

4 Zielball 1–4

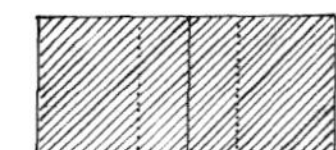

Grundgedanke:
Die Mitglieder zweier Teams versuchen, auf Turnbänken aufgestellte Ziele mit Bällen abzuwerfen.

Materialien:
4 Turnbänke; ca. 12 Ziele (Markierungskegel, Schaumstoff-Bauklötze, Schaumstoffwürfel, Kartons), ca. 20 Softbälle oder Soft-Mini-Handbälle

Durchführung:
Etwa 1 m vor einer Wand sind 2 Turnbänke mit etwas Abstand nebeneinandergestellt. Auf jeder Bank ist die gleiche Anzahl und Art an Zielen. Die Mitglieder jedes Teams stehen ca. 4 m entfernt an einer Abwurflinie (Bank) und werfen nur auf die Ziele der Bank. Jedes Kind hat einen Ball. Es wird so lange geworfen, bis ein Team alle Ziele von der Bank geworfen hat. Dem anderen Team kann noch etwas Zeit eingeräumt werden. Das Aufstellen der Ziele nahe der Wand soll das Zurückrollen der Bälle erleichtern. Im Feld liegende Bälle sind durch 2 zum Bälleholen ernannte Kinder zur Abwurflinie zu rollen oder jedes Kind darf Bälle holen.

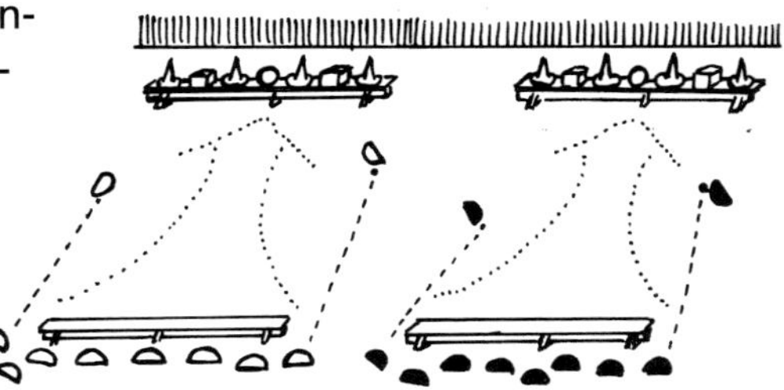

▶ Bänke geben dem geforderten Werfen hinter der Abwurflinie eine eindeutige Orientierung. Trotz Wettbewerbs zwischen den Teams ist die Konzentration auf das Werfen bzw. Zielen gegeben, weil jede Gruppe ihre Station hat und auf ihre eigenen Ziele wirft.

Varianten:

- **Gegenüber, aber getrennt**: Die 2 Bänke mit den Zielen werden mit geringem Abstand auf die Mittellinie des Spielfeldes gestellt. Jedes Team hat seine eigene Bank mit den Zielen. Etwa 4 m vor den Bänken stehen sich die Teams seitlich versetzt an den Abwurflinien gegenüber. Dadurch werden die werfenden Kinder nicht behindert und die von dem anderen Team geworfenen Bälle sind leicht zur eigenen Abwurflinie zu holen.

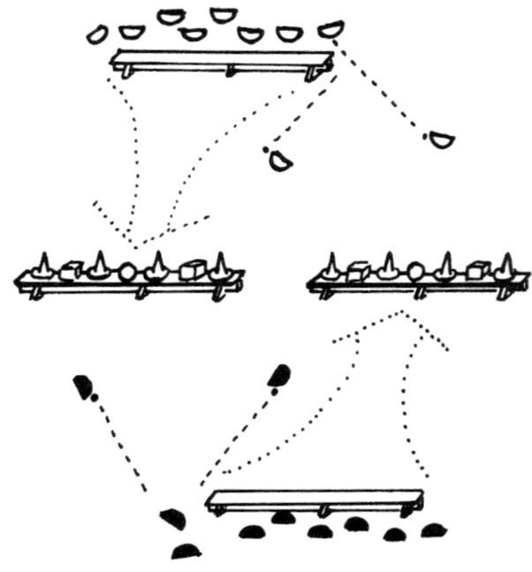

▶ Es sollte Klarheit darüber herrschen, dass nur die Bälle in der eigenen Spielhälfte zwischen verlängerter Abwurflinie und den Zielbänken zum eigenen Team gehören und geholt werden dürfen.

- **Gegenüber***: Die 2 Bänke mit den Zielen werden nebeneinander auf die Mittellinie gestellt. Die Teams stehen sich gegenüber und werfen von unterschiedlichen Seiten auf die Ziele der beiden Bänke. Getroffene Ziele fallen in das Feld des anderen Teams und bleiben bis Spielende dort liegen. 2 Kinder rollen die in der eigenen Spielhälfte liegenden Bälle zur Abwurflinie zurück. Gewonnen hat das Team, das mehr Ziele abgeworfen hat, d. h. in dessen Feld weniger Ziele als im Feld des anderen Teams liegen.

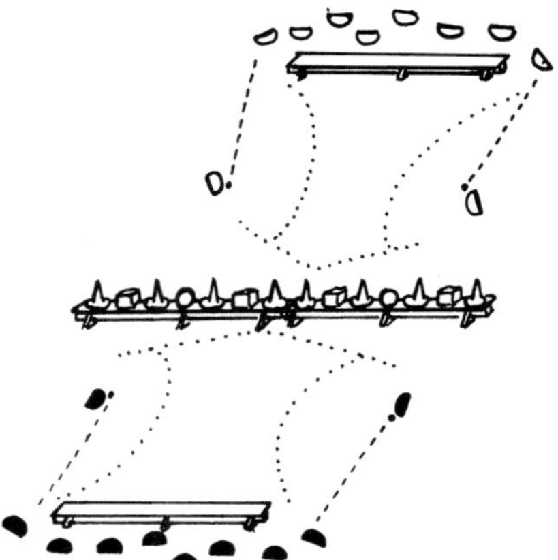

  ▶ Ziele können auch in 2 Etagen angeordnet sein, indem eine Turnbank auf Turnhocker gestellt wird.
- **Spiel mit Verteidigung****: Jedes Team schickt ein Kind in das Feld des anderen Teams, das ein Abwerfen der Ziele verhindern soll. Sind in einem Team oder in beiden Teams nur noch wenige Ziele zu treffen, kann ohne Verteidigung gespielt werden.

5 Bälle versenken Kl. 1–4

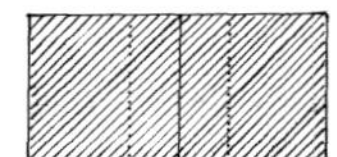

Grundgedanke:
Die Mitglieder mehrerer Teams versuchen, ihre Bälle in offene Kastenteile zu versenken.

Materialien:
je Team 2 Kastenteile, für jedes Kind 1 Ball, für die Varianten 2 Turnbänke je Team, 1 Basketball und Softbälle (Soft-Mini-Handbälle)

Durchführung:
Die Teams stehen mit ausreichendem Abstand nebeneinander. Für jedes Team sind ca. 50 cm vor einer Wand 2 Kastenteile übereinandergestellt. Die Kinder stehen ca. 5 m entfernt an einer Abwurflinie (Bank) und werfen nur auf den offenen Kasten ihres Teams. Es wird so lange geworfen, bis alle Bälle versenkt sind. Es zählen nur die Bälle als versenkt, die im Kasten liegen bleiben. Nicht versenkte Bälle werden vom werfenden Kind geholt oder durch ein Kind zum Team gerollt.

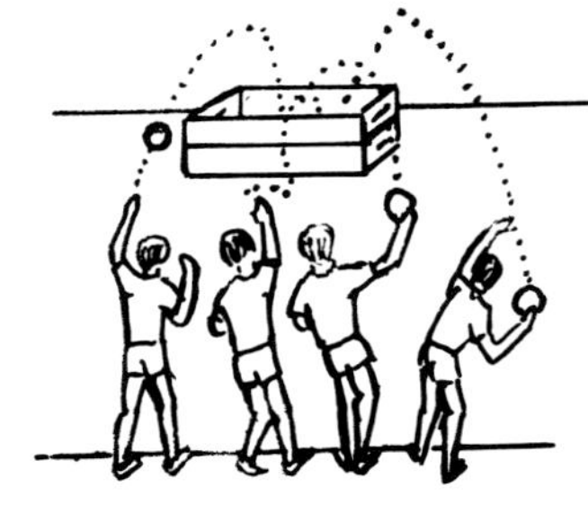

▶ Zwischen den Teams ist ein ausreichender Abstand zu sichern. Die Kästen können quer oder längs zur Wand angeordnet sein. Es bleibt den Kindern überlassen bzw. ist zu erkunden, wie der Ball günstig zu versenken ist, mit einem direkten oder indirekten Treffer oder als Abpraller von der Wand. Diesem „freien Versenken“ können drei Durchgänge mit Vorgaben zum Versenken der Bälle vorausgehen: direktes, indirektes Versenken und als Abpraller.

Varianten:

- **Zielball versenken****: Für jedes Team werden 2 Bänke so nebeneinandergestellt, dass in einer schmalen Gasse ein Zielball (Basket- oder Volleyball) gut rollen kann. Der Zielball wird an den Anfang der Gasse gelegt und soll durch Treffer zum Rollen in und von der Bankgasse gebracht werden. Die Abwurflinie ist ca. 3 m entfernt. Jedes Team hat mit ausreichendem seitlichen Abstand ihre Station. Die Bankenden sollten nahe der Wand sein, damit die geworfenen Bälle zur Wurflinie zurückrollen bzw. leicht von zum Bälleholen ernannten Kindern zu erreichen sind. Es kann zügig ohne Pausen geworfen werden. (Kl. 3/4)

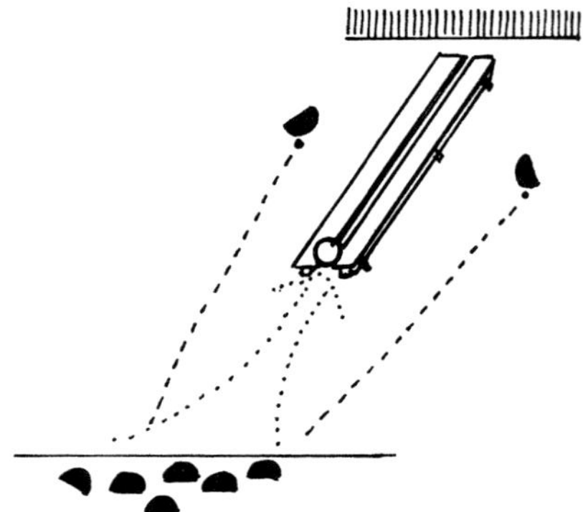

- **Hin und her****: Wie Zielball versenken, nur dass zwei Teams an einer Bankgasse sich gegenüberstehen und auf einen Zielball werfen. Beide Teams versuchen, den Zielball durch Treffer zur anderen Seite zu rollen. Gewonnen hat das Team, das den Zielball von der Bank treibt. Gelingt es nach ca. 3 Min. keinem Team, ergibt sich ein Unentschieden (alle haben gewonnen). (Kl. 3/4)

Tipps:
Die richtige Breite der Gasse bzw. die Art des Zielballs ist spielentscheidend. Nur, wenn der Zielball bei einem Treffer seine Lage leicht verändert, ist der Reiz des Spiels gegeben. Nach Möglichkeit sollte beim Zielball in der Bankgasse an Stationen mit ca. 5 bis 6 Kindern pro Team gespielt werden.

6 Bälle vertreiben Kl. 1–4

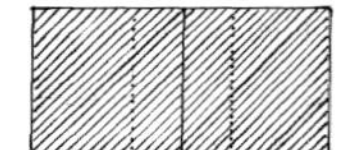

Grundgedanke:
In einer breiten Gasse stehen sich die Teams gegenüber und versuchen bewegliche Ziele durch wiederholte Treffer über eine Ziellinie zu treiben.

Materialien:
ca. 20 Softbälle oder Soft-Mini-Handbälle als Wurfbälle, ca. 2 bis 4 Ziele (Volleyball, Basketball, Pezziball bzw. Schaumstoff-Bauklötze, Schaumstoffwürfel, Kartons), 2 bis 4 Turnbänke

Durchführung:
In einer Gasse von ca. 10 m stehen sich die Teams hinter den Bänken (Abwurflinien) gegenüber. Jedes Kind hat einen Ball. In der Mitte der Gasse liegen 2 bis 4 Ziele, die durch Treffer zur Ziellinie zu treiben sind. Die Ziellinie kann die Turnbank oder eine Linie kurz vor der Bank sein. Mit Erreichen der Ziellinie/Bank erhält das Team einen Punkt und das Ziel wird in der Mitte der Gasse wieder ins Spiel gebracht. Jeweils 1 Teammitglied hält sich im Spielfeld auf und rollt die Bälle seines Teams zurück. Spiel nach Zeit (3 Min.) oder nach Punkten (z. B. 5 Punkte)

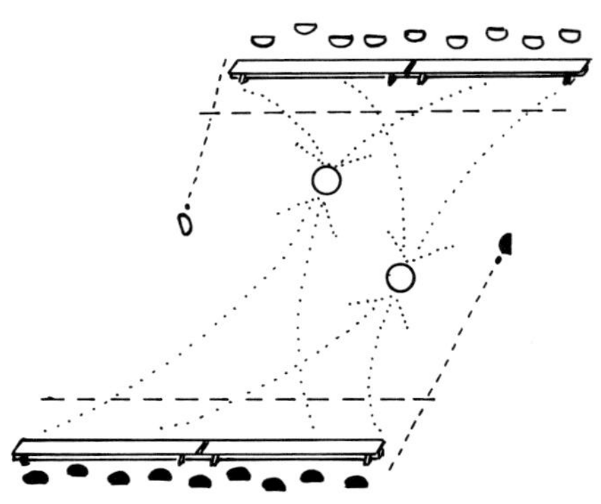

▶ Entsprechend dem Wurfvermögen der Kinder ist die Breite der Gasse zu wählen. Die Ziele sollten beim Treffen eine deutliche Ortsveränderung erkennen lassen. Zum Spielverständnis kann einführend nur ein Ziel eingesetzt werden. Im Weiteren aber mindesten 2 Ziele, damit eine angemessene Intensität möglich ist. Der Reiz des Spiels besteht in dem oft wechselnden Spielverlauf, denn Ziele in der Nähe der Abwurflinie sind leichter zu treffen.

Varianten:

- **Schaumstoffwürfel als Ziel****: Mit jedem getroffenen und zur Ruhe kommenden Würfel können Punkte erzielt werden. Der besondere Reiz liegt darin, dass man durch einen schnellen Gegenwurf das Ausrollen verhindert und selbst Punkte erzielt. Entsprechend der sichtbaren Zahl erhält das Team, das zuletzt den Würfel bewegt hat, diese Anzahl an Punkten. Es kann aber auch vereinbart werden, dass nur mit einer bestimmten Zahl ein Punkt zu erzielen ist. Erreicht ein Würfel die Bank bzw. Ziellinie gibt es weiterhin einen Punkt oder die Punkte des Würfels zählen. (2 bis 3 Schaumstoffwürfel einsetzen)

- **Luftballons als Ziel**: Für die Kinder ist der Einsatz von Luftballons oft lustig und spannend, weil zum Teil unvorhersehbare Flugbewegungen bei einem Treffer entstehen. Sehr schnell erfahren die Kinder, dass ein Rollen des Balles effektiver ist als das Werfen. Beim Treffer mit einem geworfenen Ball wird der Luftballon mehr in die Höhe als in die Weite getrieben. Hier sind auch größere Softbälle einzusetzen.
- **Spiel mit 3 oder 4 Teams****: Dazu werden die Bänke (Abwurflinien) entsprechend angeordnet. Hier sollte man sich auf 1 bis 2 Zielobjekte beschränken. Das Team, an dessen Bank ein Ziel anstößt, erhält einen Minuspunkt. Dieses Zielobjekt wird dann wieder in die Mitte des Feldes gelegt. Das trifft auch zu, wenn ein Zielobjekt zwischen den Bänken aus dem Spiel rollt oder gleitet. Eine Aufnahme von Wurfbällen sollte nur vor der eigenen Bank aus und ohne Spielbehinderung erfolgen.

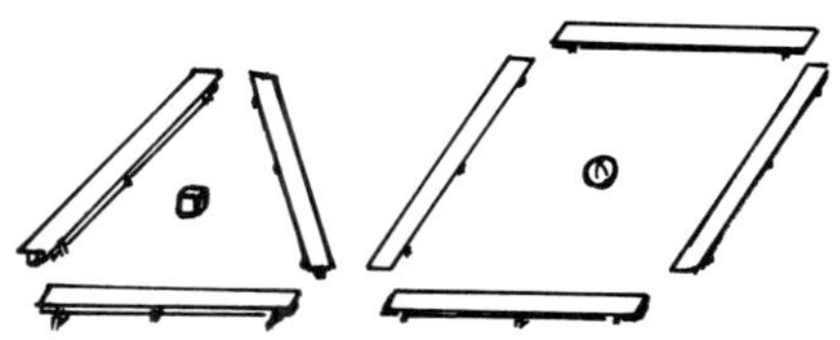

- **Ziele zur Wand**: Diese Variante bietet sich zur Einführung an, weil keine Bälle auf die werfenden Kinder zukommen. Die beiden Teams spielen getrennt nebeneinander an ihren Stationen. Etwa 2 m vor einer Wand werden für jedes Team 2 bis 4 Ziele gelegt, die an die Wand (oder hinter eine Linie) zu treiben sind. Etwa 8 m vor der Wand ist die Abwurflinie (Bank). Als Zielobjekte bieten sich Kartons, Schaumstoff-Bauklötze, Schaumstoffwürfel oder kleine Markierungskegel an. Zusätzlicher „Reiz“ ist gegeben, wenn sich Ziele durch von der Wand zurückrollende Bälle wieder von der Wand entfernen.

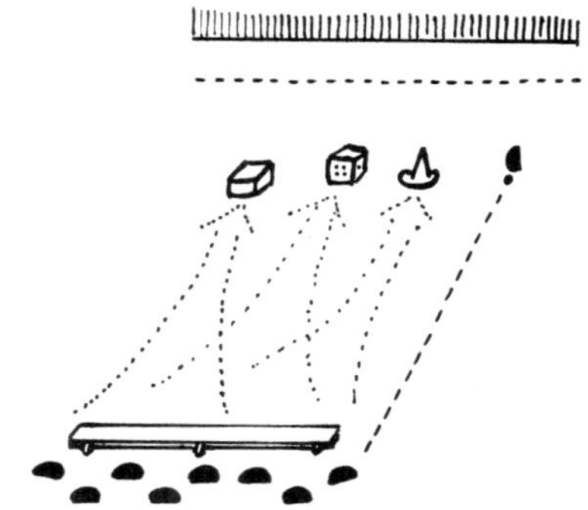

Tipps:

Wichtig sind Erfolgserlebnisse, deshalb sind Entfernungen zu den Zielen und die Art der Ziele den Voraussetzungen der Kinder anzupassen. Erfolgserlebnisse und ungewöhnliche Zielobjekte bereichern das Spielen, z. B. ist ein Pezziball leichter und in schneller Folge von vielen Kindern zu treffen, ebenso ein großer Karton.

7 Ablöseball Kl. 1–4

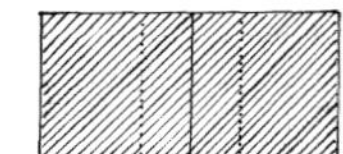

Grundgedanke:
Vor den in Linie stehenden Kindern steht ein Kind, das nacheinander alle Mitglieder seiner Gruppe anspielt. Die Wurf- und Fangsicherheit wird geschult.

Materialien:
je Gruppe 1 Mini-Handball, Soft- oder Gymnastikball

Durchführung:
Etwa 5 Kinder stehen auf einer Linie, ca. 3 m vor ihnen steht ein weiteres Teammitglied. Dieses spielt den Ball dem ersten Kind der Gruppe zu, das ihn wieder zurückwirft. Nacheinander werden alle Kinder angespielt. Das letzte Kind der Reihe nimmt mit dem Ball den Platz des zuwerfenden Kindes ein, das die erste Position der Gruppe übernimmt. Es wird so lange gespielt, bis alle Kinder wieder auf ihrem ursprünglichen Platz stehen. Zu Beginn ist das fehlerfreie Fangen das Wettbewerbsziel. Erst später sollte das schnellste Team ermittelt werden.

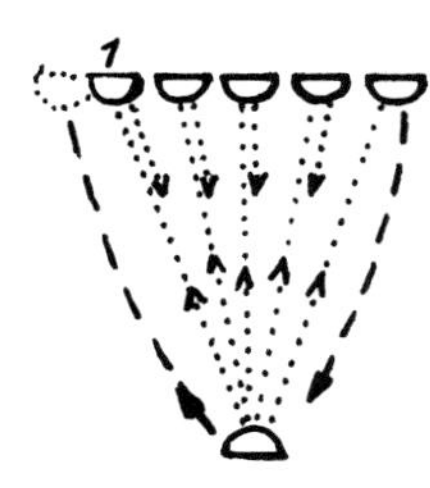

▶ Entsprechend der Wurf- und Fangsicherheit der Kinder ist der Abstand des zuwerfenden Kindes zur Gruppe zu wählen. Ist in einer Gruppe ein Kind weniger als in den anderen, muss das jeweils letzte Kind 2-mal hintereinander angespielt werden, bevor es den Platz des zuwerfenden Teammitglieds einnimmt.

Varianten:
- **Indirektes Zuspiel**: Das zuwerfende Kind spielt den Ball über einen Bodenkontakt, das Rückspiel kann mit oder ohne Bodenkontakt erfolgen.
- **Spiel in Reihe***: Die Gruppe steht in Reihe an einer Markierung (Linie). Etwa 3 m davor steht das zuwerfende Teammitglied. Das erste Kind der Reihe wird angespielt, wirft den Ball zurück und stellt sich an das Ende der Gruppe. Die anderen Kinder rücken zur Linie nach. Kommt das erste Kind erneut an die Linie, löst es das werfende Teammitglied ab und übernimmt das Zuwerfen, während dieses Kind an das Ende der Reihe wechselt.

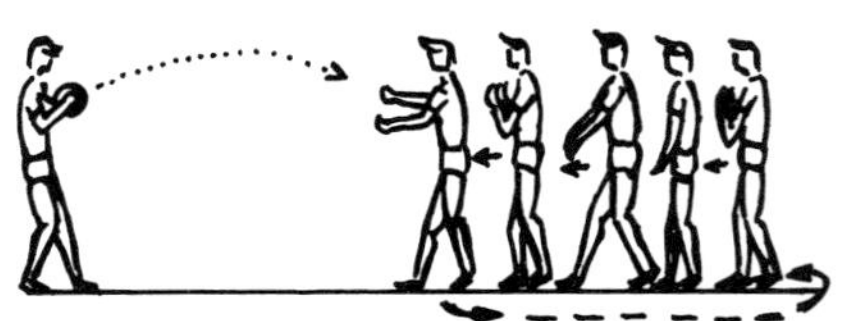

- **Spiel in Reihe mit Hockstand****: Wie oben, nur dass die Kinder den Hockstand einnehmen, nachdem sie den Ball zurückgespielt haben. Das letzte Kind der Reihe läuft mit dem Ball nach vorn und löst das zuwerfende Kind ab, welches sich an erster Position einordnet.

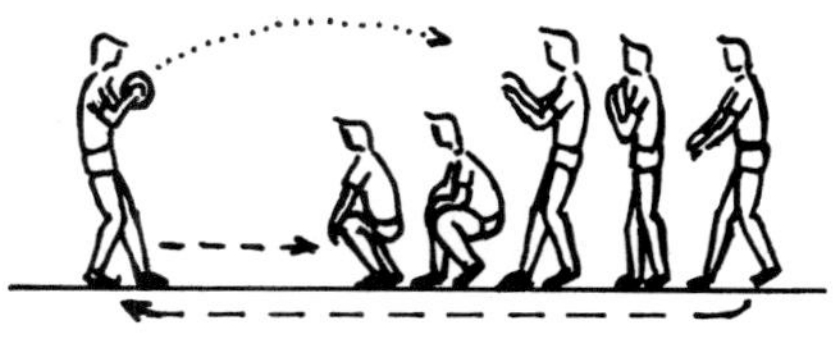

- **Kreisaufstellung***: Spiel in 2 Gruppen. Das zuwerfende Kind steht in der Mitte des Kreises. Erhält ein Kind das zweite Mal den Ball, wechselt es mit dem zuwerfenden Kind die Positionen. Das Zuspiel wird neben dem wechselnden Kind fortgesetzt.

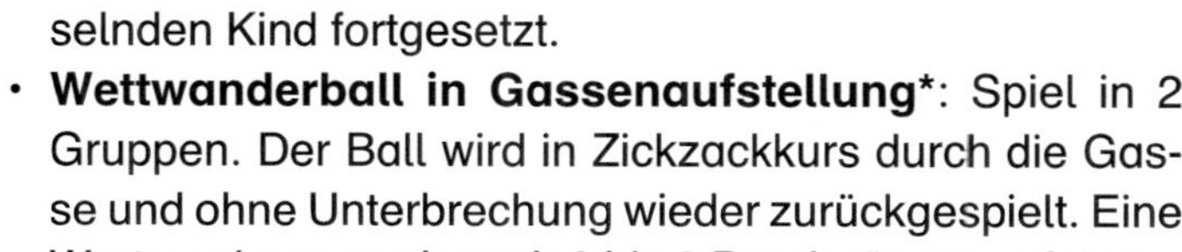

- **Wettwanderball in Gassenaufstellung***: Spiel in 2 Gruppen. Der Ball wird in Zickzackkurs durch die Gasse und ohne Unterbrechung wieder zurückgespielt. Eine Wertung kann auch nach 2 bis 3 Durchgängen erfolgen.

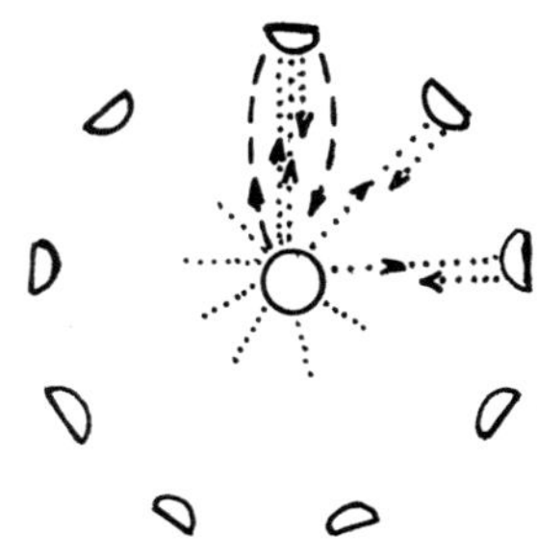

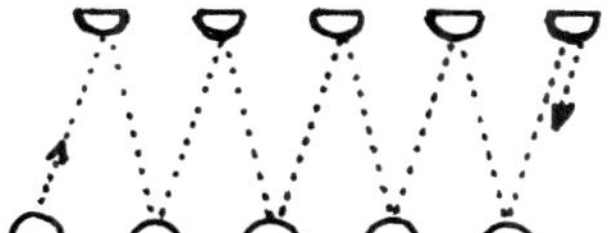

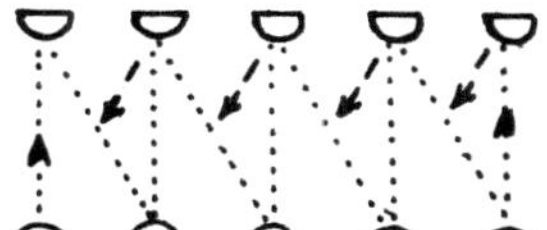

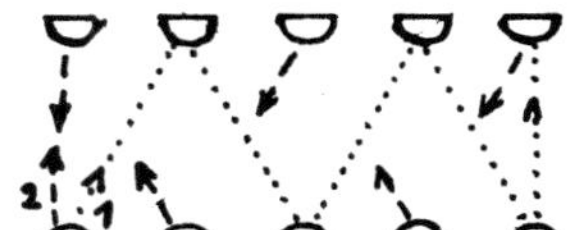

- **Werfende gegen laufende Gruppe****: Eine Gruppe spielt sich den Ball in schneller Folge in Zickzackkurs durch eine Gasse zu und die andere Gruppe läuft, ohne behindert zu werden, um die werfende Gruppe.
  Zum Beispiel kann die Anzahl der Zuspiele gezählt werden, während die laufende Gruppe 5-mal die Wurfgasse umlaufen. Danach wechseln die beiden Gruppen ihre Aufgaben und vergleichen ihre Ergebnisse.

8 Spielreihe Parteiball Kl. 1–4

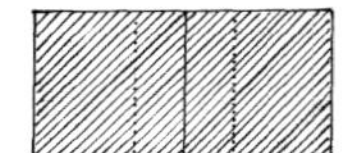

Grundgedanke:
In einem übersichtlichen Umfeld und ohne aktive Behinderung durch mitspielende Kinder ist das gemeinsame Spiel mit einem Ball in kleinen Gruppen zu erlernen und zu festigen. Spielverständnis und Spielübersicht sollen durch gemeinsames Handeln angeregt und gefördert werden.

Materialien:
je Gruppe ein farblich unterschiedlicher Mini-Handball oder kleiner Softball, u. U. Spielwesten

Durchführung:
Mit der Spielreihe soll das Spielverständnis so weit gefestigt werden, dass auch im Spiel unter Wettbewerbsbedingungen (Parteiball) die Übersicht nicht verloren geht.

1. Jede Gruppe bildet einen Innenstirnkreis. Der Ball ist stets links- oder rechtsherum von Kind zu Kind zu spielen. In dieser sehr einfachen Form als Wanderball bzw. Wettwanderball (Spiel mit 2 Bällen) muss sich jedes Kind nur auf die beiden benachbarten Kinder konzentrieren.

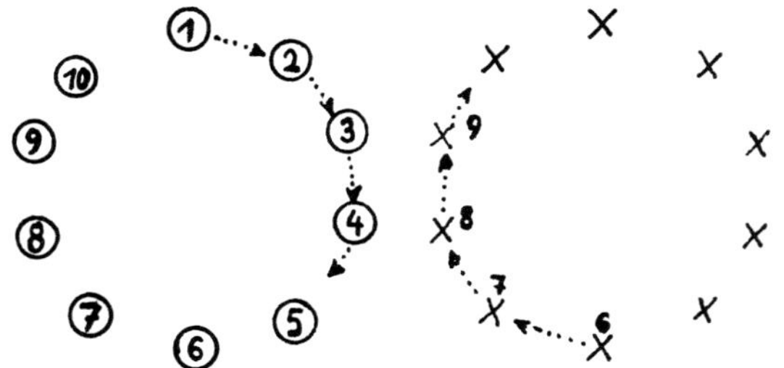

2. Die Kreise werden aufgelöst. Jede Gruppe bewegt sich im eigenen Feld. Das Zuspiel erfolgt wie unter 1., aber unter freier Bewegung und mit zunehmender Geschwindigkeit (Gehen und Traben). Ein sicheres Zuspielen steht im Vordergrund. Die Bewegung mit dem Ball sollte auf wenige Schritte begrenzt sein.

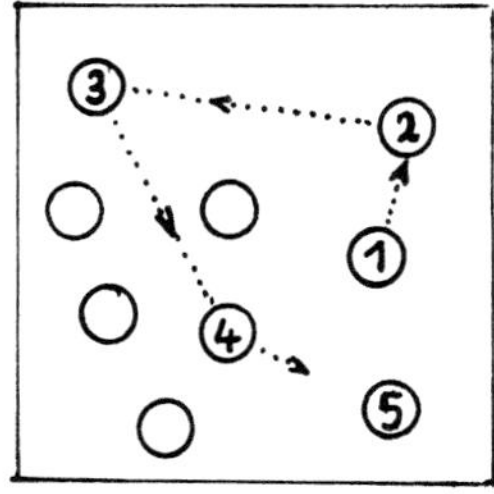

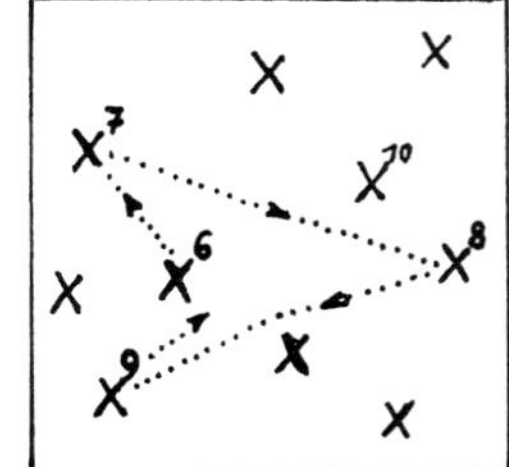

3. Wie unter 2., nur mit freiem Zuspiel, d. h. der Ball ist möglichst zügig zu einem beliebigen Gruppenmitglied zu spielen.

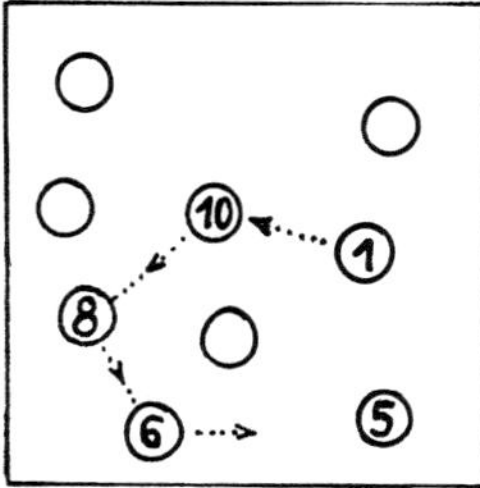

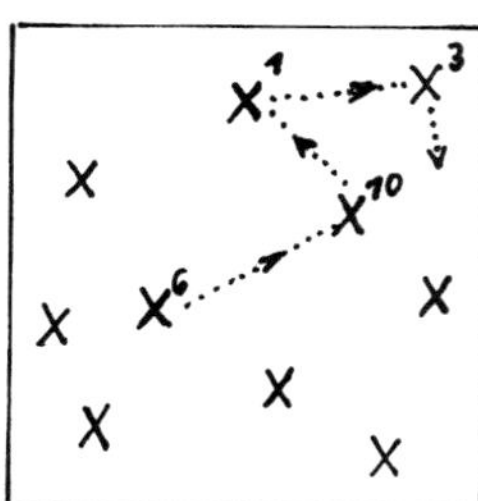

4. Wie unter 3., mit der Aufforderung zum indirekten Zuspiel, d. h. Zuspiel mit Bodenkontakt. Weil im Spiel fast alle Zuspiele direkt und viele in Form einer „Bogenlampe“ erfolgen, sollen indirekte Zuspiele bewusst gefordert und damit wahrgenommen werden.

5. In einem gemeinsamen Feld freies Zuspiel innerhalb der Gruppen (direkt und indirekt). Jede Gruppe spielt für sich und ohne Behinderung der anderen Gruppe(n). Farblich unterschiedliche Bälle und Westen geben zusätzliche Hilfen.

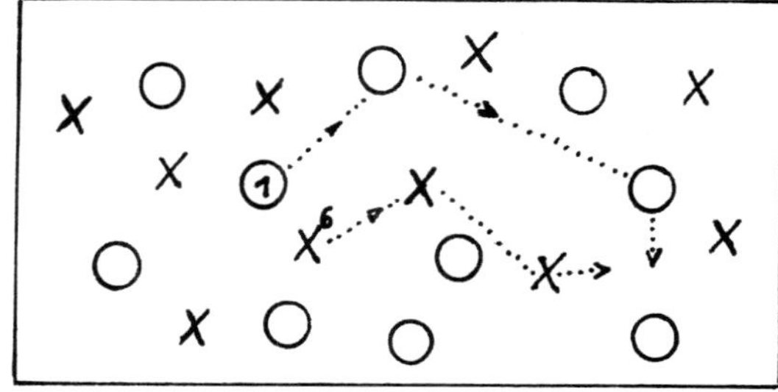

6. Wie unter 5., mit der Konzentration auf den eigenen Ball, das eigene Spiel, aber der Möglichkeit, den Ball der anderen Gruppe(n) abzufangen und zur Lehrkraft zu spielen.

7. Zielspiel als **Parteiball:** siehe nächstes Spiel.

9 Parteiball Kl. 2–4

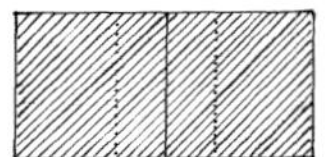

Grundgedanke:
Innerhalb eines Teams soll der Ball so oft wie möglich zugespielt werden, ohne dass das andere Team in Ballbesitz kommt. Die Mitglieder des ballbesitzenden Teams werden zum genauen und schnellen Abspiel, zum sicheren Fangen und zum Freilaufen angeregt, die Mitglieder des gegnerischen Teams zur Deckung und zum Ballgewinn. Das Spiel trainiert die Körperbeherrschung, Orientierungs-, Reaktions- und Differenzierungsfähigkeit sowie faires und uneigennütziges Handeln. Ein intensives Spiel beeinflusst auch die Fitness.

Materialien:
Softball, Mini-Handball oder Gymnastikball, Spielwesten

Durchführung*:
Jedes Zuspiel innerhalb des Teams wird gezählt. Wechselt der Ballbesitz zwischen den Teams, beginnt mit dem ersten Zuspiel das Zählen neu. Die Zuspiele sind zur Orientierung laut zu zählen. Nach 5 Zuspielen innerhalb eines Teams wird 1 Punkt vergeben (5er-Ball). Nach jedem Punktgewinn setzt das andere Team mit Ballbesitz das Spiel fort. Gewonnen hat das Team, das zuerst eine vorgegebene Anzahl an Punkten erreicht oder nach einer Spielzeit die meisten Punkte hat (ca. 4 Min.). Durch einen Hochwurf in der Spielfeldmitte oder durch Wahl des Ballbesitzes (ruhiger Beginn) wird das Spiel eröffnet.
▶ Der Ball sollte nicht länger als 3 bis 5 Sek. in den Händen gehalten und möglichst nach wenigen Schritten abgespielt werden. Auf eine faire und teamfördernde Spielweise sollte man von vornherein achten. Mitglieder des anderen Teams dürfen nicht festgehalten werden. Hat ein Kind den Ball sicher in den Händen, darf ein Abspiel nur durch „körperloses“ Sperren erschwert werden.

Varianten:
- **Turmball**: In Nähe der beiden Basketballkörbe wird jeweils ein Turnhocker gestellt. Jedes Team besetzt ihren Turnhocker (den Turm) mit einem Kind. Das Team erhält einen Punkt, wenn das Kind auf seinem Turm den Ball zugespielt bekommt. Damit wird das Spiel auch etwas beruhigt. Das andere Team setzt das Spiel mit Ballbesitz fort (u. U. übergeben Sie den Ball).
- **Turmball mit Zielwurf****: Wie beim Turmball, nur dass das Kind auf dem Turm erst mit erfolgreichem Wurf in den Basketballkorb für sein Team einen Punkt erzielt. Das andere Team erhält dann den Ball und setzt das Spiel fort. Bei Fehlwurf wird das Spiel nicht unterbrochen, es läuft einfach weiter.

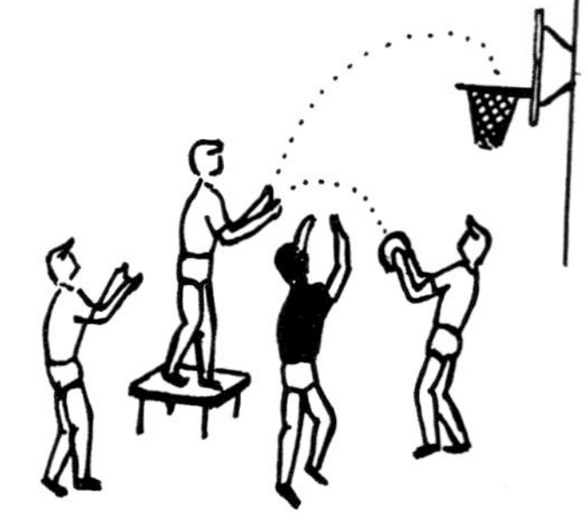

- **Zur anderen Seite****: Im Spielfeld (Volleyballfeld) sind beide Teams. Das ballbesitzende Team versucht, mit 6 bis 10 Zuspielen den Ball von einer über die andere Grundlinie zu bringen. Ein Unterbinden der Zuspiele durch das andere Team beendet den Versuch. Jeder Versuch beginnt mit dem 1. Zuspiel eines Kindes von der Grundlinie aus. Der Versuch ist erfolgreich, wenn frühestens mit dem 6. und spätestens mit dem 10. Zuspiel der Ball auf oder außerhalb der anderen Grundlinie gefangen wird. Nach 5 Versuchen tauschen die Teams ihre Rollen.

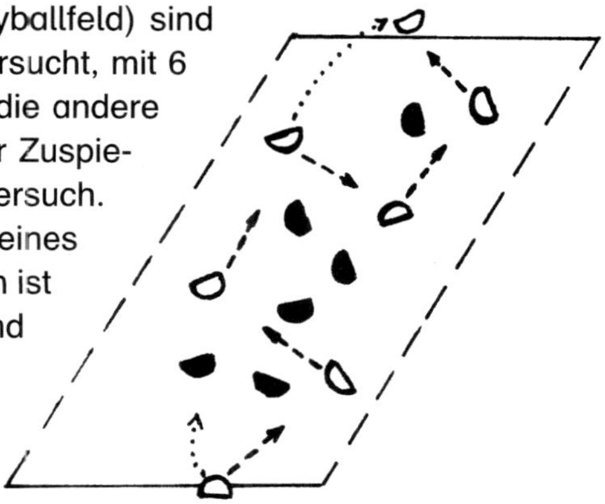

  ▶ Um das Zuspiel zu einem freien Kind zu erleichtern und den Spielgedanken besser zu vermitteln, kann das ballspielende Team mit einem zusätzlichen Kind ergänzt werden.

Tipps:

Das Spiel in kleinen Gruppen ist anzustreben (z. B. 6 gegen 6). Das Überspielen der Spielfeldbegrenzung führt zum Ballverlust. Die Bemerkung „Der Ball ist heiß!“ soll die Kinder zum schnellen Abspiel auffordern. Der Vorteil indirekter Zuspiele gegenüber „Bogenlampen“ sollte demonstriert werden. Eine deutliche optische Unterscheidung der beiden Teams erleichtert und fördert das Spiel.

10 Zweifelderball (Völkerball) Kl. 1–4

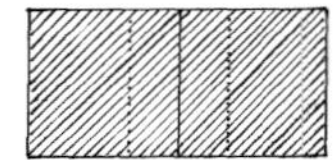

Grundgedanke:
Zwei Teams versuchen, die Mitglieder des jeweils anderen Teams durch Abwerfen aus dem Feld zu bringen. Das Spiel dient der Schulung der Treffsicherheit (Werfen), des Ausweichens und Fangens. Unter koordinativer Sicht werden besonders an die Reaktions-, Orientierungs- und Differenzierungsfähigkeiten Anforderungen gestellt; unter sozialem Aspekt an das Miteinander, an faires Verhalten und an die Risikobereitschaft (Fangen unter Zeitdruck und von schwierigen Bällen).

Materialien:
Soft- bzw. Soft-Mini-Handball, Turnbänke, ggf. Markierungskegel oder Joghurtbecher

Durchführung:

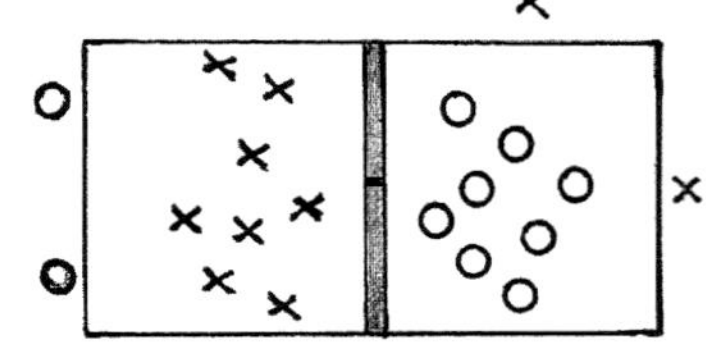

Weil Zweifelderball sehr unterschiedlich gespielt werden kann, sind vor Spielbeginn Festlegungen notwendig. Ein Volleyballfeld mit Turnbänken auf der Mittellinie ist günstig. Die Mitglieder der Teams belegen je eine Feldhälfte und bestimmen Kinder, die außerhalb des Feldes des anderen Teams ihre Position beziehen. Getroffene Kinder wechseln aus dem Feld in den Außenbereich rund um das gegnerische Feld. Als getroffen zählt jeder Körpertreffer oder erst, wenn der Ball nach dem Treffer den Boden berührt. Alle Kinder im Außenbereich haben Abwurfrecht und können sich in das Feld einwerfen. Es ist abzusichern, dass immer ein Kind im Außenbereich zur Verfügung steht.
▶ 2 bis 3 Kinder im Außenbereich und ein Abwurfrecht von allen 4 Seiten beleben das Spiel und kommen dem Spielgedanken entgegen, durch Zuspiele zwischen den Spielfeldbereichen innen und außen günstige Abwurfgelegenheiten zu erreichen. Softbälle sind besonders geeignet, weil mit diesen weniger Ängste aufkommen und ein Werfen und Fangen gut möglich ist. Kopftreffer zählen nicht, da grundsätzlich nicht auf den Kopf geworfen werden soll. Deshalb bleibt ein am Kopf getroffenes Kind auch im Spiel. Werden 2 Kinder vom Ball getroffen (Doppeltreffer) und der Ball wird danach gefangen, ohne den Boden berührt zu haben, bleiben beide Kinder im Spiel. Motivieren Sie die Kinder zum Fangen (Fangen bedeutet Ballbesitz). Es kann ermittelt werden, wer gewonnen hat, wenn alle Kinder aus dem Feld geworfen wurden bzw. nur noch z. B. 3 Kinder im Feld sind oder nach einer Anzahl an Treffern oder beim Spiel nach Zeit, welches Team die meisten Mitglieder im Feld hat.

Varianten:
- **Nur indirekte Treffer* zählen**: Diese unübliche Form des Abwerfens setzt neue Reize und Erfahrungen. Die Kinder müssen sich umstellen, um mit dem aufspringenden Ball zu treffen. Das Fangen wird erleichtert, weil durch den Bodenkontakt der Ball an

„Schärfe" verliert. Für ängstliche und fangschwächere Kinder wird das Spiel reizvoller und das Fangen möglich.

- **Joker***: Das Spiel wird mit 2 Kindern im Außenbereich begonnen, die über das gesamte Spiel dort bleiben. Jedes Team bestimmt ein Kind innerhalb des Feldes zum Joker, ohne das andere Team darüber zu informieren. Jedes Kind hat zwei Treffer frei und muss erst mit dem dritten Treffer das Feld in den Außenbereich verlassen. Ein Sich-wieder-Einwerfen ist nicht möglich. Wird der Joker das dritte Mal getroffen, ist das Spiel beendet. Taktisches Verhalten ist in beiden Teams gefragt, beim Herausfinden des gegnerischen Jokers und zur Verhinderung von Treffern des eigenen Jokers. (Kl. 3/4)
- **Im Feld bleiben**: Zweifelderball ohne Verlassen des Feldes, Spiel mit 3 Kindern im Außenbereich. Es wird nach Zeit (z. B. 4 Min.) und ohne Ausscheiden gespielt. Dasselbe Kind darf nicht unmittelbar nacheinander abgeworfen werden. Gezählt werden die Treffer.
- **Spiel mit 2 Bällen****: Diese Spielform kann reizvoll sein, ist aber nur dann sinnvoll, wenn ohne Verlust der Spielübersicht eine höhere Aktivität der Kinder erreicht wird.
- **Zweifelderball verkehrt***: Bis auf 2 Kinder im Feld beginnen alle anderen Kinder im Außenbereich. Durch einen Treffer können sie sich ins Feld einwerfen. Getroffene Kinder bleiben im Feld. Das Team, bei dem das letzte Kind aus dem Außenbereich einen Treffer landet, hat gewonnen. Bei dieser Variante zählen nur die Treffer aus dem Außenbereich. Kinder im Feld dürfen nur ausweichen, fangen und die Bälle den Teammitgliedern außen zuspielen, aber nicht gegnerische Kinder abwerfen.

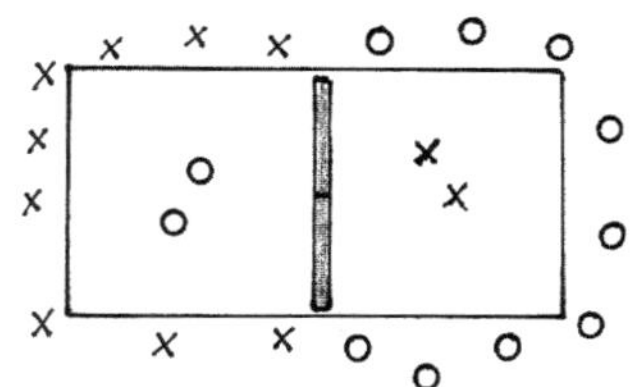

- **Paarweise****: Jeweils 2 Kinder bilden eine Spielpartnerschaft, verlassen bei einem Treffer gemeinsam das Feld und werfen sich durch einen Treffer auch gemeinsam wieder ein. Partnerschaften zwischen Mädchen und Jungen sowie spielstarken und spielschwächeren Kindern sind anzustreben.

Tipps:

Das Abwerfen von allen 4 Seiten des Feldes ist anzustreben, weil es zur Belebung des Spiels führt. Damit die Spielaktivität möglichst aller Kinder erhalten bleibt, sollten sich Kinder im Außenbereich in der Regel durch Treffer wieder ins Feld einwerfen können. Zum Abschluss eines (längeren) Spiels bzw. wenn nur noch wenig Zeit zur Verfügung steht, kann diese Regel ausgesetzt werden.

Der traditionelle Beginn mit der „überhöhten" Position nur eines Kindes im Außenbereich, das am Ende des Spiels mit 3 Abwürfen eingreift, ist möglich, aber aus Sicht aller Kinder nicht besonders reizvoll und effektiv. Auch dieses Kind sollte wie alle anderen einen Abwurf haben und bereits in das Feld wechseln können, wenn abgeworfene Kinder in den Außenbereich kommen. Durch Einrollen des Balles auf den Bänken wird das Spiel eröffnet. Der Zufall entscheidet, in welches Feld der Ball fällt.

11 Einfelderball Kl. 1–4

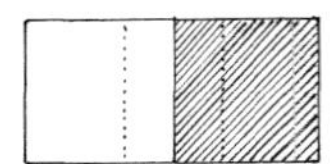

Grundgedanke:
Die Kinder im Feld werden von den Mitgliedern des anderen Teams von außerhalb des Feldes abgeworfen. Geschult werden Orientierungs- und Reaktionsfähigkeit sowie das Ausweichen und Fangen unter Zeitdruck.

Materialien:
Softball bzw. leichter Hohlball (für indirekte Treffer), Markierungskegel

Durchführung*:
In einer Hälfte des Volleyballfeldes befindet sich ein Team. Um alle 4 Seiten des Feldes positionieren sich die Mitglieder des anderen Teams, die die Kinder im Feld abwerfen. Gespielt wird mit einem Softball. Es zählen die Treffer in der Spielzeit. Getroffene Kinder bleiben im Feld und nehmen weiter am Spiel teil. Ein Kind darf nicht 2-mal nacheinander abgeworfen werden. Fangen zählt nicht als Treffer, kann aber belohnt werden, indem ein Treffer abgezogen wird.

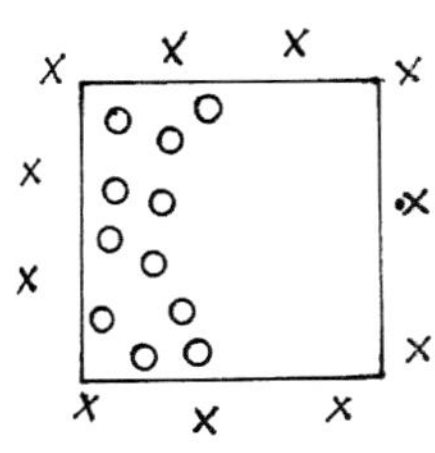

▶ Bälle im Feld sind fair einem gegnerischen Kind zuzuspielen, ohne die eigenen Teammitglieder in Abwurfgefahr zu bringen. Gespielt wird nach Zeit und mit Wechsel der Aufgaben (z. B. 2-mal 3 Min.).

Varianten:

- **Spiel mit einem Joker****: Das zum Joker ernannte Kind darf Bälle abwehren und somit seine Teammitglieder vor Treffern schützen. Zur besseren Übersicht sollte der Joker deutlich sichtbar sein (Kleidung oder Weste).
- **Spiel mit indirektem Treffer****: Gespielt wird mit einem Soft- oder leichten Hohlball. Der notwendige Bodenkontakt des Balles erschwert das Treffen und erleichtert das Fangen.
- **Spiel mit Erlösen****: Getroffene Kinder setzen sich am Ort des Treffers in den Hock- oder Schneidersitz. Fängt ein Teammitglied den Ball, erlöst es ein abgeworfenes und sitzendes Kind durch Zuspiel des Balles oder durch Zuruf. Das Spiel ist beendet, wenn alle Kinder des Feldteams abgeworfen wurden. In vielen Fällen wird die Zeitregel zur Anwendung kommen.

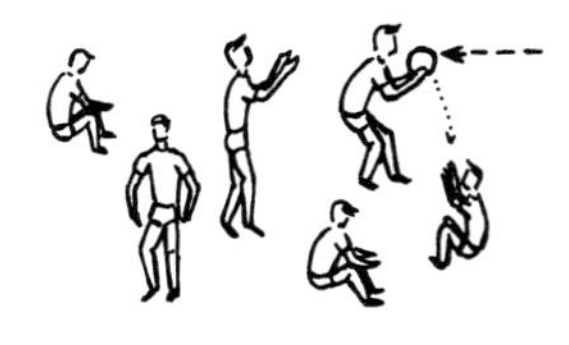

- **Spiel mit Verlassen des Feldes**: Es wird nach Zeit gespielt bzw. das Spiel ist vorzeitig beendet, wenn das letzte Kind im Feld getroffen wurde. Wird der Ball gefangen, kann der Fangende ein abgeworfenes Kind in das Feld holen. Es kann vereinbart werden, dass sich abgeworfene Kinder durch kleine Aufgaben (z. B. durch erfolgreiche Zielwürfe an einer Zusatzstation) oder durch das Würfeln einer Glückszahl erlösen können.

12 Tigerball auf Geräten Kl. 2–4

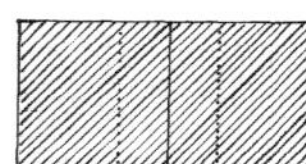

Grundgedanke:
Alle Kinder müssen sich einen neuen Platz suchen, wenn ein Zuspiel der im Kreis sitzenden Kinder durch das als Tiger agierende Kind unterbunden wird. Werfen und Fangen unter Zeitdruck sowie Orientierungs- und Reaktionsfähigkeit werden angeregt.

Materialien:
Soft- oder Gymnastikball, 1–2 Weichboden- oder Turnmatten längs (4 Kinder pro Gerät), 2 Kastendeckel (3), 2–4 Turnhocker (2), 2–4 Medizinbälle (1)

Durchführung*:
Ein Kind ist der Tiger. Alle anderen Kinder sitzen auf Geräten, die kreisförmig angeordnet sind, und spielen sich den Ball so zu, dass der Tiger ihn nicht erreicht. Jede Ballberührung durch den Tiger, jeder Ball außerhalb des Sitzkreises und jedes Verlassen des Platzes führt zum Wechsel der Plätze/Geräte. Auch der Tiger sucht sich einen Platz. Mit dem Ruf „Wechsel" ist ein Platzwechsel zu unterstützen. Das Kind ohne Platz ist der neue Tiger.

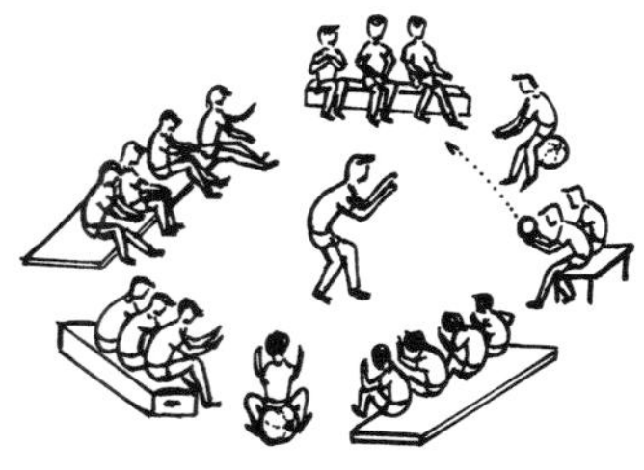

▶ Auf ein faires Zuspiel und Verhalten beim Platzwechsel ist zu achten, wobei der neue Platz auf einem anderen Gerät eingenommen werden muss. Es können auch 2 Tiger eingesetzt werden. Risikovolle Zuspiele durch den Kreis sind anzuregen, ein Spiel zum benachbarten Kind zu unterbinden.

Varianten:
- **„Indirekte" Zuspiele****: Alle Zuspiele erfolgen über einen Bodenkontakt. Das Zuspiel wird erschwert und die Aufgabe für den Tiger leichter.
- **Tigerball im Reiten****: Im Innenstirnkreis bilden die Kinder Paare: Ein Kind nimmt als Pferd die Bankstellung ein, das zweite Kind steht, wie wenn es reiten würde, im Seitgrätschstand über dem Pferd. (Nicht auf den Rücken setzen!) Die „reitenden" Kinder spielen sich den Ball zu. Wird der Ball nicht gefangen oder durch den Tiger berührt, müssen alle Kinder, die reiten, ein anderes Pferd suchen. Die Pferde verharren in ihrer Position. (Rollentausch nach ca. 4 Durchgängen)

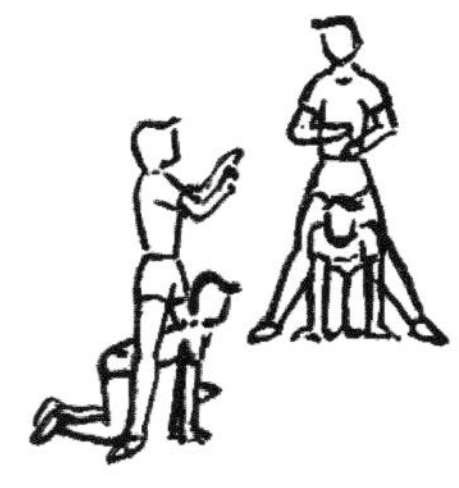

Tipps:
In größeren Gruppen ist in 2 Kreisen zu spielen. Der Ortswechsel bei Ballverlust sollte zur Einführung des Spiels geübt werden. Dafür bietet sich das Spiel ohne Tiger im Stand auf Markierungen an (Bierdeckel, Fliesen). Jedes Kind muss sich einen neuen Platz suchen, wenn beim Ballfangen oder Ballholen ein Kind seinen Platz verlässt.

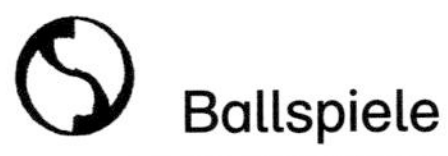

13 Auf die Bank Kl. 1–4

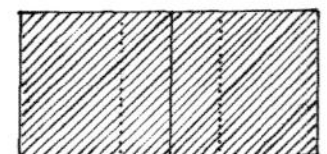

Grundgedanke:
Jedes Team versucht aus seinem Feld heraus, die Mitglieder des anderen Teams durch Treffer zum Verlassen des Feldes zu bringen. Werfen und Fangen werden trainiert und beim Ausweichen ist Reaktionsfähigkeit gefordert.

Materialien:
2 Soft- bzw. Soft-Mini-Handbälle, 4 Turnbänke (Markierungskegel)

Durchführung:
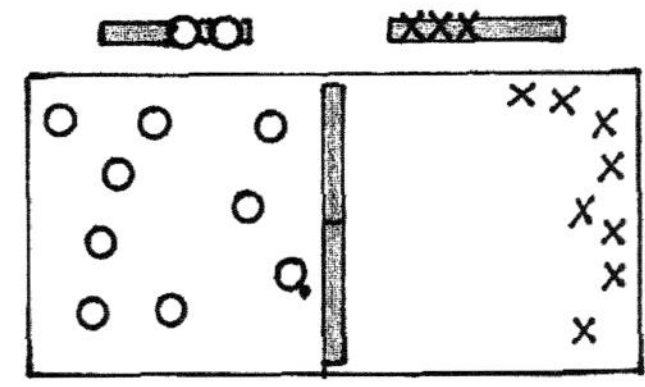

Die Teams sind in je einer Hälfte des Volleyballfeldes. Zur besseren Übersicht sollten Turnbänke auf die Mittellinie gestellt werden. An einer Seitenlinie außerhalb des Spielfeldes steht für die abgeworfenen Kinder jedes Teams eine Turnbank. Gespielt wird mit einem Softball. Es zählen nur direkte Treffer mit anschließendem Bodenkontakt des Balles. Getroffene Kinder nehmen auf ihrer Bank Platz. Das am längsten auf der Bank sitzende Kind darf wieder ins Feld, wenn ein Mitglied des gegnerischen Teams getroffen wird. Ziel ist es, das Feld des anderen Teams zu leeren oder eine bestimmte Anzahl an Kindern auf der Bank des anderen Teams zu erreichen (z. B. 5). Wird nach Zeit gespielt, hat das Team gewonnen, auf dessen Bank am Ende der Spielzeit weniger Kinder sitzen.

Varianten:
- **Spiel mit max. 3 Kindern auf der Bank**: Muss ein viertes Kind das Feld verlassen, wechselt das am längsten auf der Bank sitzende Kind ins Feld (nachrutschen). Damit wird die Auszeit verkürzt. Das Team mit den meisten Treffern hat gewonnen.
- **Spiel mit indirektem Treffer***: Der notwendige Bodenkontakt des Balles erschwert das Treffen und erleichtert das Fangen. Die Kinder sind speziell zum Fangen anzuregen, weil sie sich an den relativ weit entfernten Grundlinien des Volleyballfeldes gut auf das Fangen einstellen können.

Tipps:
Wenn die Möglichkeit besteht, sollten lange Laufwege zum Ballholen vermieden werden, indem die Grundlinien nahe von Wänden/Netzen angeordnet werden. Fangen kann zusätzlich belohnt werden, indem ein Kind die Bank verlassen darf.

14 Auf die Matte Kl. 1–4

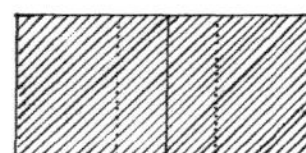

Grundgedanke:
Jedes Team versucht aus seinem Feld heraus, die Mitglieder des anderen Teams durch Treffer auf die Matten zu schicken. Fangen und Werfen sowie Orientierungs- und Reaktionsfähigkeit werden besonders angeregt.

Materialien:
2 Softbälle, 2 Turnbänke und 4 Turnmatten

Durchführung*:
In den beiden Hälften eines Volleyballfeldes stehen sich die Teams gegenüber. Im hinteren Drittel eines jeden Feldes liegen zwei Turnmatten. Gespielt wird mit einem Softball. Ziel ist, das Feld des anderen Teams zu leeren oder eine bestimmte Anzahl an Kindern auf dessen Matte zu haben (z. B. 6). Es zählen nur direkte Treffer mit anschließendem Bodenkontakt des Balles. Getroffene Kinder stellen sich auf die Matten im Feld des anderen Teams und dürfen Bälle aus dem Feld aufnehmen, wenn sie dabei die Matte nicht verlassen. So können sie sich durch Treffer wieder ins Spiel einwerfen (regt zur Aktivität an). Ein Treffer ist nur gültig, wenn dabei die Matte nicht verlassen wird. Wird nach Zeit gespielt, hat das Team gewonnen, auf dessen Matten am Ende der Spielzeit weniger Kinder sind.

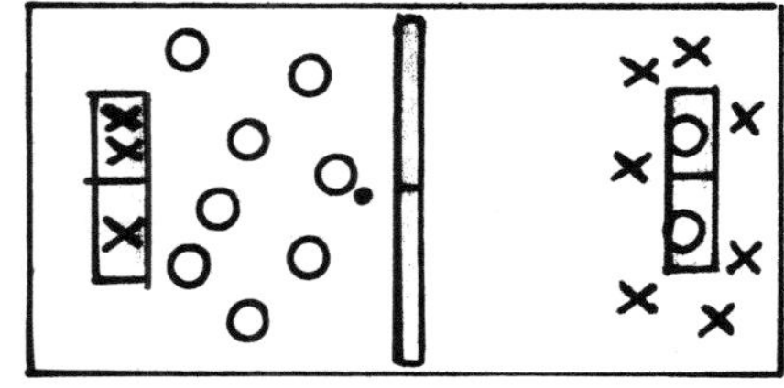

Variante:
- **Spiel mit indirektem Treffer****: Gespielt wird mit einem Softball. Der notwendige Bodenkontakt des Balles erschwert das Treffen und erleichtert das Fangen.

Tipps:
Als Abwurfspiel auch in kleinen Hallen (Hallenteilen) spielbar. Das Erlösen abgeworfener Kinder ist eine zentrale Aufgabe. Lenken Sie deshalb die Aufmerksamkeit der Kinder im Feld auf das bewusste Anspielen der auf den Turnmatten stehenden Teammitglieder, auf ein Miteinander als Team.

15 Turm beschützen Kl. 1–4

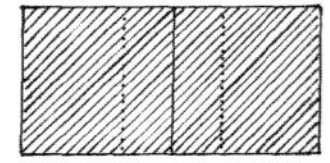

Grundgedanke:
Jedes Team versucht aus seinem Feld heraus, die geschützten Türme (Markierungskegel) des anderen Teams zu treffen. Zur Förderung der Reaktion beim Abwehren der Bälle, des Risikos und Selbstvertrauens beim Verlassen des eigenen Turms zum Werfen sowie Ehrlichkeit bei einem Treffer.

Materialien:
für alle Kinder Markierungskegel bzw. Joghurtbecher, 2 bis 4 Softbälle oder Soft-Mini-Handbälle, 2 Turnbänke; 12 Bälle für die Varianten

Durchführung*:
In den beiden Hälften eines Volleyballfeldes stehen sich die Teams gegenüber. Turnbänke trennen beide Spielfelder. Jedes Kind bewacht im hinteren Teil des Feldes seinen Turm. Wird die Position des Turms verändert, durch den Ball oder durch die Turmwache, muss das Kind mit seinem Turm das Feld verlassen.

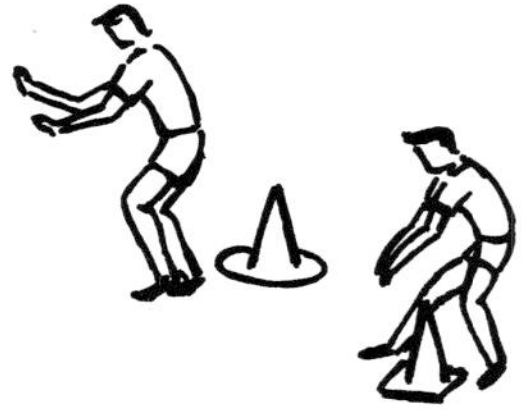

Das Kind mit der längsten Zeit außerhalb des Feldes darf wieder in das Feld, wenn das eigene Team einen Treffer erzielt bzw. wenn ein fünftes Kind des eigenen Teams das Feld verlassen muss, d. h. es sind immer höchstens 4 Mitglieder eines Teams außerhalb des Feldes. Zur Intensität des Spiels sollten 2 bis 4 Bälle eingesetzt werden.
▶ Nicht nur den eigenen Turm zu schützen, sondern auch auf die Türme des anderen Teams zu werfen, ist wiederholt anzusagen. Als Wettbewerb kann zum Spielende hin ohne Erlösen gespielt werden.

Varianten:

- **Eine Seite ungeschützt**: Nur ein Team wirft auf die ungeschützt auf der Grundlinie stehenden Türme des anderen Teams. Jedes Kind des Wurfteams hat einen Ball und wirft von der Mittellinie aus (Bänke). Das hinter dem Turm stehende Kind rollt den Ball neben der Bank zurück und stellt den umgeworfenen Kegel wieder auf. Ein nur verschobener Turm gilt nicht als Treffer, der Kegel ist wieder auf die Linie zu schieben. Nach ca. 3 Min. wechseln die Teams ihre Rollen. Gewonnen hat das Team, das mehr Kegel umgeworfen hat.

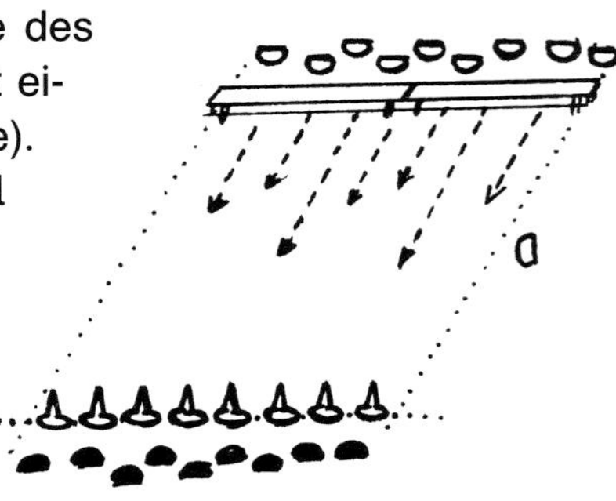

▶ Es kann auch ohne Wiederaufstellen der Türme gespielt werden. Gewonnen hat dann das Team, das zuerst alle Kegel umgeworfen hat.

- **Beide Seiten ungeschützt**: Beide Teams stellen ihre Türme auf ihre Grundlinien (u. U. ist der Abstand zwischen den Grundlinien zu verkleinern). Die Kinder stehen hinter den Kegeln und werfen von dort. Jedes Team versucht, die Türme des anderen Teams so schnell wie möglich umzuwerfen. Ein Turm muss umfallen und sollte nicht nur verschoben werden. Jedes Team kann ein Kind zum Ballholen einsetzen, das das Zielwerfen nicht behindern darf. Gewonnen hat das Team, das zuerst alle Türme des anderen Teams umgeworfen hat.

▶ Werden eigene Türme beim Werfen oder bei der Ballaufnahme umgeworfen, gilt dies auch als Treffer.

16 Rettungskräfteball Kl. 2–4

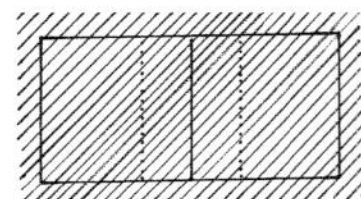

Grundgedanke:
Zwei Kinder versuchen, möglichst viele Kinder durch Treffer aus dem Spiel zu nehmen, die wiederum durch Rettungskräfte erlöst werden können.

Materialien:
2 Softbälle, 4 Spielwesten, 2 Turnmatten als Kliniken, 3 große Teppichfliesen

Durchführung*:
2 Kinder werfen und 2 sind Rettungskräfte. Jedes werfende Kind hat einen Softball und versucht ein Kind zu treffen. Mit dem Ball sollte möglichst wenig gelaufen werden. Getroffene Kinder gehen in den Hockstand und werden durch 1 Rettungskraft mit Handfassen in eine von 2 Kliniken geführt (Turnmatten in Hallenecken). In der Klinik werden die getroffenen Kinder gesund und nehmen wieder am Spiel teil. Die Rettungskräfte sind durch Spielwesten zu erkennen und dürfen nicht abgeworfen oder behindert werden.
▶ In der Regel wird es den werfenden Kindern nicht gelingen, alle Kinder abzuwerfen. Nach ca. 3 Minuten sollten andere vier Kinder die Rollen übernehmen.

Varianten:
- **Vorgabe****: Als Treffer zählt nur, wenn der Ball mit einer bestimmten Vorgabe geworfen wird, z. B. Werfen mit beiden Händen als Druckwurf oder durch die gegrätschten Beine. Hier ist es erlaubt, mit dem Ball in der Hand zu laufen. Auch eine Trefferfläche kann man vorgeben, z. B. Rückenpartie oder die Beine.
- **Wurfpaar****: Es werden 2 Wurfpaare gebildet. Die Paare erhalten das Abwurfrecht nur, wenn sich die 2 Kinder den Ball vorher zugespielt haben. (Kl. 3/4)
- **Fliesenrettungskräfte***: Es wird mit 2 bis 3 Rettungskräften gespielt, die Teppichfliesen mit sich führen und damit erkennbar sind. Auf den Fliesen werden die getroffenen Kinder in die Klinik (Hallenecke) gezogen und dort wieder gesund. Es kann aber auch in der Klinik ein Rollentausch erfolgen, indem die getroffenen Kinder zu Rettungskräften werden.

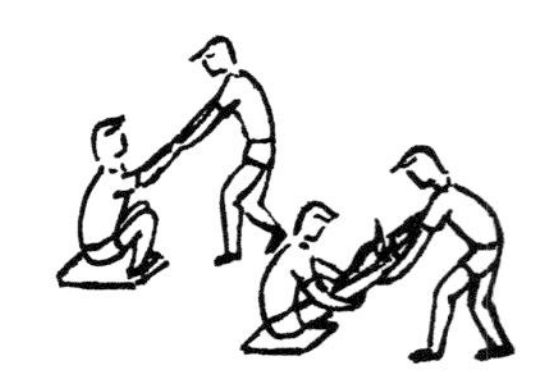

- **Teamspiel**: Die Teams belegen jeweils eine Hälfte eines Spielfeldes (Volleyballfeld). Aus der eigenen Feldhälfte werden die Mitglieder des anderen Teams abgeworfen. Getroffene Kinder gehen in den Hockstand und sind durch die Rettungskraft des Teams aus dem Feld zu führen oder auf den Fliesen aus dem Feld zu ziehen. Nach einer kleinen Bewegungsaufgabe (günstig mit Wahlmöglichkeiten) oder einer gewürfelten Glückszahl nehmen sie wieder am Spiel teil.

Tipps:
Sie sollten ggf. Hinweise zum Spielverhalten geben.

17 Bälle weg Kl. 1–4

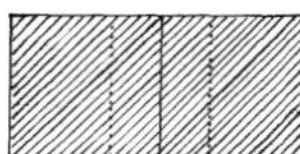

Grundgedanke:
Ein Depot mit Bällen wird von 2 bis 3 Kindern geleert. Die anderen Kinder versuchen dies zu verhindern, indem das Depot immer wieder gefüllt wird.

Materialien:
ca. 15 Softbälle verschiedener Größe, als Depot 4 bis 3 Turnbänke bzw. Matten oder flache Kastenteile

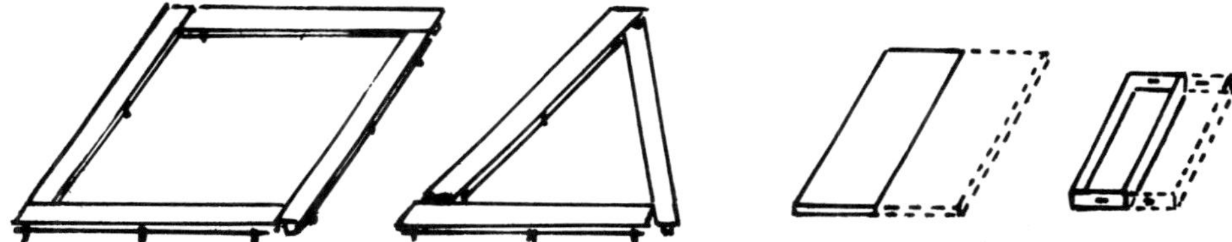

Durchführung:
In der Mitte oder in einer Ecke des Spielfeldes wird das Depot angelegt und mit ca. 15 Bällen gefüllt. Eine kleine Depotgruppe (Lehrkraft mit 1 bis 2 helfenden Kindern) leert das Depot durch Werfen der Bälle in alle Richtungen des Spielfeldes. Alle anderen Kinder sammeln die Bälle ein und legen sie wieder im Depot ab. Ist das Depot einen Moment lang leer, hat die Depotgruppe gewonnen. Eine neue Gruppe übernimmt ihre Aufgabe. Ist das Spiel ausgeglichen – das wird in der Mehrzahl der Spiele sein – sollten nach 3 bis 4 Min. alle zu Sieger*innen erklärt werden.

▶ Es ist oft schwer, beim ersten Spiel die richtige Anzahl an Bällen und Mitgliedern der Depotgruppe festzulegen. Deshalb ist zur Sicherung der Spannung deren Anzahl entsprechend dem Spielverlauf anzupassen.

Tipps:
Besonders reizvoll ist es, wenn Sie gegen die Kinder spielen (hier bieten sich besonders kleine Bälle in einem Depot aus einem Kastenteil an). Ein Gymnastikraum ist günstig, weil die Wände ein zu weites Rollen der Bälle verhindern. Generell sollten Wände und gekippte Turnbänke das Rollen der Bälle einschränken. Neben Softbällen könnten auch Soft-Frisbees oder Schaumstoff-Bauklötze im Depot gelagert sein.

Spiele mit verschiedenen Materialien

Bewegungsspiele mit unterschiedlichen Materialien bieten eine Abwechslung zu den traditionellen Bewegungs- und Spielformen. Das Spielen mit verschiedenen Materialien trägt dazu bei, dass Kinder neue Möglichkeiten der Anwendung im Umgang mit diesen Materialien erleben und Impulse zur Selbstständigkeit und Kreativität erhalten. Die kindgerechte Handhabung und die unterschiedlichen Vorerfahrungen sind eine gute Basis für gemeinsames Handeln und für den Erfahrungsaustausch.

Bekannte Spiel- und Wettbewerbsformen erfahren durch andere Materialien eine Erweiterung und Abwechslung. Generell sind die Kinder für das etwas Andere aufgeschlossen. Sie sollen erleben, dass man auch mit „Nichtsportgeräten“ interessante Bewegungsaufgaben initiieren und lösen kann. Damit ist die Hoffnung verbunden, dass auch im Freizeitverhalten auf solche Anregungen zurückgegriffen wird.

Zu folgenden Materialien werden verschiedene Spielideen angeboten:
Luftballons, Zeitung, Sandsäckchen, Schaumstoffwürfel, Joghurtbecher mit Tennisball und Teppichfliesen.

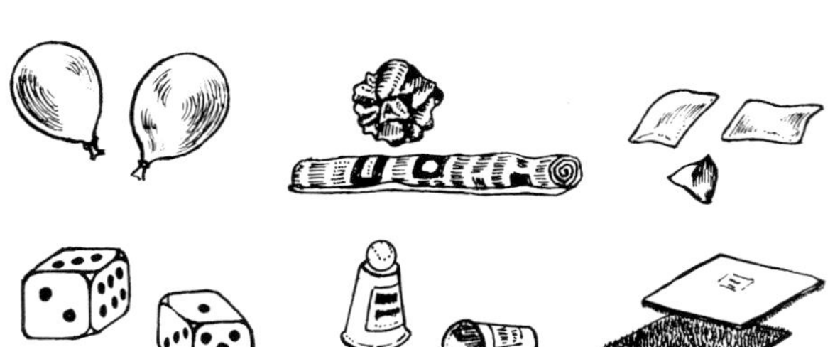

Teppichfliesen
Unter den „Nichtsportgeräten“ nehmen die Teppichfliesen eine besondere Stellung ein, da sie sehr flexibel einsetzbare und vielfältig nutzbare Materialien darstellen. Mit der flauschigen Seite am Boden eignen sich Teppichfliesen für Gleit- und Rutschübungen auf fast allen Hallenbelägen. Mit der gummierten Seite am Boden können sie für Spiele mit einem sicheren Stand und als Markierungen genutzt werden. In den Abmessungen von 20 cm x 30 cm, 30 cm x 40 cm und 40 cm x 50 cm gibt es Teppichfliesen als Werbe- und Probemuster von Auslegewaren. Die verschiedenen Größen der Fliesen und Farben der flauschigen Oberfläche erweitern die Möglichkeit ihrer Verwendung bei einigen Spielen.

Aufgrund der ungewöhnlichen Anforderungen und des hohen Aufforderungscharakters werden bei den Spielen mit Teppichfliesen vielfältige Reize wirksam. Spielerisch werden Impulse besonders hinsichtlich der Koordination (u. a. Gleichgewichts- und Differenzierungsfähigkeit), der Kondition, der Beweglichkeit, der Haltungsschulung/Körperspannung und Wahrnehmung sowie der Kooperation gesetzt. Zum Gewöhnen an die Teppichfliese als Gleitunterlage bietet sich eine stabile, bodennahe Position auf einer Fliese an. Die Kinder sollten sich ohne Ängste bewegen. Jedes Kind soll sei-

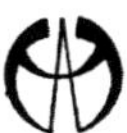

nen Schwierigkeitsgrad und seinen Bewegungsrhythmus selbst finden. Deshalb ist ein Wetteifern nicht anzuregen. Bei den Gleitübungen liegt die flauschige Seite der Fliese am Boden. Sie als Lehrkraft demonstrieren die Übung und geben weitere Hinweise zur Bewegungsausführung (rhythmische, fließende Bewegungen). Die Kinder stehen nebeneinander und bewegen sich ohne bzw. mit Aufgabenwechsel zu einer ca. 6 m entfernten Linie und wieder zurück. In großen Klassen oder bei nicht ausreichender Anzahl an Fliesen erfolgt stets an der Ausgangslinie ein Wechsel. Nutzen Sie die Möglichkeit der Bewegungsvielfalt (Vorwärts- und Rückwärtsbewegungen, mit dem rechten und linken Fuß). Zur Sicherung von Erfolgserlebnissen sollten Sie aber eine individuelle Umsetzung zulassen, d. h. eine Ausrichtung auf die individuell bessere Seite. Der Blick der Kinder sollte im Verlauf des Übens immer mehr von der Fliese bzw. dem Boden gelöst und auf das Umfeld, auf die Bewegungen der anderen Kinder gerichtet sein.

Verzeichnis der Spiele mit Anwendungsbereichen

x = hohe Bedeutung o = mittlere Bedeutung

Name des Spiels	**Nr. des Spiels**	**Klasse 1***	**Reaktion**	**Orientierung**	**Differenzierung**	**Gleichgewicht**	**Schnelligkeit**	**Ausdauer**	**Kraft**	**Beweglichkeit**	**Fertigkeiten**	**Taktik**	**Miteinander**	**Fairness**
Spiele mit Luftballons	**1**	**x**	**x**	**x**	**x**	**o**		**o**	**o**	**o**	**o**		**x**	**o**
Spiele mit Zeitungen	**2**	**x**	**x**	**x**	**x**	**o**		**o**	**o**		**o**		**x**	**o**
Spiele mit Sandsäckchen	**3**	**x**	**o**	**o**	**x**	**o**				**o**	**o**		**o**	**o**
Bewegungskette mit Schaumstoffwürfel	**4**	**x**		**o**	**o**	**o**						**o**	**x**	**x**
Bodenkontaktspiel mit Würfel	**5**			**x**	**x**	**o**				**o**			**x**	**x**
Würfel-Fußball	**6**		**x**	**x**	**x**			**o**			**x**	**o**	**x**	**x**
Joghurtbecher mit Tennisball	**7**	**o**	**x**	**x**	**x**	**o**				**o**	**x**		**x**	**x**
Becher-Golfen & -Boccia	**8**	**o**		**o**	**x**								**x**	**o**
Ein Kind mit einer Teppichfliese	**9**	**o**	**x**		**x**	**x**			**x**	**x**			**x**	
Ein Kind mit zwei Fliesen	**10**	**o**	**x**		**x**	**x**			**x**	**x**			**x**	
Zwei & mehr Kinder mit Fliesen	**11**	**o**	**x**	**o**	**x**	**x**			**x**	**x**		**o**	**x**	**x**
Spiele mit Teppichfliesen	**12**		**x**	**o**	**x**	**x**			**x**	**x**			**x**	**x**

* Ein fehlendes Symbol bedeutet, dass für die 1. Klasse das Spiel nicht empfohlen wird.

1 Spiele mit Luftballons KL. 1–4

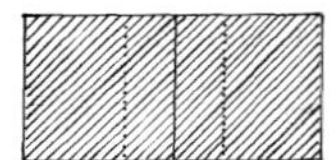

Grundgedanke:
Luftballons als Spielgeräte werden von den Kindern besonders angenommen, weil sie ohne Kraftaufwand und Ängste leicht zu handhaben sind. Ein zusätzlicher Reiz sind ihre nicht immer vorhersehbaren und beherrschbaren Flugbewegungen.

Materialien:
Luftballons (Es sollte eine ausreichende Anzahl vorbereiteter Luftballons vorhanden sein. Ein Kompressor oder eine große Luftpumpe erleichtern das Aufblasen, kleine Gummiringe das Verschließen der Luftballons. In einem großen Müllsack sind die Luftballons gut aufzubewahren und zu transportieren. Einmal vorbereitete Luftballons sollten wiederholt genutzt werden.)

Spiele am Ort:
Jedes Kind hat einen Luftballon. Durch leichte Berührungen ist er in der Luft zu halten. Demonstrieren Sie und geben Sie weitere Anregungen zum Bewegungsverhalten.

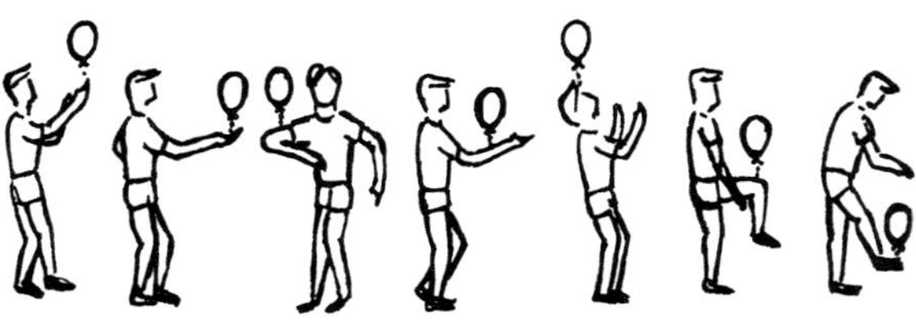

- Wiederholtes Berühren des Luftballons mit einem Körperteil: Fingerspitzen, Handfläche, Handrücken, Ellenbogen, Unterarm, Kopf, Oberschenkel und Fuß, dabei beidseitiges Üben (links und rechts) empfehlen. Nachdem die Kinder nach Vorgaben und Anregungen durch Sie gespielt haben, sollte ihnen Zeit zum freien Spiel unter Einbeziehung vieler Körperteile gegeben werden.
- **Luftballontanz**: Im Wechsel den Luftballon tanzen bzw. fliegen lassen, d. h. sachte Berührungen bzw. kräftiges Anschlagen des Luftballons. Beim fliegenden Luftballon eine Körperdrehung ausführen oder eine weiche Landung auf der Hand anstreben.
- Den Luftballon im Sitzen bewegen, ohne dass er den Boden berührt. Nach Möglichkeit auch die Beine und Füße einbeziehen.
- **Balanceakt**: Balancieren des Luftballons mit einzelnen Körperteilen, dabei den Luftballon möglichst selten anstoßen.
- Zwei Luftballons gleichzeitig in der Luft halten.

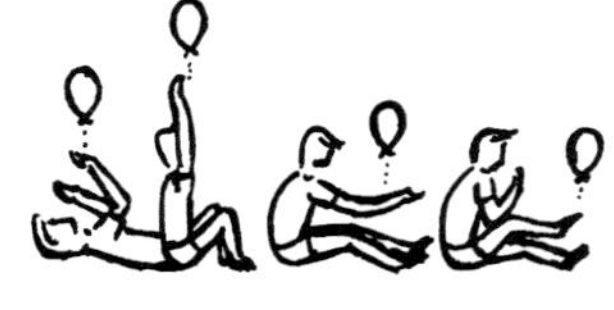

Spiele in der Bewegung:
In 3er-Gruppen ist eine gute Übersicht gegeben. Das dritte Teammitglied steht ca. 6 bis 8 m gegenüber der andern beiden Kinder. Ein Kind der Zweiergruppe wechselt mit dem Luftballon zur anderen Seite und übergibt ihn dort. Jedes Kind bewegt sich immer nur zur anderen Seite. Seine Aktionen sind von den Teammitgliedern gut zu beobachten.

 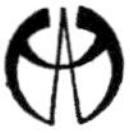

- Treiben des Luftballons durch stetes Antippen zur anderen Seite. Bei frontaler Bewegung auch bewusst die linke und rechte Hand einsetzen. Beim Seitenwechsel sich seitwärts** oder rückwärts ** bewegen (nur kurze Strecken). Freies Treiben mit möglichst vielen Körperteilen (u. a. Kopf und Fuß).
- Treiben des Luftballons mithilfe eines Kleingerätes, z. B. Staffelstäbe, Tischtennisschläger, Bierdeckel, Frisbeescheiben.

Spiele für Zweierteams:

- Transport* eines Luftballons im Seitenwechsel oder frei im Raum zwischen den Handflächen, Bauch an Bauch, Rücken an Rücken bzw. Schulter an Schulter.
- Treiben* eines Luftballons im Seitenwechsel oder frei im Raum, während das Paar durch Handfassen verbunden ist. Nach dem Start mit einem Luftballon sind 2 Luftballons gemeinsam zu treiben**.
- **Spiel im Reifen* oder auf einer großen Fliese**: Die durch Handfassen verbundenen Kinder stehen mit einem Fuß im Reifen. Die beiden Luftballons sollten sich farblich unterscheiden. Ziel ist eine möglichst lange Spielzeit, wobei die Hände nicht gelöst werden dürfen sowie keiner der Luftballons den Boden berühren und kein Kind den Reifen mit beiden Füßen verlassen darf. Die Kinder müssen sich auf die Aktionen des anderen einstellen und sich gegenseitig unterstützen. Mehrere Paare gleichzeitig spielen lassen.

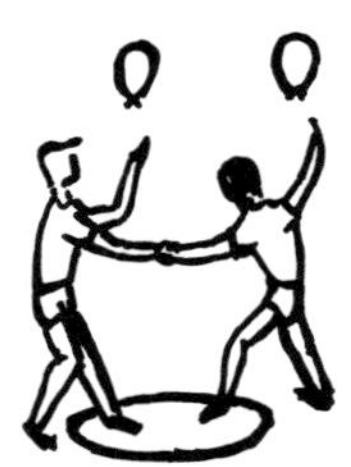

- **Gegeneinander****: Spiel im Reifen wie oben, aber aus dem Miteinander wird ein Neben- bzw. Gegeneinander. Jedes Kind konzentriert sich nur auf seinen (farbigen) Luftballon, stört aber automatisch durch die Verbindung der Hände die Aktionen des anderen Kindes. Hier bietet sich ein kleiner Wettbewerb an, indem diejenigen, die in der ersten Runde gewonnen bzw. verloren haben, gegeneinander spielen.

Spiel in kleinen Gruppen:

- In Gruppen von 4 bis 6 Kindern sind Luftballons durch ständiges Antippen in der Luft zu halten. Kein Luftballon sollte den Boden berühren. Zu Beginn bringt jedes Kind seinen Luftballon ins Spiel*. Die Anzahl der zu Boden fallenden Luftballons kann z. B. in einer Spielzeit von ca. 3 Min. gezählt werden. Diese Luftballons sind durch Anwerfen wieder ins Spiel zu bringen.

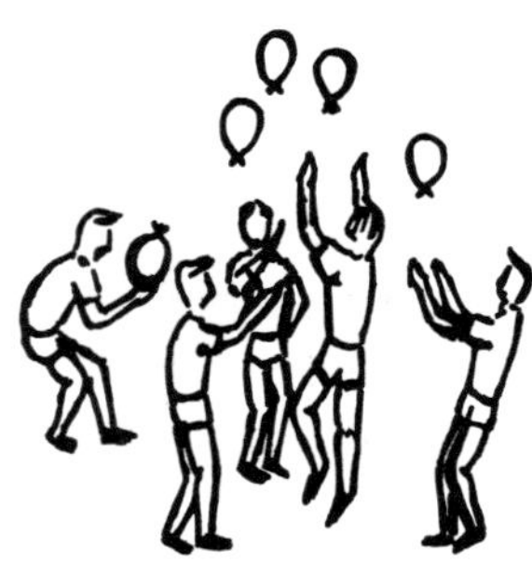

- Erschwerend wird ein zusätzlicher Luftballon einbezogen** oder es darf nur mit einer Hand gespielt werden (andere Hand auf dem Rücken)**.
- In den Klassen 3/4 kann das Spiel mit einem Schaumstoffwürfel oder Schaumstoff-Bauklotz sehr anregend sein, in den Klassen 1/2 das Spiel mit einer Plastiktüte, in welcher 2 oder 3 Luftballons als „Luftkissen" eingeschlossen sind.

2 Spiele mit Zeitungen Kl. 1–4

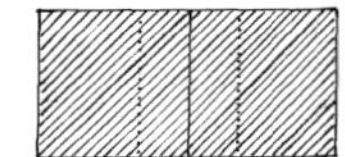

Grundgedanke:
Zeitungen gehören zum Lebensalltag und sind eigentlich nicht zum Spielen gedacht. Deshalb ist ihr Einsatz als Spielobjekt ungewöhnlich und reizvoll.

Materialien:
Zeitung(en)

Spiele mit Zeitungsseiten:

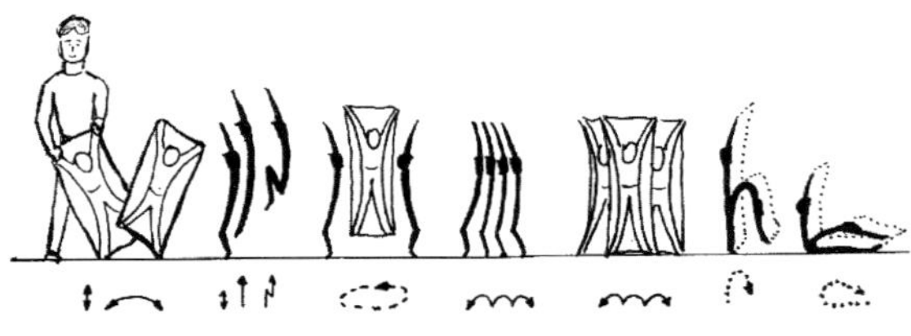

- **Vorturnen**: Eine Zeitungsseite „turnt" Übungen vor und die Kinder setzen die Bewegung der Zeitung nach dem Prinzip „Vor- und Nachmachen" in eigene Bewegungen um: Hüpfen einbeinig links oder rechts und im Wechsel; Hüpfen beidbeinig mit wiederholt deutlichem Anhocken der Beine, mit Drehung, mit etwas Raumgewinn vorwärts, seitwärts, rückwärts; Rumpfbeugen im Stand und im Sitz. Die „vorturnende" Zeitung sollte von allen Kindern gut gesehen werden (Turnhocker nutzen).
- **Fahne***: Lauf mit einer Zeitungsseite als Fahne mit gestreckten Armen in Hochhalte oder seitlich neben dem Körper. Lauf mit einer halben Zeitungsseite vor der Brust. Zuerst sollten die Kinder im Kreis laufen, dann frei durcheinander.
- **Fische bzw. Schmetterlinge treiben***: Im Sach- oder Kunstunterricht sollten die Fische bzw. Schmetterlinge von den Kindern vorbereitet werden (auf DIN-A4-Blatt, möglichst ausfüllend). Mit Namen versehen könnte jedes Kind seinen individuell gestalteten Fisch bzw. Schmetterling treiben. Die selbst gestalteten, am Boden liegenden Fische/Schmetterlinge sind mithilfe des Luftzugs von Wedelbewegungen einer halben Zeitungsseite an ein Ufer (Linie) oder in ein Netz (kleine Gasse) zu treiben. Bei Bedarf sind die Fische/Schmetterlinge leicht zu falten, damit der Luftzug besser wirken kann.

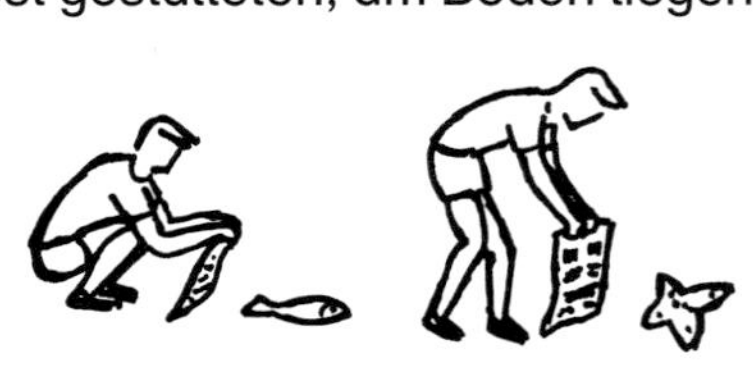

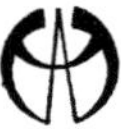

Spiele mit einem Zeitungsstab:

Eine Zeitungsseite wird mit ihrer schmaleren Seite durch Falten und Rollen zum Stab. Der Stab wird stabiler, wenn die Enden etwas eingedrückt oder/und mit kleinen Gummiringen versehen werden.

- Der Stab sollte waagerecht oder senkrecht mit Kopf, Stirn, Schulter, Ellenbogen, Hand, Finger, Oberschenkel und Fuß balanciert werden.

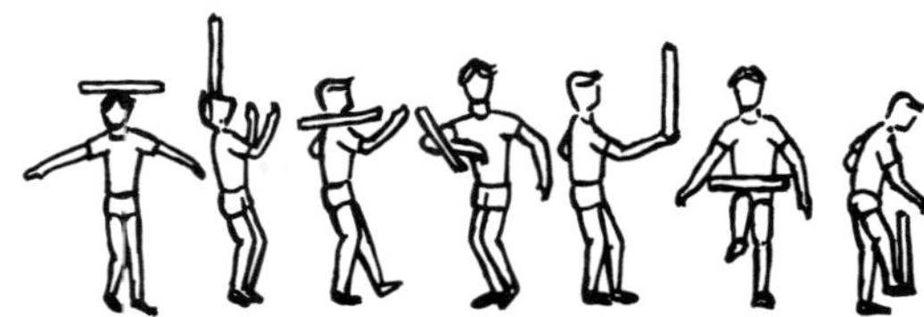

- Als Rakete den Stab mit der flachen Hand in die Höhe treiben und möglichst wieder auffangen.

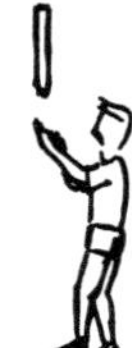

- Im Sitz über den Stab mit den Beinen nacheinander oder mit den Beinen gleichzeitig durchhocken.

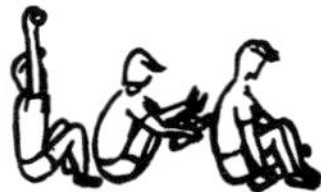

Spiele mit einem Zeitungsball:

Der sich auflösende Stab oder eine Zeitungsseite wird zu einem möglichst festen Knäuel gefaltet.

- Durch Anschlagen mit der flachen Hand ist der Zeitungsball in die Höhe zu treiben und möglichst wieder zu fangen. Ein wiederholtes Anschlagen ist anzustreben.
- Zielwerfen durch oder in einen Reifen, der in Brusthöhe senk- oder waagerecht gehalten wird.
- Treffen eines ca. 2 m entfernten „lebendigen Denkmals“, welches mit den Händen abwehren und mit dem Oberkörper ausweichen kann, seine Füße bleiben aber am Boden. (Sind Sie das Denkmal, stimuliert es die Kinder besonders.)
- Abschließend gehen Sie mit einem Papierkorb (Eimer oder Karton) im Abstand von ca. 1,5 m an den in Linie stehen Kindern vorbei, die ihren Zeitungsball durch einen Treffer in den Papierkorb entsorgen. Beim Fehlwurf nehmen die Kinder ihren Zeitungsball wieder auf und Sie gehen nochmals an der Linie vorbei. Danach werden die restlichen Bälle direkt bei Ihnen entsorgt.

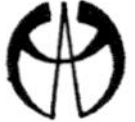

3 Spiele mit Sandsäckchen Kl. 1–4

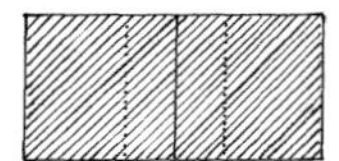

Grundgedanke:
Wegen ihres geringen Gewichtes und ihrer leichten Handhabung bieten sich Sandsäckchen bzw. Kooshbälle für Geschicklichkeitsübungen (Koordination) an. Sie bleiben beim Fallen auf dem Boden liegen, damit werden Störungen weitgehend vermieden.

Materialien:
Sandsäckchen bzw. Kooshbälle für jedes Kind

Werfen und Fangen:

- Jedes Kind hat ein Sandsäckchen und spielt für sich: Werfen und Fangen mit beiden Händen; mit einer Hand links bzw. rechts (die stärkere Seite sollte akzeptiert, Beidseitigkeit aber angeregt werden); mit einer Hand leicht anwerfen und mit der anderen auffangen*; Wurfhöhe moderat steigern* (das Fangen ist anzustreben, nicht eine größtmögliche Höhe); das Auffangen erfolgt möglichst nah am Boden*; Werfen unter dem angehobenen Bein zum Fangen**; kleiner Bogenwurf links-rechts**; Werfen und Fangen mit einem zweiten Sandsäckchen oder Tennisring auf dem Kopf**.

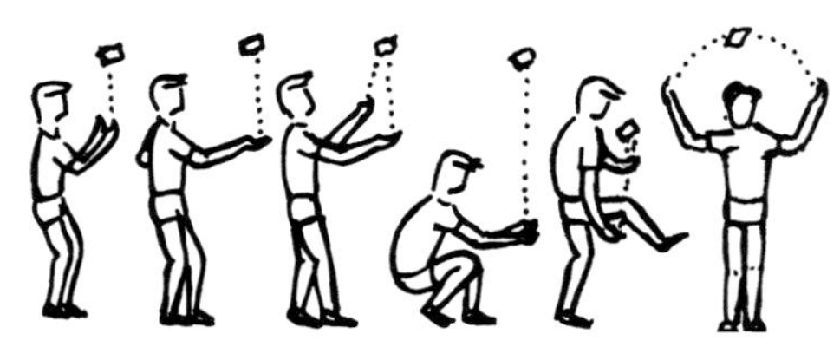

- Im Einbeinstand im Gleichgewicht bleiben, wobei das Sandsäckchen auf den angehobenen Oberschenkel (links und rechts) bzw. auf den linken und rechten Fuß gelegt wird.

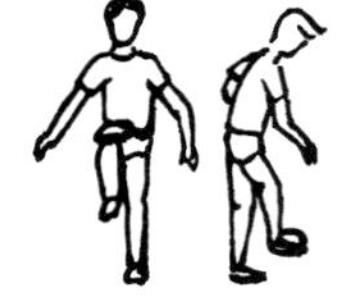

- **Werfen und Fangen im Zweierteam**: In einer Gasse von ca. 2 m werfen sich die Kinder ein Sandsäckchen zu. Die Paare können den Abstand vergrößern bzw. ein zweites Sandsäckchen einbeziehen, wenn ein relativ sicheres Fangen gegeben ist.
- **Werfen und Fangen in der Gruppe als Ablöseball**: Mehrere Gruppen von etwa 5 Kindern stehen in Linie. Jeweils ein Kind steht ca. 2 m vor seiner Gruppe und wirft ein Sandsäckchen der Reihe nach den Teammitgliedern zu. Das letzte Kind wechselt nach dem Fangen mit dem Sandsäckchen nach vorn und übernimmt das Zuwerfen. Das vorherige zuwerfende Kind ordnet sich an erster Stelle seiner Gruppe ein und wird nun zuerst angespielt. Wenn alle Kinder der Gruppe einmal zugeworfen haben, kann ein Wettbewerb zwischen den Gruppen erfolgen, in dem das schnellste Team ermittelt wird.

Transportaufgaben:

- Mit einem Sandsäckchen auf dem Kopf sind kleine Bewegungsaufgaben mit Unterstützung eines Partnerkindes auszuführen. Dieses sichert, legt heruntergefalle-

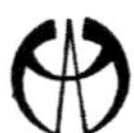

ne Sandsäckchen wieder auf und gibt Hinweise. Nachdem durch Sie Anregungen gegeben wurden, üben die Paare selbstständig: Mit dem Sandsäckchen auf dem Kopf ein anderes Kind mit Handgeben begrüßen; hinsetzen und wieder aufstehen; Turnbänke bzw. kleinen Parcours überwinden; das Sandsäckchen auf den Rücken im Vierfüßlergang transportieren bzw. im Krebsgang auf dem Bauch; Hüpfen mit den Sandsäckchen zwischen den Oberschenkeln bzw. Füßen.

- **Staffeln**: Jedes Kind hat ein Sandsäckchen. Am Wendemal (an einem Markierungskegel, auf einer Linie oder in einer schmalen Gasse) werden die Sandsäckchen abgelegt (Turm bauen). Hat das letzte Mitglied der Gruppe sein Sandsäckchen abgelegt, ist der Turm wieder abzubauen. Unterschiedliche Gruppenstärken werden ausgeglichen, indem alle Gruppen die gleiche Anzahl an Sandsäckchen erhalten.

Zielwerfen:

- **Reifen**: Als Wettbewerb zwischen den Gruppen. Jede Gruppe versucht, ihre Sandsäckchen in einen ca. 2,5 m vor der Gruppe liegenden Gymnastikreifen zu werfen. Die im Reifen liegenden Sandsäckchen werden gezählt. Absprachen zwischen den Kindern sind notwendig, wenn vor jeder Gruppe 3 Reifen hintereinanderliegen und in der Folge der Reifen 1, 2 bzw. 3 Sandsäckchen oder in jedem Reifen 2 Sandsäckchen liegen sollen** (bei 6 Sandsäckchen je Gruppe).
- **Boccia**: Die Sandsäckchen sollen so nah wie möglich an einem für alle Gruppen gemeinsamen Ziel liegen bleiben (z. B. kleiner Kegel). Den Gruppen sind Sandsäckchen in unterschiedlicher Farbe zugeordnet (rot, blau, grün, gelb). Im Wechsel zwischen den Gruppen wirft jeweils ein Kind. Für die Sandsäckchen, die dem Ziel am nächsten liegen, werden Punkte vergeben. Zum Beispiel für die 5 bestplatzierten Sandsäckchen: 5 Punkte bis 1 Punkt. Zum nächsten Durchgang werden die Sandsäckchen zur Abwurflinie geholt. Als Ziel kann auch eine Linie oder schmale Gasse genutzt werden. Die Abwurflinien können auch als Viereck oder Kreis angeordnet sein. Ein Spiel an 2 Stationen mit jeweils 2 Gruppen ist wegen der besseren Übersicht zu empfehlen.

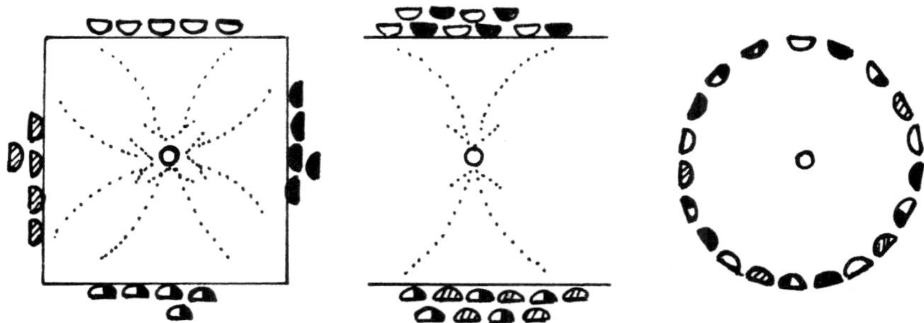

4 Bewegungskette mit Schaumstoffwürfel Kl. 1–4

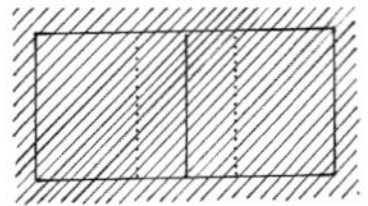

Grundgedanke:
Gewürfelte Zahlen geben die Glieder (Kinder) einer Kette vor, die nach jedem Würfeln bis zu einer Ziellinie zu erweitern ist. Aufmerksamkeit, Miteinander und Ehrlichkeit werden bei der Erweiterung der Kette gefordert.

Materialien:
3 Schaumstoffwürfel bei 3 Gruppen

Durchführung:
Die Gruppen stehen mit ausreichendem seitlichen Abstand und möglichst weit von einem Ziel entfernt. Jede Gruppe hat einen Schaumstoffwürfel und würfelt für sich. In einer für alle Kinder verbindlichen Form sind möglichst schnell die Glieder zu bilden und das Ziel zu erreichen. Ein Kind steht auf der Startlinie oder mit dem Rücken an der Wand. Die gewürfelte Zahl gibt die Anzahl der Kinder vor, die die Glieder der Kette bilden bzw. um die die Kette zu erweitern ist. Nur das jeweils vorn stehende Kind verharrt am Ort, alle anderen lösen sich und stehen als neue Glieder zur Verfügung.

Varianten der Kettenbildung:

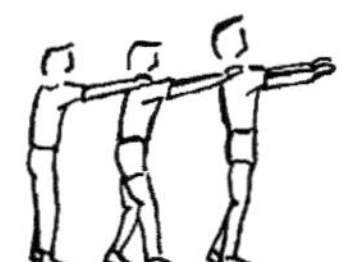

in Reihe mit Armabstand

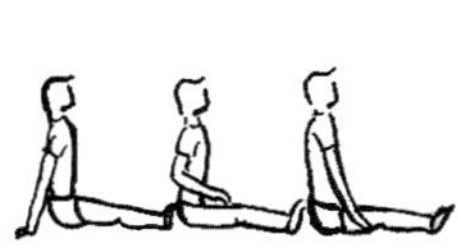

in Reihe im Strecksitz

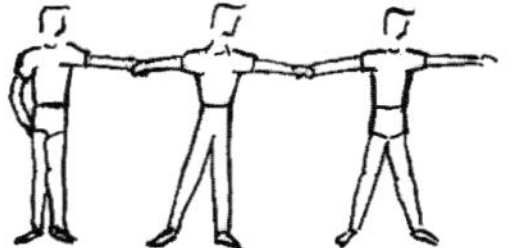

in Linie mit Handfassen

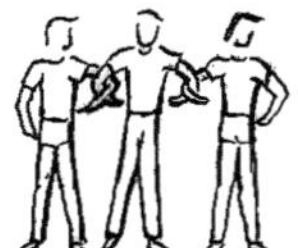

in Linie mit Einhaken der Arme

Tipps:
Weite Wege sorgen für Spannung und sind deshalb anzustreben, z. B. zur Hallenwand und zurück (das erste Kind am Wendemal dreht sich um 180 Grad). Das Bilden der Kette mit dem Hinweis, dass nur das jeweils vorn befindliche Kind am Ort verharren muss, sollte vor Beginn geübt werden. Wie die Kinder das Würfeln regeln, ist ihnen zu überlassen. Von der Gruppe kann ein Kind zum Würfeln eingesetzt werden oder die Kinder wechseln sich ab.

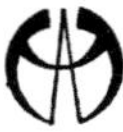

5 Bodenkontaktspiel mit Würfel Kl. 1–4

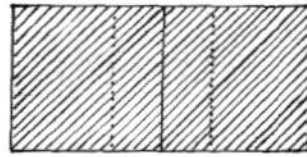

Grundgedanke:
Die gewürfelte Zahl gibt die Kontakte des Körpers mit dem Boden vor. Kreativität und Kommunikation werden bei der Suche nach interessanten Positionen entsprechend der Bodenkontakte und in Absprache mit dem Partnerkind gefordert.

Materialien:
1 Schaumstoffwürfel

Durchführung*:
Die Kinder stehen im Innenstirnkreis, damit sind Lösungen für alle sichtbar. Die gewürfelte Zahl gibt die Anzahl der Kontakte des Kindes bzw. der Paare** mit dem Boden vor. Auch bei Paaren dürfen nur zwei Füße Bodenkontakt haben.

Beispiele für ein Kind

Beispiele für Paare

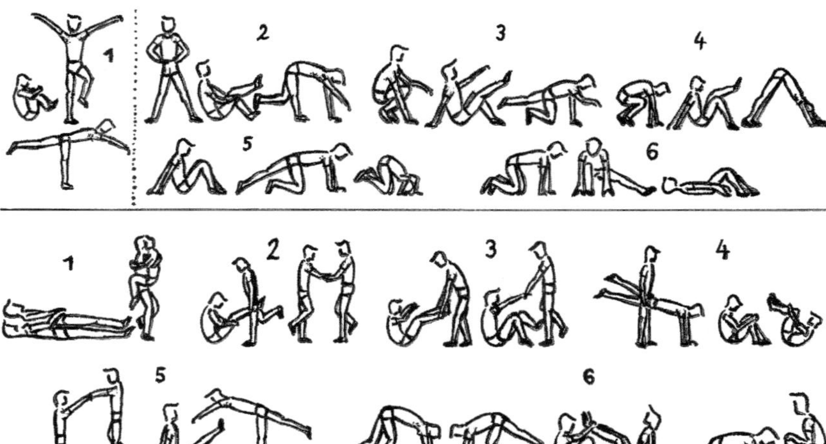

▶ Die Bewegungsaufgabe ist mit Beispielen zu verdeutlichen, z. B. Sitz mit aufgesetzten Füßen als 3 Kontakte, dazu noch die Hände aufgesetzt: 5 Kontakte. Wenn davon eine Hand über Daumen und Zeigefinger Bodenkontakt hat, ergeben sich 6 Kontakte (Beispiel für Feinheiten der Bodenkontakte). Es sind andere Positionen einzunehmen, wenn sich Zahlen wiederholen.

Tipp:
Besonders im Lernbereich Turnen bietet sich dieses Spiel an, weil Haltung und Körperbeherrschung sowie das Miteinander gefordert sind.

6 Würfel-Fußball Kl. 2–4

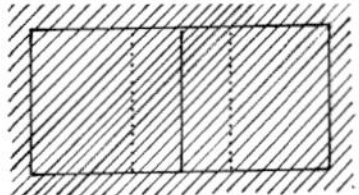

Grundgedanke:
Mit einem großen Schaumstoffwürfel wird „Fußball" gespielt. Vielfältige und überraschende Wechsel der Spielsituation fördern Reaktions-, Orientierungsfähigkeit und Fitness. Das ungewöhnliche Spielobjekt regt das Miteinander bei gleichzeitiger Rücksichtnahme an.

Materialien:
2 große Schaumstoffwürfel mit einer Kantenlänge von ca. 25 cm (gesägt/geschnitten aus großen Schaumstoffteilen), Weichboden- oder Turnmatten als Tore

Durchführung*:
Ein relativ weicher Schaumstoffwürfel mit einer Kantenlänge von ca. 25 cm ist besonders geeignet. In möglichst kleinen Gruppen ist nach den Regeln des Fußballs auf große Tore zu spielen (6 gegen 6 auf einem Volleyballfeld). Handballtore oder an die Wand gestellte Weichboden- oder Turnmatten (2 nebeneinander) bieten die Möglichkeit zu vielen Treffern. Es kann mit oder ohne feste Torleute gespielt werden. Ein Handspiel ist generell nicht erlaubt, auch nicht für die Torleute. Nach einem Torerfolg kann von der Spielfeldmitte der Anstoß erfolgen (bringt Übersicht und Ruhe) oder es geht mit Abspiel vom Tor weiter (schnelles Spiel**).

Variante:
- **Paarfußball**: Jeweils 2 Kinder sind durch Handfassen verbunden und dürfen diese Bindung im Spiel nicht aufgeben, das kann auch die Torleute betreffen**. Pro Team können 4 bis 6 Paare eingesetzt werden.

Tipps:
Wenn möglich sind die Wände als Spielfeld einzubeziehen. In kleinen Hallen bzw. im Gymnastikraum wird dadurch das Spiel noch lebhafter. Sie sollten auf besondere Fairness in Wandnähe hinweisen. In gemischten Klassen nehmen sich Jungen zurück und Mädchen aktiver am Spiel teil, u. a. weil „Spielende" ihre Vorteile nicht in der gewohnten Weise umsetzen können. Der Fußballwürfel kann auch mit Zahlen (0,1, 2 und 3) versehen werden und bei Torerfolg zählt die obere Zahl auf dem Würfel, sobald er ruhig liegt. Eine Zahl 0 provoziert und soll verdeutlichen, dass auch ein Wettspiel ein Spiel ist und es in erster Linie um die Freude am Spielen geht.

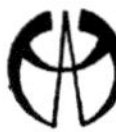

7 Joghurtbecher mit Tennisball Kl. 2–4

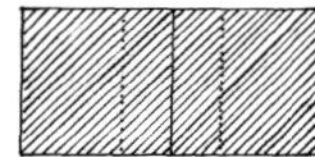

Grundgedanke:
Weil Joghurtbecher und Tennisbälle sehr handlich sind, entsteht der Eindruck, dass kleine Geschicklichkeitsübungen leicht auszuführen sind. Der Reiz einer erfolgreichen und wiederholbaren Ausführung regt die Aktivität an. Das notwendige Zusammenspiel mit Becher und Ball fördert die Auge-Hand-Koordination und die Konzentration. Soziale Aspekte sind durch das Spiel als Zweierteam bzw. als Gruppe gegeben. Belastungsreize sind durchaus vorhanden, da der Ball oftmals nicht im Becher landet und wieder einzusammeln ist.

Materialien:
je Kind 1 Joghurtbecher (500 g) mit Tennisball

Übungen am Ort:
Die Kinder stehen im Innenstirnkreis, damit alle die Demonstration der Aufgabe durch Sie verfolgen und sich an anderen Kindern orientieren können. Im Übungsverlauf sollten weitere Anregungen zur Ausführung gegeben werden.

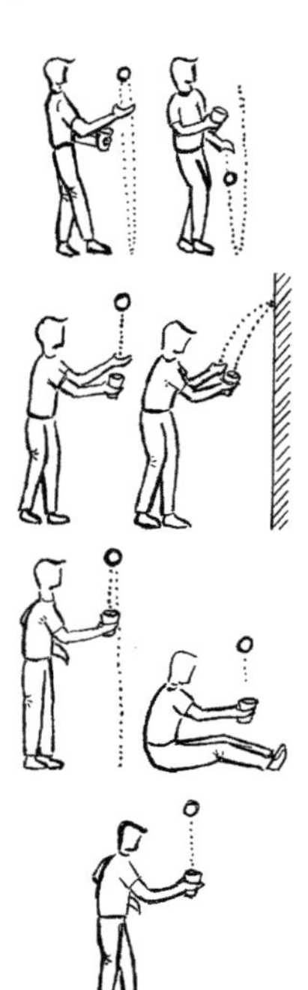

- Mit einer Hand den Ball etwas anwerfen oder auf den Boden prellen und mit dem Becher auffangen (links und rechts).
- Hochwerfen des Balles mit einer Hand und mit dem Becher auffangen (zuerst nur wenig anwerfen). Der Ball kann auch an eine Wand geworfen werden und ist mit dem Becher aufzufangen. Weisen Sie die Kinder auf ein weiches, nachgebendes Fangen hin, damit der Ball nicht aus dem Becher springt.
- Mit dem Becher den Ball hochwerfen, den Ball auf den Boden aufspringen lassen und mit dem Becher auffangen, auch im schnell einzunehmenden Sitz oder nach einer Drehung*.
- Mit dem Becher den Ball hochwerfen und mit dem Becher auffangen, auch mit Wechsel des Bechers von einer in die andere Hand. Den Ball erst kurz vor dem Boden auffangen**.
- Den Ball auf den Boden werfen, einmaliges Antippen* des springenden Balles mit der Unterseite des Bechers und Auffangen des Balles mit dem Becher. Mehrmaliges Antippen** des vom Boden springenden Balles und mit dem Becher auffangen. Für sehr geschickte Kinder ist ein Antippen im Wechsel von linker und rechter Hand anzuregen.

- Achterschwingen des Bechers mit Ball vor dem Körper**, wobei die offene Seite des Bechers stets in Bewegungsrichtung geführt wird. Der Reiz liegt darin, dass der Ball bei schneller Bewegung im Becher bleibt.

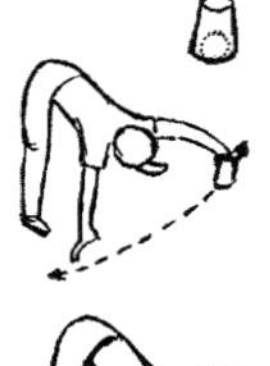

- Der am Boden liegende Ball wird mit dem überstülpten Becher bewegt. Im Grätschstand mit vorgebeugtem Oberkörper den Becher weit nach links und rechts gleiten lassen, d. h. den Becher möglichst nur kurz führen und zum Gleiten loslassen.

- Durch die gegrätschten Beine mit dem „gleitenden" Becher eine Acht beschreiben. Der Becher soll gleiten, immer nur kurz führen/anstoßen.

Übungen in der Bewegung:
Durch die Balancierübungen wird besonders eine aufrechte und gespannte Körperhaltung angeregt.

- Balancieren mit dem Becher auf dem Kopf und dem Ball auf dem Handrücken. Zusätzlich beim Gehen nicht auf Linien treten bzw. über „Hindernisse" steigen**.
- Balancieren des Balles auf dem umgedrehten Becher und Begrüßen der anderen Kinder mit der freien Hand.
- Lauf mit Ball im Becher und Achterschwingen vor dem Körper, ohne dass der Ball aus dem Becher fällt.
- Ball am Boden aus dem Becher aktiv rollen, hinterherlaufen und den rollenden Ball mit dem Becher aufnehmen*, auch zielgenau auf einer Linie oder in einer Gasse bzw. durch die gegrätschten Beine**.

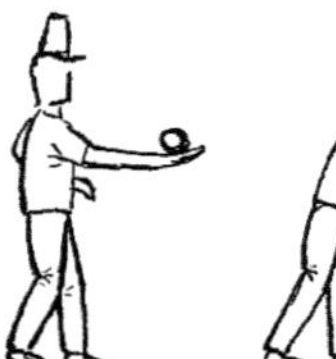 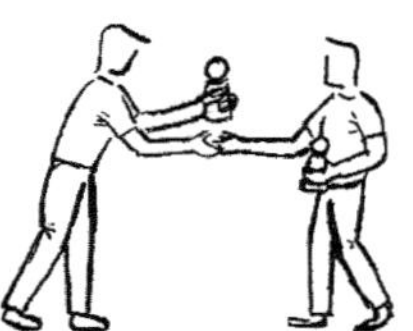 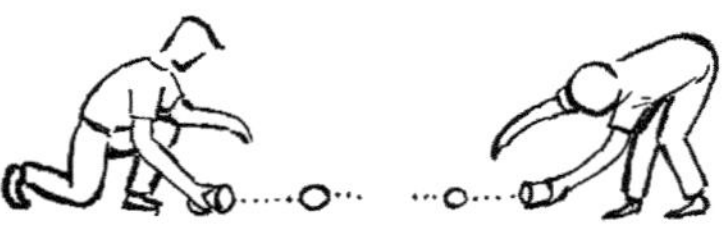 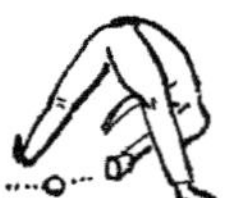

Übungen im Zweierteam:

- Zuspiel und Fangen des Balles mit dem Becher, auch mit Aufspringen des Balles auf dem Boden*.

- Zuspiel rückwärts über Kopf oder durch die gegrätschten Beine und Aufnahme des Balles mit dem Becher.

- Zurollen und Aufnahme des Balles mit dem Becher, auch durch die gegrätschten Beine.

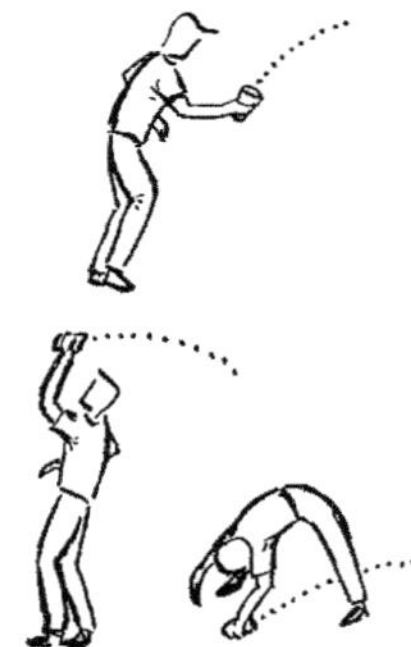

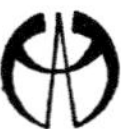

- Zurollen des Balles mit der Hand oder aus dem Becher und Fangen des rollenden Balles durch Überstülpen mit dem Becher.

- Zuspiel des „gleitenden“ Bechers und Erkunden des Abstandes zwischen den Kindern, bei dem ein „unfallfreies“ Gleiten des Bechers noch möglich ist**.

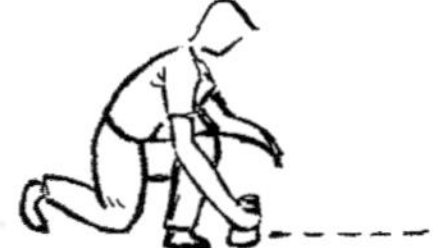

Staffeln:

- Umkehrlauf und Übergabe des Bechers mit Ball als „Staffelstab“ beim Wechsel. Bei Ballverlust ist der Ball wieder in den Becher zu legen. Der Zwang zum schnellen und gleichzeitig kontrollierten Bewegungshandeln fördert die räumliche Orientierungs- und die Differenzierungsfähigkeit sowie das Miteinander.
- Das erste laufende Kind stellt den Becher mit Ball im ca. 10 m entfernten Mal ab (auf einer Linie oder in einem Tennisring), das zweite Kind holt den Becher und übergibt ihn dem nächsten usw.
- Der Ball ist der Staffelstab. Die Becher dienen als Wendemal. Das erste Kind legt den Ball im Becher ab, das nächste muss ihn holen usw.

Turmbau:

- 2 bis 3 Gruppen spielen gegeneinander. Die Mitglieder jeder Gruppe haben im steten Wechsel Joghurtbecher bzw. Bierdeckel. Das erste Kind der Gruppe stellt seinen Joghurtbecher am ca. 10 m entfernten Wendemal (Linie/Gasse) ab. Das zweite Kind legt seinen Bierdeckel auf den Becher. In dieser Art entsteht ein Turm aus Bechern und Bierdeckeln. Hat das letzte Kind der Gruppe seinen Becher oder Bierdeckel abgelegt, beginnt der Abbau des Turmes. Fällt ein Turm um, muss er aufgebaut werden, bevor das Spiel fortgesetzt werden kann. Jede Gruppe hat die gleiche Anzahl an Bechern und Bierdeckeln, sodass eine unterschiedliche Gruppenstärke keine Rolle spielt.

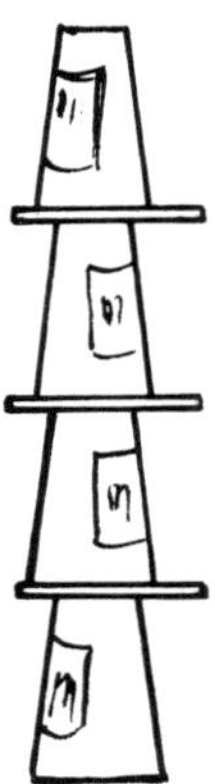

8 Becher-Golfen & -Boccia Kl. 1–4

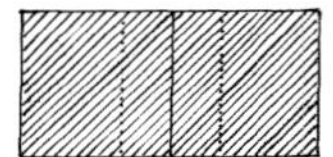

Grundgedanke:
Ein Becher mit Ball ist so anzustoßen, dass er als „gleitender" Becher ein Ziel erreicht. Orientierungs- und Differenzierungsfähigkeit und das Miteinander werden angeregt.

Materialien:
je Kind 1 Jogurtbecher (500 g) mit Tennisball, Markierungskegel als Tore

Durchführung*:
Beim Golfen erhält der über den Tennisball gestülpte Becher einen Impuls, damit er gleitend ein Ziel erreicht. Der Becher soll auf einer Linie, in einer Gasse oder auf einer Markierung zum Ruhen kommen bzw. durch Tore gleiten. Der Tennisball muss dabei im Becher bleiben. In Linie, weiter Gasse oder großem Innenstirnkreis (Kreismitte als Ziel) können alle Kinder gleichzeitig die Aufgabe lösen und sich vergleichen.

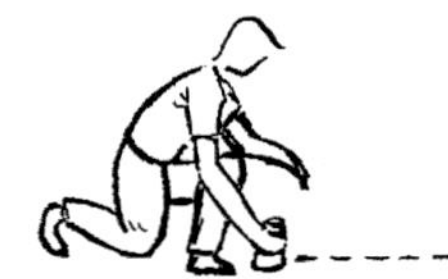

Varianten:
- **Auf Weite****: Der Becher soll auf maximale Weite gleiten. Bei einem guten Parkett oder Bodenbelag werden erstaunliche Weiten erzielt. Bei Fehlversuchen hindert eine Wand im Hintergrund ein zu weites Rollen des Balles.
- **Boccia***: Die Kinder bzw. Teams spielen mit gekennzeichneten bzw. unterschiedlich farbigen Bechern. Ein Kegel oder besonders markierter Becher ist das Ziel. So nah wie möglich soll der gleitende Becher am Ziel zum Stehen kommen. Im Wettbewerb können z. B. die 5 Becher, die dem Ziel am nächsten stehen, mit 5, 4, 3, 2 und 1 Punkt bewertet werden.

  ▶ 4 Teams können bei einer Aufstellung im Viereck, in Gasse oder Innenstirnkreis gleichzeitig gegeneinander spielen. Im steten Wechsel zwischen den Teams erfolgt der Einsatz der Becher. Es kann auch ein Wettbewerb innerhalb der Gruppen erfolgen, die besten Teammitglieder werden ermittelt und spielen dann gegeneinander.

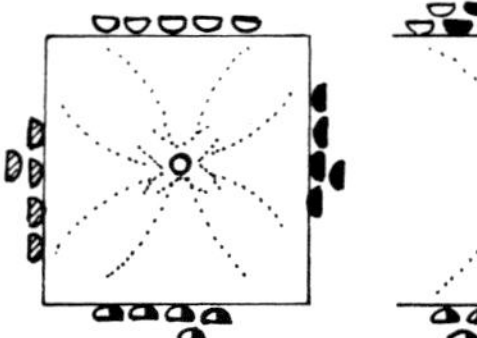

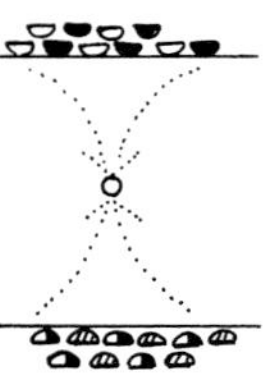

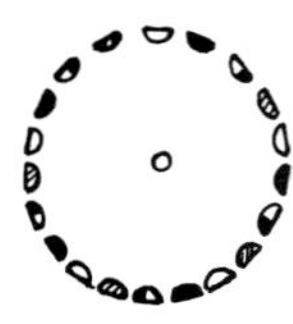

Tipps:
Farbig unterschiedliche oder markierte Becher erleichtern und fördern den Wettbewerb. Die Kinder erkunden, wie der Becher mit Ball zum Gleiten zu bringen ist, um ein Ziel oder eine gute Weite zu erreichen. Sie erfahren die Notwendigkeit differenzierter Krafteinsätze. Der unmittelbare Vergleich motiviert und das „Gleiten" ist wegen des hohen Risikos und des Zufalls in der Regel spannend.

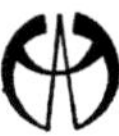

9 Ein Kind mit einer Teppichfliese Kl. 1–4

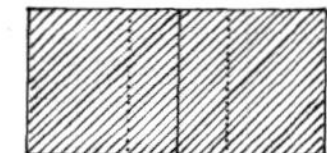

- **Po-Rutschen**: Gesäß auf der Fliese, mit Händen und Füßen oder nur mit den Händen* bzw. nur mit den Füßen* vom Boden abstoßen (vorwärts, rückwärts).

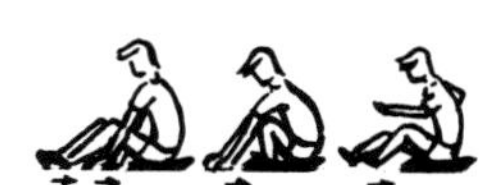

- **Kleiner Stier***: Liegestütz verkürzt, Unterarme auf der Fliese, durch fortlaufende kleine Fußbewegungen sich gleitend vorwärts bewegen.

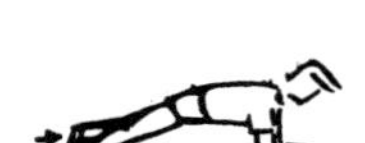

- **Großer Stier****: Liegestütz mit den Händen auf der Fliese.

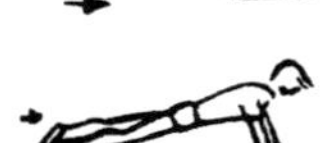

- **Kleine Raupe***: Knieliegestütz mit angehobenen Unterschenkeln (Knie auf der Fliese), durch Armzug vorwärts oder durch Armdruck rückwärts bewegen.

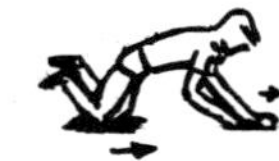

- **Große Raupe****: Liegestütz mit den Füßen auf der Fliese.

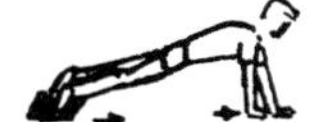

- **Drehen***: Unterschenkelsitz oder Hocksitz auf der Fliese, mit Abdruck der Hände vom Boden oder nur durch Arm- und Rumpfbewegungen**, sich um die Körperachse drehen, links und rechts.

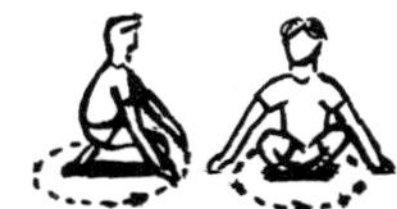

- **Kreis**:* Bauchlage mit leichter Bogenspannung auf der Fliese, durch wiederholtes Abstoßen mit einer oder beiden Händen vom Boden einen Kreis beschreiben, links und rechts. Abstände zwischen den Kindern sichern.

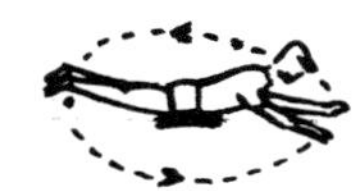

- **Roller fahren****: Leichte Schrittstellung, der vordere Fuß in Bewegungsrichtung ist gestreckt und gespannt auf der Fliese aufgesetzt, mit vielen kleinen, fortlaufenden Abdrücken des anderen (hinteren) Fußes vorwärts und rückwärts gleiten.

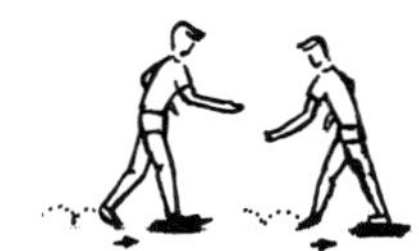

- **Rutschen****: Beide Füße auf der Fliese, durch leichte Hüpfer vorwärts bzw. rückwärts gleiten.

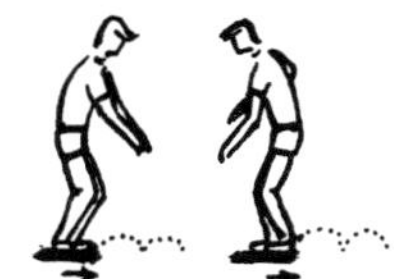

- **Twist***: Grätschstand auf der Fliese, durch Körperverwringungen und Gewichtsentlastung vorwärts bzw. rückwärts gleiten.

- **Nachstellschritt***: Weiter Grätschstand auf der Fliese, durch fortlaufendes Heranziehen und Wegschieben eines Beines in Bewegungsrichtung seitwärts gleiten, links und rechts.

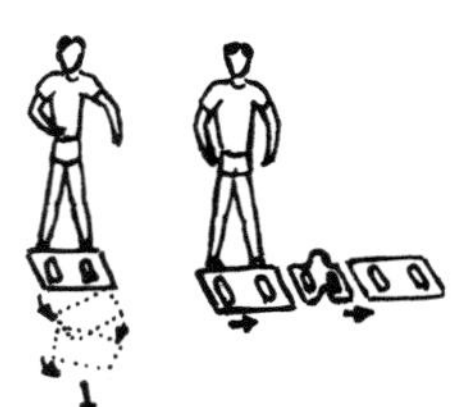

10 Ein Kind mit zwei Fliesen Kl. 1–4

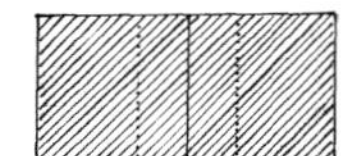

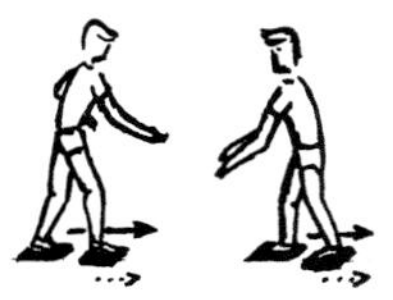

- **Schlittschuhschritt*** durch wechselseitiges Vorwärtsschieben und Abstoßen eines Fußes, möglichst mit einer Gleitphase (vorwärts und rückwärts).

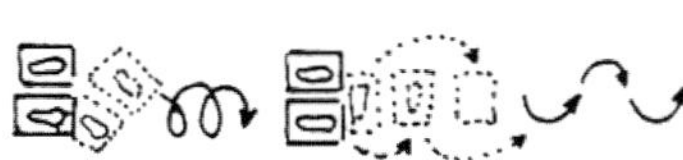

- **Drehgleiten**: Raumgewinn durch fortlaufende Drehungen nur nach einer Seite (links oder rechts) bzw. halbe Drehungen links und rechts im Wechsel (vorwärts und rückwärts).

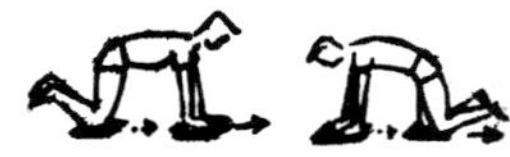

- **Kleine Raupe***: Hände und Knie auf den Fliesen, Unterschenkel leicht angehoben; vorwärts: Arme nach vorn schieben, Knie zum Körper ziehen; rückwärts**: Knie wegschieben, Arme zum Körper ziehen.

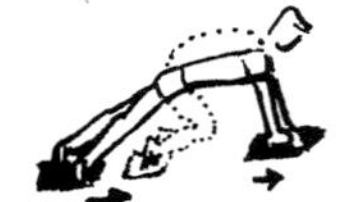

- **Große Raupe****: Liegestütz, Hände und Füße auf den Fliesen; vorwärts: Beine unter den Körper ziehen, Arme nach vorn schieben; rückwärts: Beine wegschieben, Arme unter den Körper ziehen.

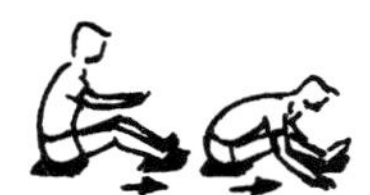

- **Rudern vorwärts****: Gesäß und Füße auf den Fliesen, Füße nach vorn wegschieben, Gesäß zu den Füßen ziehen, dabei den Oberkörper nach vorn beugen. Mit den Händen die Gleitphase unterstützen.

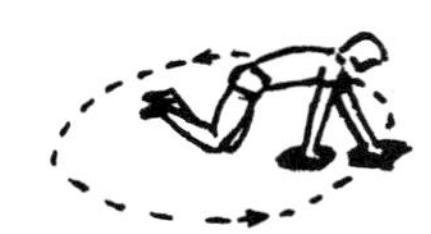

- **Kreiswandern der Arme***: Auf jeder Fliese ist eine Hand aufgestützt, im verkürzten Liegestütz um die „fixierten" Knie einen Kreis durch wiederholtes Seitwärtsgleiten einer Hand und Nachziehen der anderen Hand beschreiben. Weitere Möglichkeit: Kreiswandern im Liegestütz**.

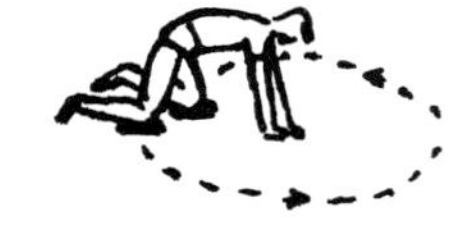

- **Kreiswandern der Beine***: Auf jeder Fliese ist ein Knie aufgesetzt. Im verkürzten Liegestütz wird um die „fixierten" Arme durch wiederholtes Seitwärtsgleiten der Beine ein Kreis beschrieben. Weitere Möglichkeit: Kreiswandern im Liegestütz**.

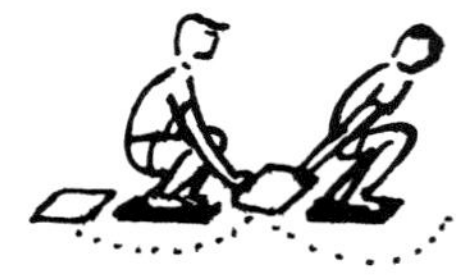

- **Umsetzen**: Auf einer Fliese (gummierte Seite am Boden) steht das Kind mit beiden Füßen. Die zweite Fliese wird durch das Kind in die Bewegungsrichtung gelegt, sodass es diese betreten kann, vorwärts, rückwärts und seitwärts.

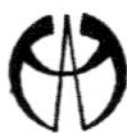

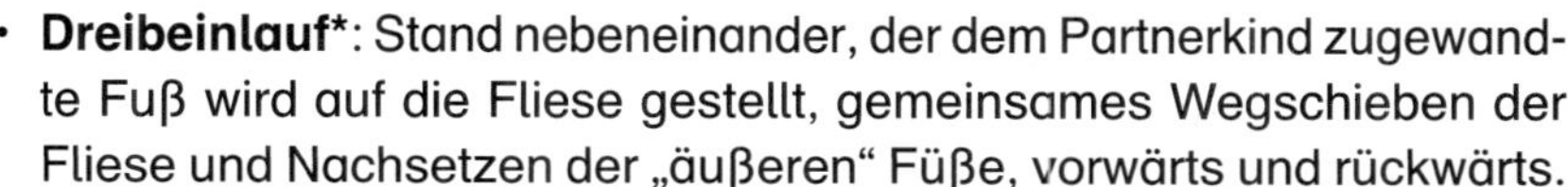

11 Zwei & mehr Kinder mit Fliesen Kl. 1–4

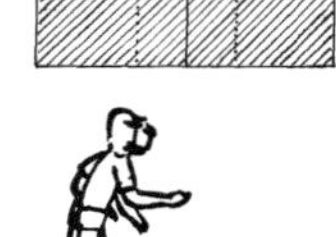

- **Dreibeinlauf***: Stand nebeneinander, der dem Partnerkind zugewandte Fuß wird auf die Fliese gestellt, gemeinsames Wegschieben der Fliese und Nachsetzen der „äußeren“ Füße, vorwärts und rückwärts.

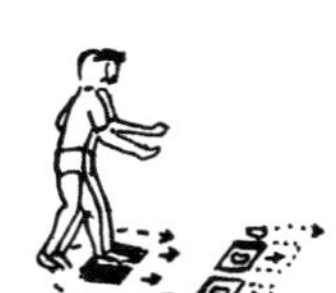

- **Paargleiten***: Stand nebeneinander, Arme eingehakt, jedes Kind hat einen Fuß auf seiner Fliese und einen Fuß am Boden, gemeinsam gleitend bewegen, vorwärts und rückwärts.

- **Transportaufgaben**: Auf der Fliese wird ein Kind durch 1 oder 2 Kinder gezogen bzw. geschoben. Die Kinder sollten Lösungsmöglichkeiten selbst finden und umsetzen, dabei aber Unfallrisiken beachten. Anregungen sollten gegeben werden.

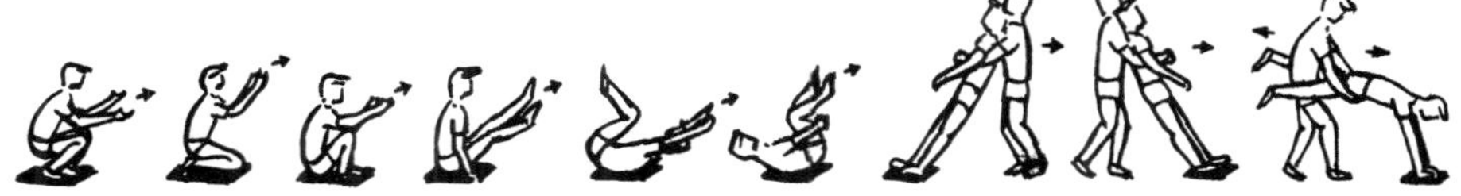

hockend kniend sitzend liegend versteift** (Kl. 3/4) Schubkarre**

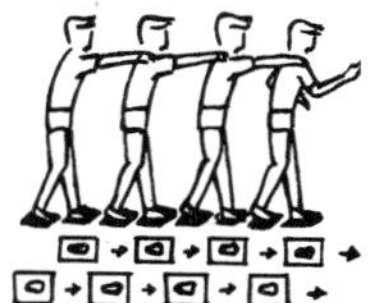

- **Raupe***: Stand hintereinander, jedes Kind auf seinen beiden Fliesen, die Hände sind auf die Schultern des vor ihm stehenden Kindes gelegt, als Gruppe (4 bis 6 Kinder) oder Mädchen und Jungen getrennt im Kreis vorwärts gleiten.

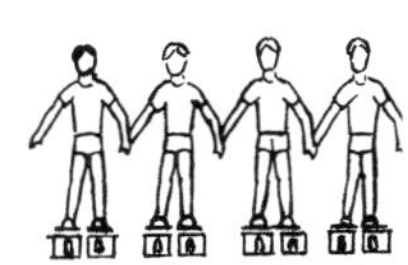

- **Raupe frontal***: Stand nebeneinander, jedes Kind auf seinen beiden Fliesen. Als Gruppe mit Handfassen gemeinsam vorwärts gleiten (ca. 5 m).

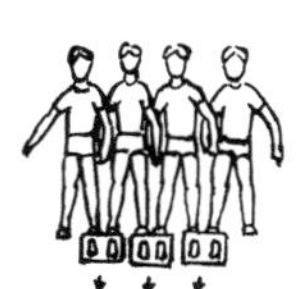

- **Raupe frontal, zweibeinig****: Stand nebeneinander, eine Fliese wird von 2 Kindern mit je einem Fuß betreten, die beiden Außenstehenden haben ihren „äußeren“ Fuß am Boden oder auf einer Fliese. Als Gruppe mit Handfassen gemeinsam vorwärts gleiten.

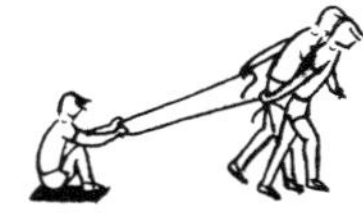

- **Bob fahren****: Ein Kind hält ein möglichst weiches Springseil in den Händen und wird im Hocksitz oder Hockstand auf dem Bob (Fliese) von 2 anderen Kindern gezogen. Verweisen Sie auf geringe Geschwindigkeit (hohe Beschleunigung in den Kurven).

12 Spiele mit Teppichfliesen Kl. 2–4

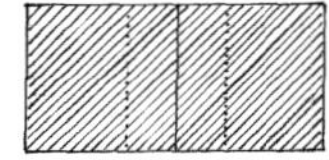

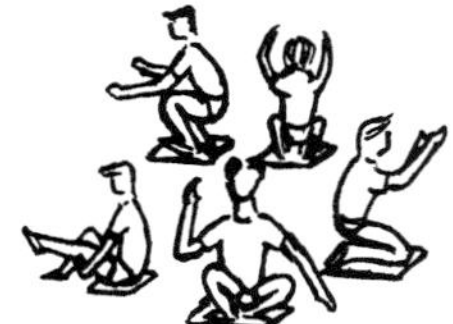

- **Abschleppdienst**: Kinder sitzen als defekte Autos auf ihren Fliesen und warten in der Hallenmitte darauf, abgeschleppt zu werden. In den Ecken des Feldes befindet sich je ein Abschleppdienst (1 oder 2 Kinder). Diese versuchen, möglichst viele Autos nacheinander in ihre Werkstatt zu ziehen.

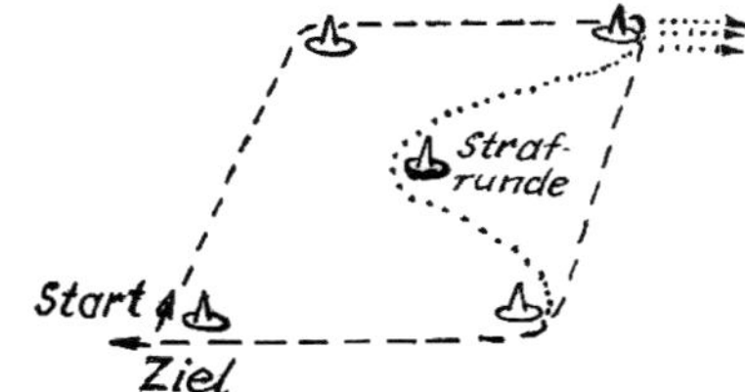

- **Biathlon**: Lauf auf 2 Fliesen mit Zielwerfen und „Strafrunde". Ein Treffer in einen Reifen oder Eimer ist z. B. bei max. 3 Versuchen zu erzielen, sonst ist eine Strafrunde zu absolvieren. Günstig sind Wurfgeräte, die beim Auftreffen liegen bleiben, z. B. Sandsäckchen oder Kooshbälle.

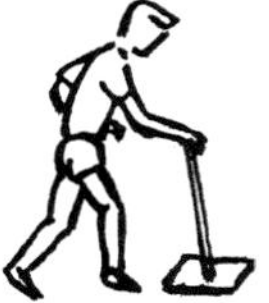

- **Gleitende Fliese***: Mittels eines Staffel- oder Gymnastikstabes bzw. Floorballschlägers ist eine Fliese am Boden gleitend zum Mal zu führen. Die Fliese am Mal liegen lassen und den Stab beim Wechsel übergeben. Oder die Fliese um das Wendemal führen und den Stab mit Fliese am Start/Ziel übergeben usw. In einer Slalomstrecke sind die Anforderungen noch größer**.

- **Fangspiel****: Alle Kinder bewegen sich auf 2 Fliesen, nur das fangende Kind auf einer Fliese. Beim Abschlag übernimmt dieses Kind eine der Fliesen des gefangenen Kindes, das nun mit einer Fliese die anderen fängt. Es ist ein kleines Spielfeld zu wählen. Die Kinder sollten bereits Erfahrungen im Umgang mit Fliesen besitzen.

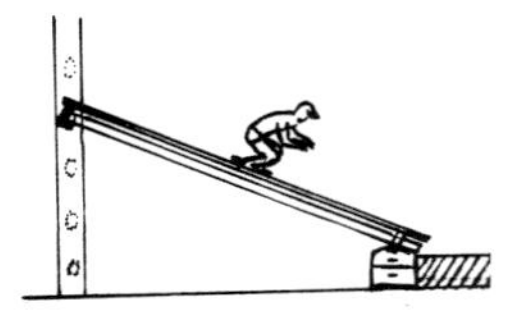

- **Skispringen***: 2 Turnbänke werden nebeneinander zu einer Schrägen in die Sprossenwand eingehängt und mit dem anderen Ende auf einem Kasten aufgelegt. Das Kind gleitet in der Hocke auf der Fliese, springt beim Erreichen der Bankenden beidbeinig ab und landet auf einer Weichbodenmatte. Bei der Einnahme der Hockposition auf der Fliese sollten Sie helfen und das Gleiten sichern.

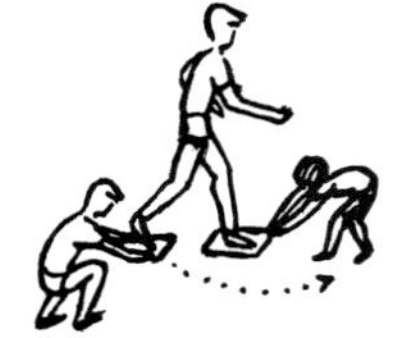

- **3er-Staffel**: 2 Kinder haben je eine Fliese und legen ihre Fliese so vor ein drittes Kind, dass es eine Strecke von ca. 10 m nur auf Fliesen zurücklegen kann (mit der gummierten Seite am Boden). In der 3er-Gruppe soll jedes Kind einmal laufen, d. h. an jedem Wendemal findet ein Wechsel statt.

Spiele zur Wahrnehmungsförderung Kl. 1–4

Nach dem Motto „Sinne schärfen, Sinne nutzen" sind auch im Sportunterricht Akzente zu setzen. In der handelnden Auseinandersetzung beim Sporttreiben lernt das Kind, Ursachen und Zusammenhänge seines Bewegungsverhaltens zu erkennen und zu begreifen. Deshalb sind Spiele zur Wahrnehmung mit offenen Situationen bzw. dem Lösen von Problemen zu verbinden, die von den Kindern Entscheidungen zum Bewältigen der Bewegungsaufgabe fordern. Förderung der Wahrnehmung bedeutet vor allem auch, Sinnesreize zu differenzieren, wichtige von unwichtigen Informationen zu unterscheiden. Wahrnehmung und Bewegungsverhalten bedingen sich. Je besser ein Kind seine Umwelt beobachtet, je besser es bewusst sehen, hören und fühlen kann, desto besser wird es auch seine Bewegung beherrschen. Wahrnehmung ist kein passives Abbilden einer äußeren Realität, sondern ihr aktives subjektives Erfassen unter Einfluss von Erfahrungen. Umweltreize verarbeiten heißt lernen. Werden die Sinne nicht benutzt, stumpfen sie ab. Es kann aber nur das wahrgenommen werden, worauf unser Sinnesapparat eingerichtet ist. Deshalb sind einzelne Wahrnehmungsbereiche gezielt anzuregen: die optische, akustische, taktile und kinästhetische Wahrnehmung sowie die Körper- und Raumorientierung.[1] Mit dem Einschränken bzw. Ausschalten des optischen Analysators treten andere Analysatoren stärker in den Mittelpunkt von Wahrnehmungen und führen z. T. zu interessanten und nachhaltigen Erfahrungen.

Wahrnehmungs- und Bewegungserfahrungen erweitern die Kenntnis des Kindes über seinen Körper und seine Fähigkeiten sowie über seine kognitive und soziale Handlungsfähigkeit. Das Miteinander lässt sich durch das Ausschalten bzw. Einschränken von Analysatoren besonders erleben, der Umgang mit Körperkontakten und das gegenseitige Vertrauen gewinnen an Bedeutung. Zur Konzentration auf die Wahrnehmung sind kontrastreiche Übungen, die Arbeit in Kleingruppen und der Austausch von Erfahrungen zu nutzen. Jede Wahrnehmung ist subjektiv, deshalb sollte man Erfahrungen anderer akzeptieren und beim Erfahrungsaustausch sensibel reagieren. Das bewusste Beobachten gehört zur Wahrnehmung und ist durch Sie anzuregen. Viele Spiele zur Wahrnehmungsförderung sind oft bewegungsarm, deshalb sollten sie im Wechsel mit bewegungsintensiven Spielen eingesetzt werden.

1 vgl. Kiphard, E. J. (1990). Motopädagogik. (4. Aufl.). Dortmund: Modernes Lernen.

Verzeichnis der Spiele mit Anwendungsbereichen

x = hohe Bedeutung o = mittlere Bedeutung

Name des Spiels	Nr. des Spiels	Klasse 1	Reaktion	Orientierung	Differenzierung	Gleichgewicht	Schnelligkeit	Ausdauer	Kraft	Beweglichkeit	Fertigkeiten	Taktik	Miteinander	Fairness
Raumorientierung	1	x		x	x	x				o			x	o
Optische (visuelle) Sinneswahrnehmung	2	x	x	x	x					o		o	x	x
Akustische (auditive) Sinneswahrnehmung	3	x	o	x	x	x				x		o	x	x
Taktile Sinneswahrnehmung	4	x		x	x								x	x
Körperwahrnehmung & Körper-orientierung	5	x		x	x	x			o	o			x	o
Selbstfinden – Selbstdarstellen	6	x											x	x

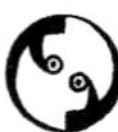

1 Raumorientierung

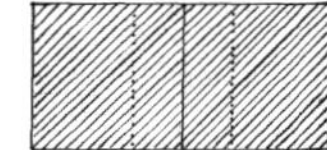

Grundgedanke:
Körper und Raum bilden ein System (dreidimensional von oben/unten, vorn/hinten und rechts/links). Der eigene Standort und Entfernungen werden vermittelt.

- **Platz/Weg finden***: Durch gezieltes Gehen ohne optische Kontrolle sollen die Kinder z. B. in einer Gasse oder auf einer Linie stehen bleiben, sich setzen bzw. Gegenstände ablegen oder finden (Sandsäckchen, Bierdeckel) oder möglichst zügig auf eine aufgestellte Weichbodenmatte oder ein anderes Kind zugehen und kurz vorher stehen bleiben. Einführend bzw. auch wiederholend sind diese Aufgaben mit optischer Kontrolle auszuführen. Dadurch wird nicht nur die Aufgabe verdeutlicht, sondern es werden auch Unterschiede besser wahrgenommen.
- **Weg beschreiben***: Ein Kind führt ein „blindes" Kind unter Beachtung der Hallenmarkierungen. Danach soll das „blinde" Kind den Weg beschreiben oder unter optischer Kontrolle nochmals abgehen.
- **Kontakt wiederfinden***: Die Kinder stehen sich paarweise gegenüber und haben über die Fingerspitzen Kontakt. Sie schließen die Augen und führen von Ihnen angesagte Bewegungen aus. Ziel ist die Trennung der Kontakte mit anschließender Wiederaufnahme, ohne die Augen zu öffnen. Beispiele: 2 Schritte rückwärts gehen – 2 Schritte vorwärts gehen und wieder zusammenfinden; 2 Schritte rückwärts – eine ganze Körperdrehung – 2 Schritte vorwärts; 1 Schritt rückwärts – 2 Schritte seitwärts – wieder zurück – 1 Schritt vorwärts. In Kleingruppen mit 3 bis 4 Kindern wird das Wiederfinden noch schwieriger.

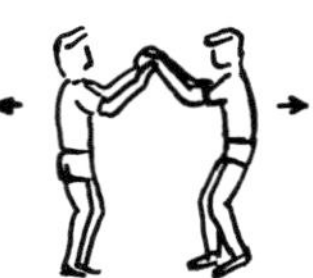

- **Kontakt wiederfinden XXL****: Eine Großgruppe (z. B. die Hälfte der Klasse oder die Jungen bzw. die Mädchen) steht im Innenstirnkreis. Bei leicht gebeugten Armen hat jedes Kind über die Fingerspitzen Kontakt mit den beiden benachbarten Kindern. Ziel ist die Wiederaufnahme der Kontakte nach angesagten Bewegungen (s. o.).

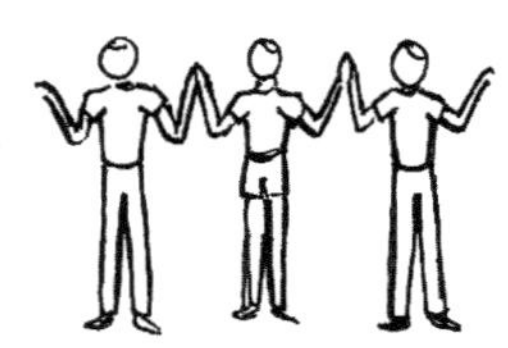

- **Hindernisse übersteigen****: Mehrmals sind in einer Reihe angeordnete Hindernisse aus Schaumstoffteilen oder Kartons in unterschiedlicher Höhe und in unterschiedlichen Abständen zu übersteigen. Danach ist der Parcours ohne optische Kontrolle zu bewältigen. Linien oder kleine Markierungen helfen, verschobene Hindernisse wieder an die richtige Stelle zu platzieren. Man kann auch wiederholt 1 bis 2 Durchgänge mit optischer Kontrolle einbinden, um die Konzentration anzuregen und den Kontrast deutlich zu machen. Ein in ca. 4 m Entfernung kniehoch gehaltenes Springseil ist ohne optische Kontrolle zu übersteigen, auch mit Hilfestellung durch Handfassen oder als Gruppe.

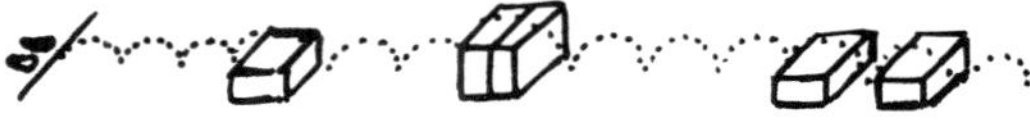

2 Optische (visuelle) Sinneswahrnehmung

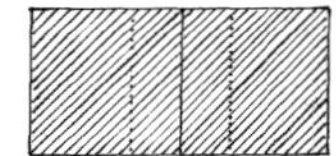

Grundgedanke:
Die Augen sind das wichtigste menschliche Informationsorgan. Ein intakter Sehvorgang stellt die Voraussetzung sowohl für die optische Wahrnehmung als auch für die Bewegungskoordination dar.

Ziel verfolgen:

- **Papierflugzeug***: 2 oder 3 Kinder spielen zusammen. Das Flugzeug soll unversehrt auf den flachen Händen eines anderen Kindes landen**. Nach der Vorgabe „Landung gleich Start“ kann als Aufgabe auch das Zurücklegen einer Strecke von ca. 20 m gestellt werden oder das Flugzeug sollte in einer ausgewiesenen Zone (Gasse) landen. Die Papierflugzeuge sind möglichst von den Kindern nach Vorlage oder eigenen Ideen im Sachunterricht anzufertigen und anzumalen.
- **Spiegelbild****: Im Frontalbetrieb bewegen Sie sich vor der Klasse. Sie führen relativ einfache Bewegungen am Ort und im Raum aus (vor-, rück- und seitwärts), die spiegelgleich durch die Kinder nachvollzogen werden, d. h. der Abstand zu Ihnen bleibt immer gleich. Beim Schattenlaufen werden Bewegungen durch (ein) Partnerkind nachgemacht. Dies kann auch mit einem Gerät (Ball) erfolgen.

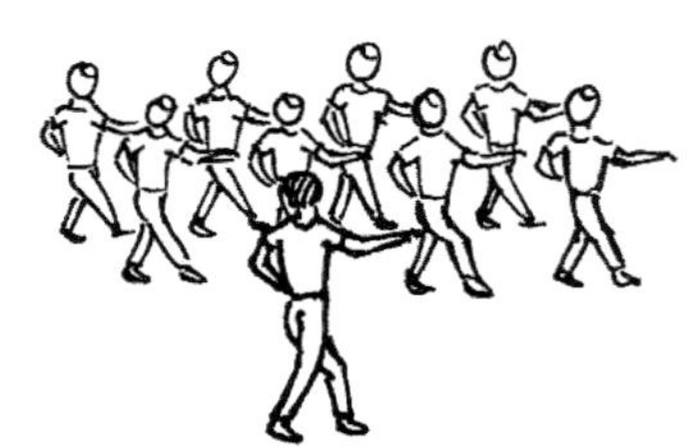

- **Reifenlauf***: Gespielt wird paarweise. Ein Kind bewegt sich im Gymnastikreifen, der vom anderen Kind in Hüfthöhe gehalten wird. Das Kind im Reifen bewegt sich frei in der Halle und vollzieht „moderate“ Änderungen von Richtung und Geschwindigkeit. Das zweite Kind versucht durch geschicktes Agieren, Kontakte des Reifens mit dem darin befindlichen Kind zu verhindern. Lassen Sie die Kinder zuerst gehen, danach traben.

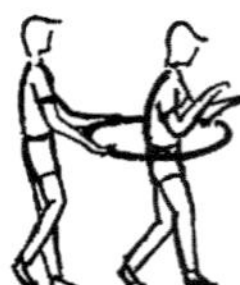

Farbunterscheidung:

- **Ampelspiel**: Es werden Gegenstände in den Farben Rot, Gelb und Grün in ungeordneter Folge deutlich sichtbar gezeigt (z. B. farbige Sandsäckchen, Tücher, Softfrisbee). Die Kinder sollen sich als Autos im Straßenverkehr entsprechend der Farben verhalten: bei Rot stehen bleiben und die Startposition einnehmen, bei Gelb in die Hände klatschen oder/und am Ort laufen, bei Grün schnell starten und laufen.

Größenunterscheidung:

- **Sortierspiel**: In der richtigen Folge haben sich die Kinder einzuordnen, in Reihe oder Linie, z. B. der Größe oder der Haarlänge nach, auch von heller nach dunkler Kleidung (der Größte oder Kleinste kann ebenso in der Mitte stehen). Mädchen und Jungen können auch getrennte Gruppen bilden.

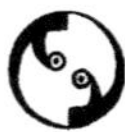

Übergreifend:

- **Gleich und gleich gesellt sich gern***: Aus der Bewegung heraus sollen sich Paare oder Kleingruppen nach angesagten Merkmalen bilden (z. B. gleiche Körperhöhe, Haarlänge, Bekleidung, Körperhöhe und zudem Bekleidung).
- **Denkmal***: Sie nehmen eine Pose ein, die sich die Kinder einprägen. Dann schauen alle Kinder weg bzw. drehen sich um. Sie ändern 1 bis 2 wahrnehmbare Details der Pose, die von den Kindern zu erkennen und zu beschreiben sind. Damit jedes Kind diese Änderungen nachvollziehen kann, sind sie nach der Auflösung nochmals zu demonstrieren. Noch mehr Konzentration wird verlangt, wenn das Denkmal aus 2 Personen gebildet wird.

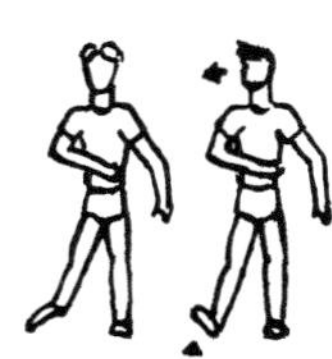

- **Ich weiß, dass du ...***: 2 Kinder stehen sich gegenüber und prägen sich Auffälligkeiten des anderen Kindes ein. Nachdem sie sich umgedreht haben (Rücken zueinander), beschreiben sie die Besonderheiten des anderen Kindes. Es können auch Fragen zu Auffälligkeiten durch weitere Kinder gestellt werden.
- **Was ist anders?****: In einer Gasse stehen sich Gruppen von ca. 4 Kindern gegenüber. Jedes Kind nimmt eine Körperhaltung/Pose ein, die es sich merken muss, verharrt in dieser Position und beobachtet besonders sein Gegenüber, aber auch die anderen Kinder dieser Gruppe (Körperhaltung, Bekleidung, Besonderheiten). Danach beraten sich die Gruppen ohne Sichtkontakt zur anderen Gruppe (Flur/hinter einer Matte). Jedes Kind darf 1 oder 2 Änderungen an seiner Körperhaltung oder Bekleidung vornehmen. Die Änderungen müssen deutlich erkennbar sein, z. B. Schuhe links und rechts tauschen, Sporthemd über die Hose, andere Fußstellung. Die Änderungen sind im Wechsel zwischen den Gruppen zu beschreiben.
- **Dem Alter nach****: Ohne zu sprechen, nur durch Mimik und Gestik, sollen sich die Kinder (oder die Hälfte der Klasse bzw. Mädchen und Jungen) ihrem Alter nach in Linie oder Reihe ordnen, möglichst auf den Tag genau. (Kl. 3/4)

3 Akustische (auditive) Sinneswahrnehmung

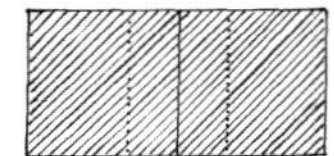

Grundgedanke:
Obwohl der Hörsinn ständigen Reizen ausgesetzt ist, werden diese oft erst durch das Einschränken oder Ausschalten der optischen Information bewusst wahrgenommen. Bei Bewegungen ohne optische Kontrolle ist besonders auf Sicherheit zu achten, u. U. sind nur wenige Kinder gleichzeitig aktiv. Damit die Kinder die Augen schließen bzw. geschlossen halten, ist auf den besonderen Reiz der Wahrnehmung nur über das Gehör zu verweisen.

Richtungshören/Geräusche orten:

- **Klingendes Paar***: Jeweils 2 Kinder vereinbaren einen bestimmten Klopfrhythmus (auf den Boden oder als Handklatsch) oder haben ein Musik-/Geräuschinstrument (z. B. Tamburin, Klanghölzer, Triangel). Eines der beiden schließt die Augen, das andere macht irgendwo in der Halle das vereinbarte Geräusch. Ohne optische Kontrolle soll das „blinde" Kind sein Partnerkind durch den vereinbarten Rhythmus bzw. durch das Geräusch finden.
- **Klingendes Tor***: Ein klingendes Tor von ca. 1 Meter wird durch 2 Kinder gebildet, die Geräusche machen. Ohne optische Kontrolle sollen Kinder durch das „klingende Tor" gehen. Erst nachdem die Kinder die Augen geschlossen haben, wird das Tor gebildet. Es können mehrere Tore mit unterschiedlichen Geräuschen eingesetzt werden.
- **Lauschender Kreis***: Die Kinder stehen mit Armabstand im Innenstirnkreis. Die Augen sind geschlossen. 2 bis 3 sehende Kinder versuchen, in den bzw. aus dem Kreis zu schleichen. Die Kinder im Kreis lauschen und verhindern dies, indem sie durch Heben der Arme in die Seithalte den Kreis immer dann schließen, wenn ein Geräusch erkennbar ist. Als Paar mit Handfassen wird es noch schwieriger, in den bzw. aus dem Kreis zu kommen**. Bei großen Gruppen 2 Kreise bilden oder einen doppelten Innenstirnkreis.

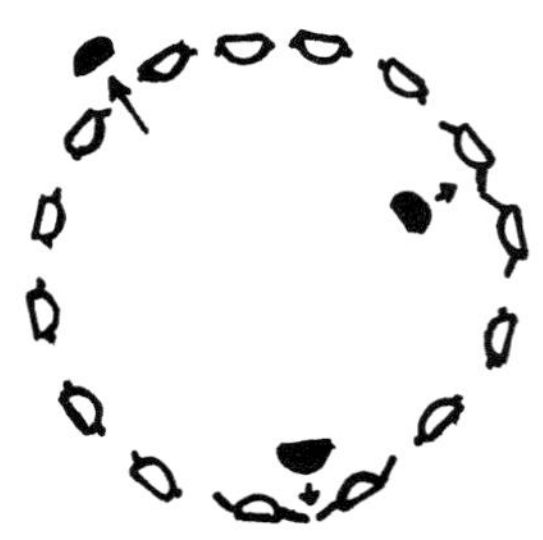

- **Lauschender Gartenzaun***: Neben- und hintereinander auf Lücke stehende Kinder bilden Gartenzäune (jeweils 5 Kinder). Sie schließen die Augen und lauschen. Zwei sehende Kinder wollen durch die Zaunlücken. Die Kinder des Zaunes verhindern dies durch kleine Schritte seitwärts, wenn sie Geräusche wahrnehmen. Die Kinder, die in und durch den Garten wollen, können sich absprechen und gemeinsam agieren.

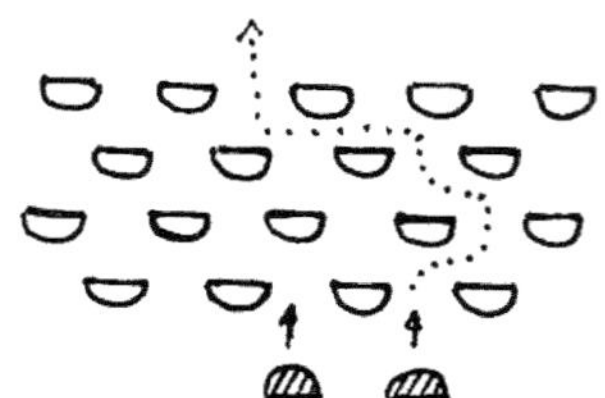

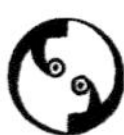

- **Im Tal der Klapperschlangen****: Neben- und hintereinander auf Lücke stehende Kinder stellen friedliche Klapperschlangen dar (jeweils 5 Kinder). Ein „blindes“ Kind soll sich nur nach dem Gehör durch das Tal der Klapperschlangen zur anderen Seite bewegen. Je nach Annäherung klatschen die Klapperschlangen leise (entfernt) oder kräftiger (nah) in die Hände. Ausgelegte Bierdeckel sichern die notwendigen Abstände zwischen den Klapperschlangen. Den Kindern ist deutlich zu machen, dass sie dem „blinden“ Kind helfen und es nicht durch ein plötzliches lautes Klatschen bzw. Geräusch erschrecken sollen.

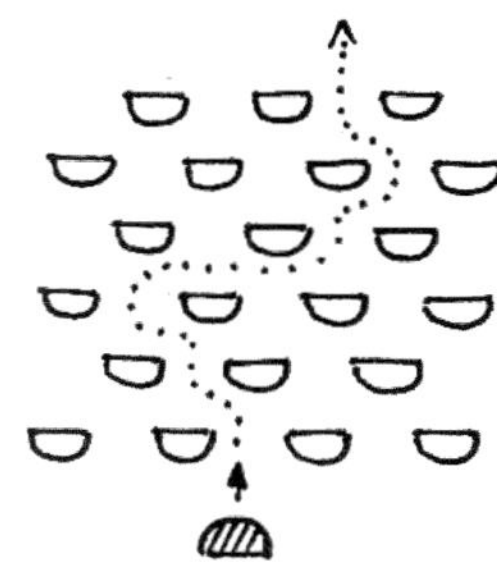

- Bei der Variante **Hafeneinfahrt**** soll ein Schiff „blind“, aber sicher in den Hafen gebracht werden. Die anderen Kinder stellen Heulbojen dar, die durch Geräusche ein Anstoßen des Schiffes vermeiden sollen.
- **Bauernhof****: Den möglichst entfernt in Kleingruppen stehenden oder sich in der Halle bewegenden Kindern werden Haustiere zugeordnet, z. B. durch Lose (Abbildungen mit Namen und Tierlauten). Auf Ansage werden die Augen geschlossen und das eigentliche Spiel beginnt. Nur mittels der Tierlaute sollen sich jeweils die Hunde (Bellen), Katzen (Miau) und Vögel (Piep) bzw. Kühe (Muh), Ziegen (Mäh) und Enten (Quack) treffen. In 2 Gruppen mit 3 unterschiedlichen Tieren nacheinander spielen.
- **Bälle prellen**: Im Rücken einer Gruppe werden unterschiedliche Bälle geprellt, die zu erkennen sind**. Es kann auch die Anzahl der Bälle* oder die Anzahl der Bodenkontakte bestimmt werden.
- **Klingelball***: In einer Gasse oder im Innenstirnkreis sitzen die Kinder im Schneidersitz auf Lücke (ca. 80 cm). Rollend werden 1 oder 2 Klingelbälle zugespielt. Nach einiger Zeit schließen die Kinder die Augen und versuchen, nur über den Hörsinn den Weg des klingenden Balles zu verfolgen und ein Verlassen der Gasse bzw. des Kreises durch Aufnahme des Balles zu verhindern. Ein Gymnastikball kann zum Klingelball umfunktioniert werden, indem z. B. kleine Glaskugeln über eine Öffnung eingeführt werden.

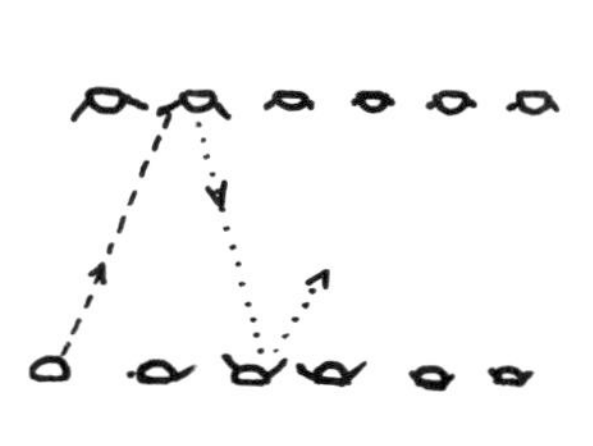

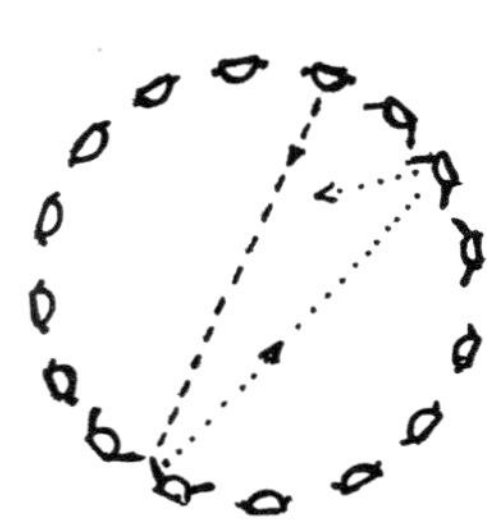

- **Tigerball****: Die Kinder bilden einen Innenstirnkreis und rollen einen Klingelball möglichst nah am blinden Tiger vorbei. Im Vierfüßlergang oder in der Bankstellung versucht der Tiger anhand des Geräusches, den Weg des Balls zu erahnen und den Ball festzuhalten. Der Ball ist ohne optische Kontrolle nur schwer zu erfassen, weil er beim Versuch der Aufnahme oft ungewollt weggestoßen wird.

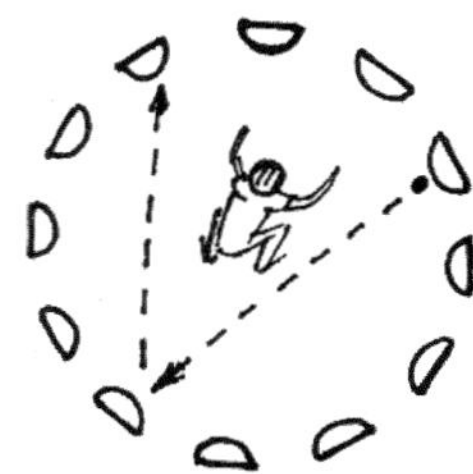

4 Taktile Sinneswahrnehmung

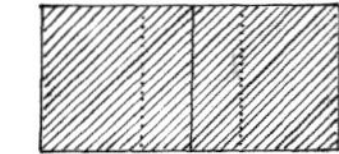

Grundgedanke:
Durch das Ausschalten der optischen Wahrnehmung lernt das Kind, dass es allein durch das Tasten viele wichtige Informationen über die Umwelt erhalten kann. Der Tastsinn ist eng mit Emotionalität verbunden, deshalb ist ein sensibler Umgang mit taktilen Übungen angebracht. Sie erfordern oft ein bewegungsarmes Verharren am Ort und hohe Konzentration.

- **Ballmassage**: Das in Bauchlage auf einer Matte liegende Kind wird mittels eines Balls massiert. Das liegende Kind kann auch Körperstellen benennen, die zu massieren sind. Neben Igelbällen ist eine Massage mit Tennisbällen, Gymnastikbällen oder anderen Bällen möglich. Es kann auch im Sitzen, z. B. auf der Bank, und in Gruppen in Reihe oder im Sitzkreis, massiert werden.
- **Formen beschreiben***: Mit einem Springseil gelegte Formen sind zu erfühlen und zu beschreiben, z. B. Symbole, Zahlen, Buchstaben, Pflanzen, Lebewesen. Zu Beginn sollten Sie den Kindern Beispiele als Anregung geben und in Kleingruppen sind erste Erfahrungen zu sammeln. In 3er-Gruppen schließt ein Kind die Augen, die anderen legen mit dem Seil eine Form. Das „blinde" Kind wird so an die gelegte Form geführt, dass es in Leserichtung positioniert ist (nicht seitenverkehrt oder über Kopf). Es kann mit den Händen oder mit den Füßen** getastet werden.

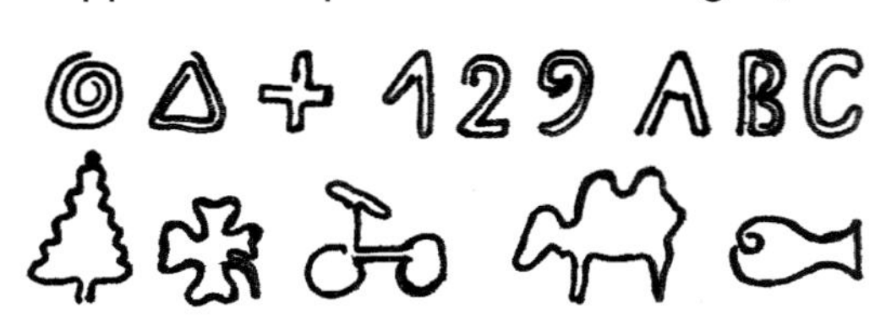

- **Telefonieren/Stille Post***: Circa 5 Kinder sitzen mit leicht gegrätschten Beinen hintereinander. Die Hände erfassen die Knöchel des Hintermanns. Durch Druckkontakte soll eine Zahl von vorn nach hinten vermittelt und vom letzten Kind der Gruppe aufgeschrieben (oder angesagt) werden. Nur dem vorn sitzenden Kind wird die Zahl gezeigt (Finger oder Zahlenkarte). Zweistellige Zahlen werden durch Kontakte mit der linken Hand (Zehner) und rechten Hand (Einer) vermittelt. Günstig ist es, wenn alle Kinder, bis auf die ersten jeder Reihe, ihre Augen schließen. Mit der kurz gezeigten Zahl ist der gleichzeitige Beginn des Spiels für alle Gruppen gegeben. Über den Druck auf die Schultern kann die Information auch von hinten nach vorn vermittelt werden. Das Aufschreiben der Zahlen sichert den Vergleich.

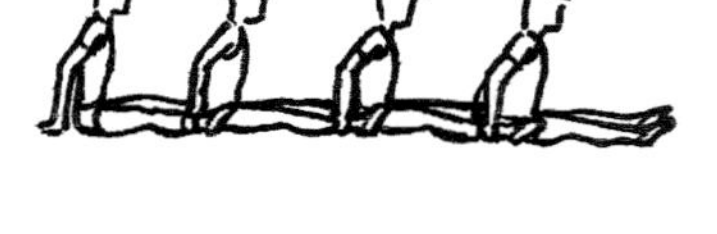

- **Auf den Rücken malen****: Circa 5 Kinder sitzen hintereinander auf dem Boden oder auf einer Turnbank. Das letzte Kind der Gruppe erhält eine für alle Gruppen gleiche Vorgabe (z. B. ein Viereck, Dreieck, Kreis mit Kreuz, Sonne, Rakete, Auto, Fahrrad). Nun wird das Bild von Kind zu Kind nach vorne weitergegeben, indem es auf den Rü-

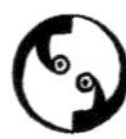

cken des nächsten Kindes gemalt wird. Das erste Kind malt das von ihm Wahrgenommene auf ein Papier auf. In der Regel werden sehr unterschiedliche Ergebnisse sichtbar, die man humorvoll werten und als Aufforderung für genaues Wahrnehmen nutzen kann. Es können auch Begriffe geschrieben werden, z. B. BIO, SPORT, NOTEN, FERIEN.

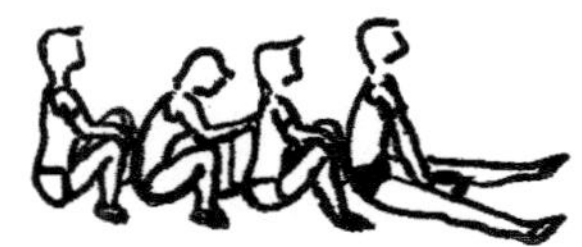

- **Waldspaziergang****: Sie schildern einen Waldspaziergang und das Gesagte wird durch typische Bewegungs- und Druckkontakte auf den Rücken eines in Bauchlage liegenden Kindes übertragen. Alle Kinder beobachten die Handlungen der Lehrkraft und „massieren" ihr Partnerkind in vergleichbarer Art. Zum Beispiel: Vögel hüpfen über die Lichtung; ein Fuchs schleicht vorbei; danach eine dicke Schlange; eine Affenherde überquert schnell die Lichtung; ganz gemütlich bewegt sich eine Elefantenhorde; es kommt Wind auf; die ersten Regentropfen fallen; dann prasselt der Regen; die Sonne scheint (Wärme durch die Handflächen). Nach dem gleichen Prinzip kann man eine Pizza** backen.
- **Hände zuordnen***: Ein Kind ertastet ausgiebig die Hände von 3 bis 4 Gruppenmitgliedern. Dann schließt es die Augen und die Kinder wechseln ihre Positionen. Nur durch Tasten der Hände sollen die Kinder (Namen) bzw. deren ursprünglicher Standort erkannt werden. Schwieriger wird die Aufgabe, wenn das tastende Kind bereits zu Beginn die Augen schließt**. Zwei Gruppen sollten gleichzeitig spielen.
- **Der Größe nach****: Ohne optische Kontrolle und ohne zu sprechen, nur durch den Tastsinn, hat sich die Hälfte der Klasse oder Mädchen und Jungen in einer Reihe bzw. Linie der Größe nach zu ordnen.
- **Blinde Schlange****: Etwa 6 Kinder bilden eine Reihe (Schlange). Die Hände sind auf die Schultern der davor befindlichen Person gelegt. Bis auf das letzte Kind der Reihe schließen alle die Augen. Dieses Kind soll die blinde Schlange nur durch Druck auf die Schultern zu einem Ziel führen. Der Druck gibt die Bewegungsrichtung (links oder rechts) vor. Nachdem die blinde Schlange sich in Bewegung gesetzt hat, ist ein vom Kopf der Schlange zu erreichendes Ziel vorzugeben, z. B. eine Bodenmarkierung, eine Fliese oder die Lehrkraft. Zur Freude der zuschauenden Kinder ändert die Schlange oft nah am Ziel ihren richtigen Weg. Das Reagieren auf den Druck sollte vorher geübt werden. Ein faires Verhalten ist anzumahnen, d. h. nur das letzte Kind der Reihe darf sich sehend orientieren.

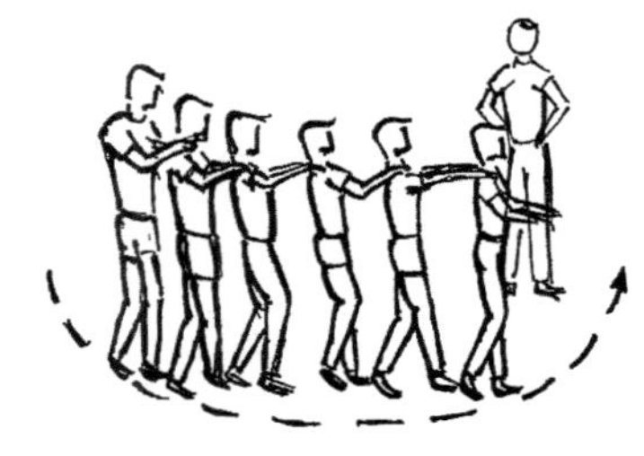

5 Körperwahrnehmung & Körperorientierung

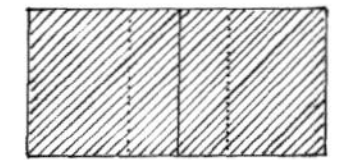

Grundgedanke:
Die körperliche Räumlichkeit, einschließlich Körperspannung und -haltung, wird durch kinästhetische, taktile und visuelle Sinneswahrnehmungen bewusst erfahren.

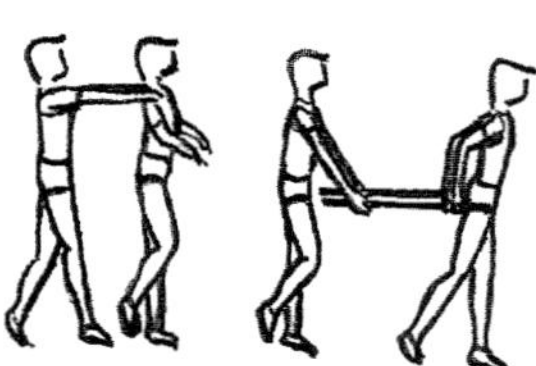

- **Blindenführung***: Ein sehendes Kind ist vorn und führt das „blinde" Kind durch den Raum. Dieses hat die Hände auf die Schultern des sehenden Kindes gelegt oder ist durch Geräte mit ihm verbunden (Gymnastikstäbe, Keulen, Springseil, Reifen). Das „blinde" Kind bestimmt das Tempo (Gehen bis Traben). Noch mehr Verantwortung hat das sehende Kind, wenn das „blinde" sich vor ihm bewegt**.
- **Blindes Modellieren***: Ein blindes Kind ertastet die relativ einfache Position seines Teammitglieds und versucht, mit seinem Körper die gleiche Position einzunehmen. Gleichzeitig sollten mehrere Paare aktiv sein. In einer 3er-Gruppe fertigt das blinde Kind eine Kopie des Modells an**. Dabei kann es auch Hinweise zur Haltungsänderung an die Kopie geben. Damit es wiederholt Modell und Kopie vergleichen kann, sind sie neben- oder hintereinander zu platzieren.

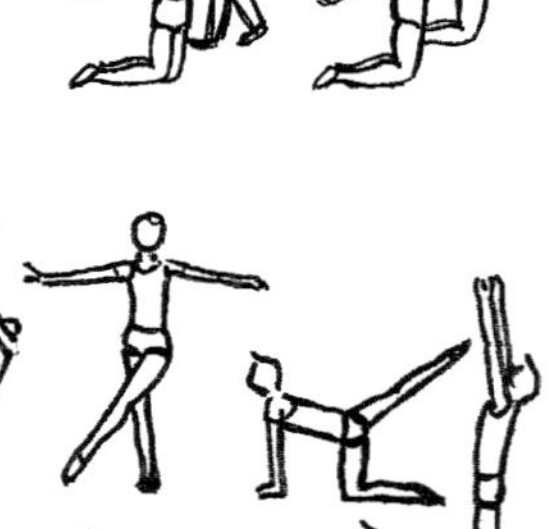

- **Schaufensterpuppe gestalten***: Die Kinder stehen im doppelten Innenstirnkreis. Die innen stehenden Kinder sind die Schaufensterpuppen, die außen stehenden stellen ihre Puppen in eine Position, die beizubehalten ist (Körperspannung) und erst vom nächsten Kind verändert wird. Nach ca. 10 Sek. wechseln die außen stehenden Kinder nach Ihrer Aufforderung nach links zur nächsten Puppe. Die Puppen sind in der Regel so zu stellen, dass sie die Positionen der anderen Kinderpuppen sehen können.
- **Quak***: Zwei Drittel der Kinder bilden das Gehege mit einem Innenstirnkreis. Die Kinder im Kreis sind die Quaks. Sie umfassen mit den Händen ihre Knöchel bzw. Unterschenkel, schließen die Augen und versuchen nur rückwärts und stets quakend das Gehege zu verlassen. Eine ca. 1 m breite offene Stelle im Gehege wird nach Spielbeginn freigegeben. Kommt ein Quak den im Kreis stehenden Kindern zu nah, wird er sacht am Verlassen des Geheges gehindert. Hat ein Quak das Gehege durch die offene Stelle verlassen, darf er die Augen öffnen und seinen Teammitgliedern durch Quaken helfen, den Ausgang zu finden.

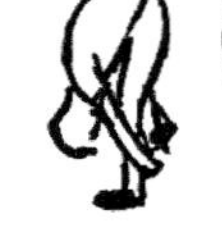

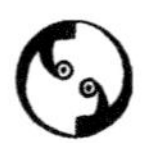

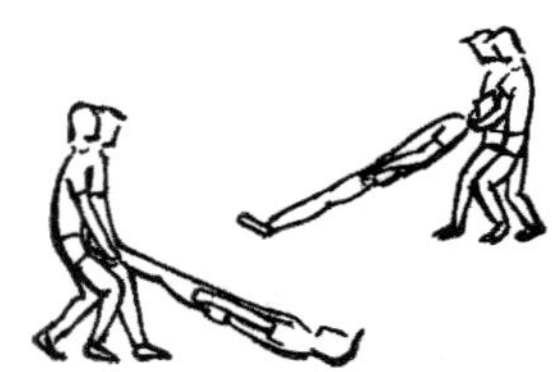

- **Baumstamm/Brett****: Ein Kind liegt mit gestrecktem und angespanntem Körper in Rückenlage, seine Arme sind am Körper angelegt. Es wird durch 2 Teammitglieder an den Füßen angehoben, kurz gehalten und wieder abgelegt. Das Anheben kann auch am Oberkörper mit Griff unter den Achseln erfolgen*. Sie sollten auf ein rückengerechtes Anheben mit gebeugten Knien und geradem Rücken achten.

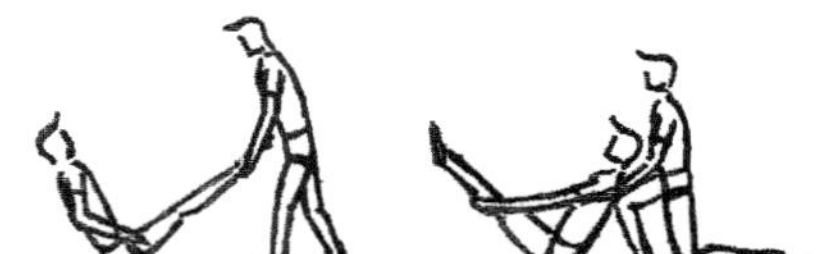

- **Rechter Winkel**: Der im Strecksitz vorhandene Winkel von 90 Grad ist stets zu behalten, auch wenn das Kind durch Teammitglieder an den Füßen* oder an den Schultern** bewegt wird. Zur Erleichterung können die Hände seitlich an den Oberschenkeln die Winkelposition stabilisieren.

6 Selbstfinden – Selbstdarstellen

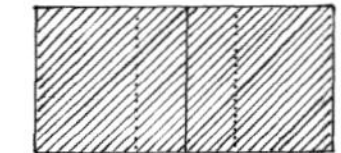

Grundgedanke:
Durch Körpersprache (Mimik, Gestik, Haltung) werden Stimmungen und Gefühle sichtbar. Der Umgang mit diesem bewegungsbezogenen Ausdruck der Emotionalität ist im Spiel gut zu vermitteln. Das Spielerische und das gemeinsame Handeln erleichtern oft das Selbstfinden und Selbstdarstellen.
Die Kinder sollten immer ausreichend Zeit zum Darstellen bekommen. Das Selbstdarstellen steht im Vordergrund und nicht das schnelle Erraten des Dargestellten. Deshalb ist der Drang der Kinder zum schnellen Erraten von Ihnen zu bremsen. Erst nach ca. 10 Sek. soll das Gespielte nach Aufforderung durch die Lehrkraft erraten werden.

- **Situationen im Alltag***: Durch Körpersprache sind Situationen und Stimmungen auszudrücken. Die Kinder sitzen im Halbkreis. Jeweils 2 Kinder erhalten einen Zettel (Los) mit der gleichen Aufgabe. Jedes Kind spielt aber für sich. Beispiele: Zähne putzen, Spielen im Sandkasten, Blumen gießen, Turm aus Legosteinen bauen, Einkaufen, gemütliches Wandern, Aufwachen nach bösem Traum, Angst haben, sich freuen. Das gleichzeitige Auftreten von 2 Kindern soll mögliche Hemmungen mindern und das Selbstdarstellen erleichtern. Ein Vergleich des Dargestellten ist nicht zu thematisieren. Das Erraten des Gespielten sollte nach einem Zeichen von Ihnen erfolgen. Anschließend können die Kinder aufgefordert werden, auch eigene Ideen einzubringen, z. B. als Fan bei einem Fußballspiel, auf dem Weg zur Schule (Fahren in der Straßenbahn; bei Kälte auf den Bus warten), Situationen aus dem Schulalltag.
- **Gegensätzliche Stimmungen***: Entsprechend der Vorgaben stellen 2 Kinder gegensätzliche Stimmungen bzw. Verhaltensweisen dar. Die Kinder sprechen sich ab und legen ihre Rollen fest. Beispiele: ruhig – wütend, lieb – böse, besonnen – hektisch, zufrieden – unzufrieden, heiter – traurig, munter – müde, wissend – unwissend.
- **Gruppenauftritt****: 4 bis 6 Kinder tauschen sich über das aus, was sie darstellen wollen. Dabei können Sportgeräte und Materialien wirkungsvolle Hilfen sein. Beispiele: Familieneinkauf (mit Ballwagen und Kleingeräten), im Wartezimmer der Praxis, Szenen aus einem Märchen, Film oder dem Fernsehen, Mensch-ärger-dich-nicht oder Karten spielen.
- **Ich mache so ...**: Alle Kinder stehen im Innenstirnkreis. Nach der Reihe bietet jedes Kind eine einfache Körperübung an und alle machen mit – auch Sie als Lehrkraft. Das Kind kann dazu seinen Vornamen nennen, alle anderen sprechen den Namen nach „Du heißt ... und machst so“ und machen die Übung mit. Eine Wertung der Körperübungen ist nicht angebracht. Verweisen Sie aber auf eine für alle Kinder lösbare Aufgabe und darauf, möglichst keine Körperübung zu wiederholen. Falls Kinder beim Angebot einer Übung Probleme haben, sind Anregungen zu geben. Sie sollten beginnen. Jede Körperübung ist ca. 5- bis 8-mal auszuführen. (Kl. 3/4)

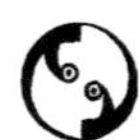

- **Ich mag gern ... und mag nicht gern ...**: Angenehmes und weniger Angenehmes aus dem Lebensalltag soll durch Körpersprache dargestellt werden. Einerseits wird zum Ausdruck gebracht, was man gern macht (z. B. Hobbys, Lieblingstätigkeiten), und andererseits, was man nicht gern macht (z. B. bestimmte Pflichten, Aufgaben, Lernfächer). Beispiel: „Ich mag gern malen." Das Malen eines Bildes wird über ca. 5 Sekunden imitiert und ist von den anderen Kindern zu erraten. Dann setzt das Kind fort und imitiert das morgendliche Verhalten für „Ich mag nicht gern morgens aufstehen." Auch hierfür sollte das Kind ca. 5 Sekunden Zeit zum Darstellen bekommen. Mögliche Lösungen sollten erst angesagt werden, wenn Sie dazu auffordern. Unter Umständen erfahren auch Sie etwas Neues über Ihre Schulkinder. Dieses Spiel kann auch mit dem Nennen des Namens verbunden werden.

Fitnessübungen im Team Kl. 2–4

Fitnessübungen für Zweierteams und Gruppen gehören zu den Bewegungsspielen, die in besonderer Weise den Zusammenhang von Mit- und Gegeneinander erleben lassen. Durch Absprachen und im Einvernehmen mit dem anderen Kind erhalten viele Übungen ihren Reiz, wird die Anstrengung oft weniger bewusst und eine hohe Übungsintensität erreicht. Das Eingehen auf die Möglichkeiten des Teammitglieds regt zur Kommunikation an und fördert das soziale Verhalten. Durch den unmittelbaren Kontakt spielt die Körperwahrnehmung eine große Rolle. Vorrangig werden Anforderungen an die Reaktions-, Gleichgewichts- und Kraftfähigkeit gestellt. Die Kraft- und Gewandtheitsspiele sind besonders fitnesswirksam, wenn die Übungszeit durch verschiedene Wettbewerbsformen genutzt wird.

Die Zweierteams sollten sich selbst finden, weil damit eine gute Grundlage für ein harmonisches Mit- und Gegeneinander gegeben ist. Unter dieser Bedingung stellen sich die Kinder gut auf mögliche Unterschiede im Leistungsvermögen und in den körperlichen Voraussetzungen ein. Wählen Sie Aufstellungsformen, bei denen Sie alle Paare beobachten können (großer Kreis oder Viereck). Sie erklären und demonstrieren die Übung und geben Empfehlungen zur Ausführung. Ziel ist nicht der schnelle Erfolg gegenüber dem Teammitglied, sondern ein möglichst langes und ausgeglichenes Miteinander, damit Belastungsreize wirksam werden. Bei vielen Übungen stehen den Kindern Freiräume zur Verfügung, indem sie den Schwierigkeitsgrad ihren Voraussetzungen anpassen bzw. Übungen mit der stärkeren Seite bzw. beidseitig ausführen können. Bei einigen Übungen bietet sich an, dass ein Paar aktiv und ein zweites helfend tätig ist. Die Positionen der Kinder bzw. Gruppen sind den Abbildungen zu entnehmen.

Verzeichnis der Spiele mit Anwendungsbereichen

x = hohe Bedeutung o = mittlere Bedeutung

Name des Spiels	**Nr. des Spiels**	**Reaktion**	**Orientierung**	**Differenzierung**	**Gleichgewicht**	**Schnelligkeit**	**Ausdauer**	**Kraft**	**Beweglichkeit**	**Fertigkeiten**	**Taktik**	**Miteinander**	**Fairness**
Sei schnell und geschickt!	**1**	x	x	x	o			o	o		x	x	x
Gemeinsam zum Erfolg!	**2**	o	o	x	x			x	o		o	x	x
Bleib im Gleichgewicht!	**3**	x	x	x	x	x		o	o		o	x	x
Zeige deine Kraft und Ausdauer!	**4**		o	x	x		o	x			o	x	x
Übungen mit Geräten	**5**	x	x	x	x		o	x	o	o	o	x	x
Gruppenübungen	**6**	x	x	x	x		x	x	o	o	o	x	x

1 Sei schnell und geschickt!

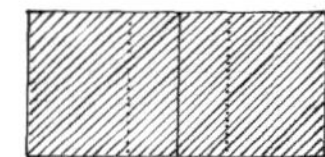

Grundgedanke:
Die Reaktionsfähigkeit wird bei diesen Übungen besonders trainiert.

Zur Einführung jeder Übung sollten Sie die Aufgabe mit einem Kind mehrmals demonstrieren, langsam und schnell. Die Teammitglieder sollten nach ca. 5 Versuchen ihre Aufgaben wechseln.

- **Schlag auf die Hände***: Die Kinder stehen sich in geringem Abstand gegenüber, die Unterarme sind in Vorhalte. Die Handflächen bzw. Finger berühren sich leicht, die Daumen sind an den Händen angelegt. Das Kind, dessen Hände sich unten befinden, versucht durch schnelles Drehen der Hände auf die Handrücken des anderen zu schlagen. Dieses zieht seine Hände weg, um dem Schlag auszuweichen.

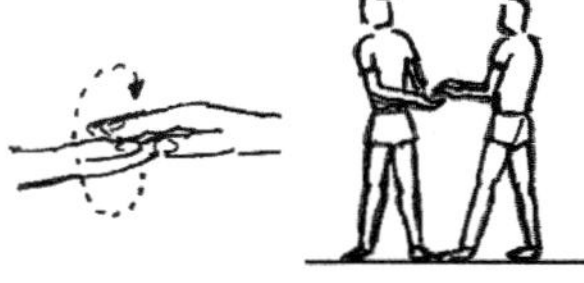

- **Fangen der Hände***: Ein Kind bildet mit leicht gebeugten und kleiner als schulterbreit gehaltenen Armen eine „Handgasse“. Durch diese Gasse führt das zweite Kind schnell eine oder beide Hände. Mittels Handklatsch ist die Hand (bzw. sind die Hände) zu fangen. Die Handgasse kann senkrecht oder waagerecht angeboten werden. Die Daumen sind angelegt.
- **Fang den Gegenstand***: Ein Kind hält in den Händen der in Vorhalte gestreckten Arme einen kleinen Gegenstand (Kooshball, Sandsäckchen). Das zweite Kind steht in Grundstellung mit an den Oberschenkeln angelegten Händen. Der plötzlich fallen gelassene Gegenstand soll durch Handklatsch gefangen werden.

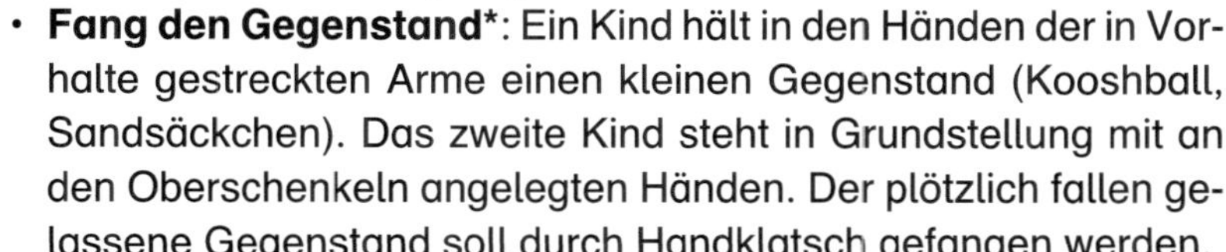

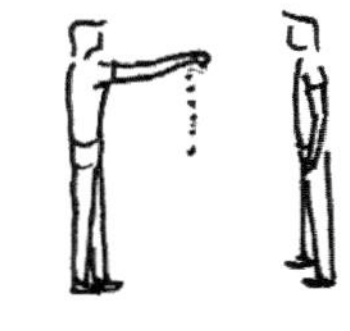

- **Halte den Gegenstand***: Auf der geöffneten Hand des leicht gebeugten Armes eines Kindes liegt ein kleiner Gegenstand (Kooshball, Sandsäckchen, Jonglierball). Das zweite Kind versucht, diesen Gegenstand aus der geöffneten Hand zu schlagen. Dazu hält es seine Hand ca. 20 cm darunter und bewegt sie plötzlich nach oben. Durch schnelles Schließen der Hand ist der Verlust des Gegenstandes zu vermeiden.

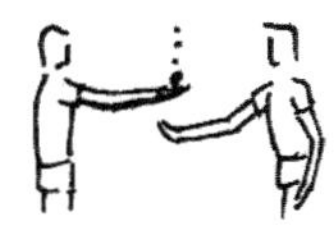

- **Ballstoßen****: Ein Kind liegt auf dem Rücken, die Fußsohlen der gebeugten Beine zeigen zum anderen. Dieses wirft aus ca. 2 m Entfernung einen Softball so zu, dass das liegende Kind den Ball mit aktivem Beinstrecken zurückspielt.

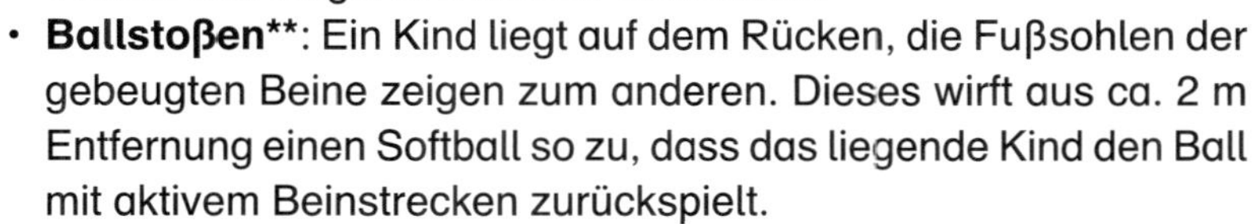

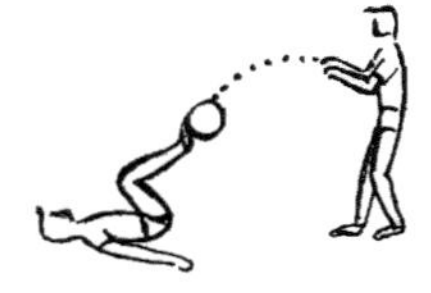

- **Ballrollen****: In Rückenlage bilden die angehobenen Unterschenkel eine Schräge, auf der der Ball von den Knien bis zu den Fußristen wiederholt zu rollen ist. Das zweite Kind sichert die Lage des Balls.

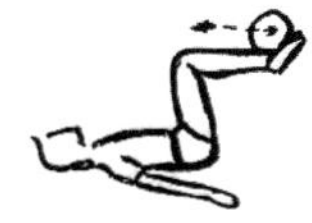

2 Gemeinsam zum Erfolg!

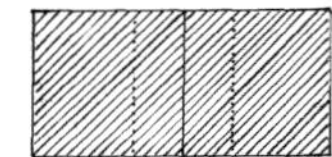

Grundgedanke:
Bei den Übungen mit Druck und Gegendruck ist das Ziel, dem möglichst stetig ansteigenden Druck des Gegenübers lange standzuhalten. Besonders die Körperspannung wird erlebt und der Zusammenhang von Mit- und Gegeneinander, nach dem Prinzip: „Ohne Miteinander kein Gegeneinander!".

- **Druck und Gegendruck***: Die Kinder stehen sich im leichten Grätschstand mit angewinkelten Armen und Kontakt der Unterarme gegenüber oder sie haben ihre gestreckten Arme in Vortiefhalte, ohne oder mit Umfassen der Handgelenke. In dieser Position drückt das Kind, dessen Arme sich außen befinden (mit leicht federndem Druck) nach innen. Das zweite Kind setzt diesem Druck Widerstand entgegen (auch Druck von innen nach außen).
- Die Kinder sitzen sich im **Streck- bzw. leichten Grätschsitz** gegenüber. Ein Kind hat seine Füße innen am Knöchel der leicht geöffneten Beine des anderen angelegt. Die Hände stabilisieren den Sitz hinter dem Körper. Das eine Kind drückt seine Beine nach außen, das andere nach innen*.

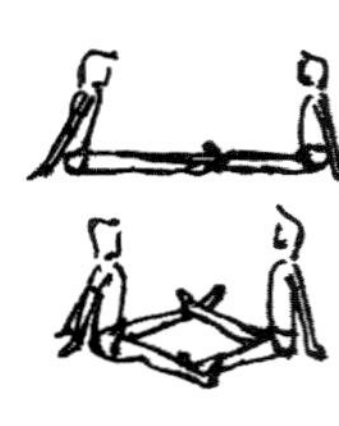

- Die Kinder sitzen sich im **Winkelsitz*** gegenüber, mit Armstütz hinter dem Rücken. Ein Kind hat die Füße zwischen den leicht gegrätschten Beinen des anderen bzw. die Unterschenkel der gestreckten und geschlossenen Beine sind an den Unterschenkeln des anderen angelegt. Durch Druck sollen die gestreckten Beine bewegt werden. Mit gestreckten und geschlossenen Beinen „Beinkreisen", ohne dass die Füße zusammenstoßen**.

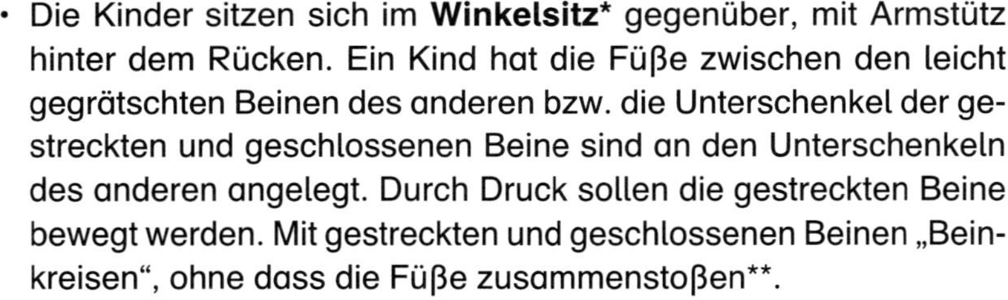

- **V-Balance****: Die Kinder stehen mit ihren Füßen eng beieinander und halten sich an den Händen. Bei gestreckter und gespannter Körperhaltung sind die Arme völlig zu strecken. In dieser V-Position verharren und wieder die Ausgangsposition einnehmen bzw. in der V-Position die Hüfte beugen oder in den Hockstand senken. Auch aus dem Seitverhalten (Schulter an Schulter) oder rücklings (Rücken an Rücken) die V-Position einnehmen.

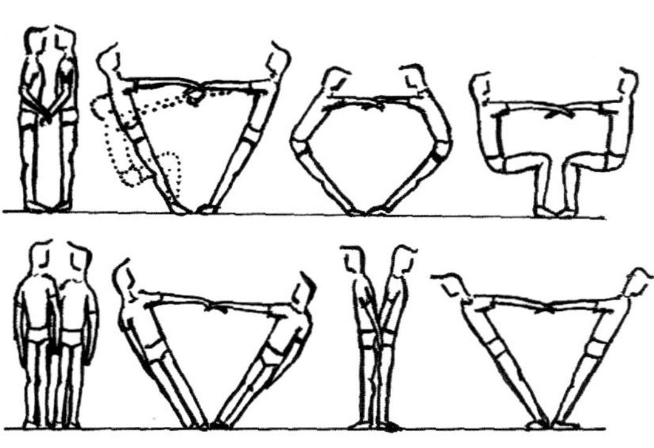

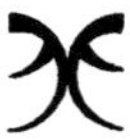

- **Fahrstuhl****: 2 Kinder stehen Rücken an Rücken mit eingehakten Armen oder die Arme liegen am Körper an. Bei geradem Rücken soll durch kleine Schritte vorwärts eine Kniebeugeposition von 90 Grad erreicht, kurz gehalten und wieder der Stand eingenommen werden.

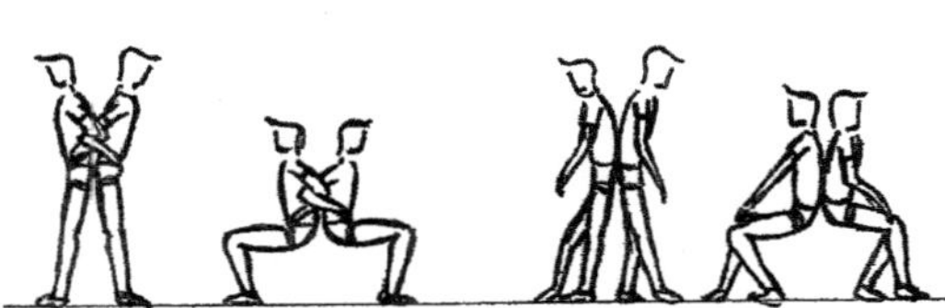

- **Waage****: Im Stand mit Handfassen berühren sich die Fußspitzen. Bei stets gestreckten Armen beider Kinder geht ein Kind in die Kniebeuge, das andere hält das Gleichgewicht durch Rückverlagern seines gestreckten Körpers. Die Kinder wechseln mehrmals und möglichst flüssig ihre Positionen.

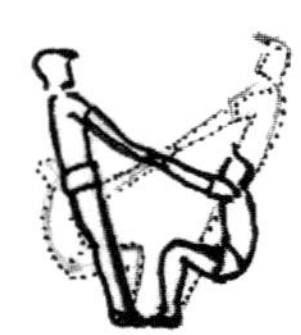

- **Beinstrecken****: Im Hocksitz mit Handfassen werden die Fußsohlen aneinandergestellt. In dieser Position gemeinsames Vorhochstrecken der gegeneinander gestemmten Beine oder eines Beines oder wechselseitiges Vorhochstrecken eines Beines.

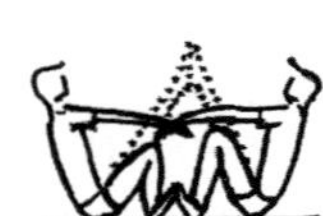

3 Bleib im Gleichgewicht!

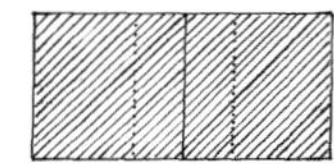

Grundgedanke:
Die Gleichgewichts- und Reaktionsfähigkeit der Kinder wird geschult, indem sie die Balance halten sollen trotz Ziehen, Schieben, Stoßen oder Drücken des Teammitglieds.

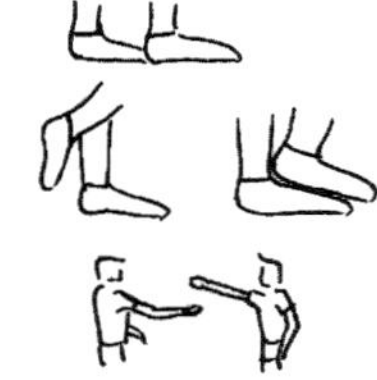

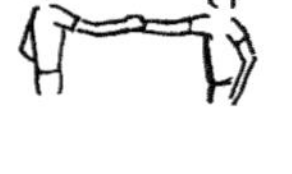

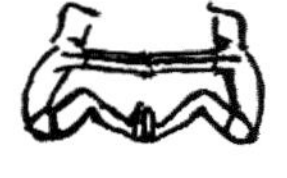

- **Linienkampf**: Die Kinder stehen sich möglichst auf einer Linie gegenüber. Ihre Füße sind hintereinander aufgesetzt oder sie stehen auf einem Bein. Jeweils die gleiche Hand dient als Schlaghand. Mit leicht gebeugten Armen wird auf die Hände des anderen Kindes geschlagen bzw. dessen Schlägen ausgewichen. Ziel ist es, das Gegenüber aus dem Gleichgewicht zu bringen, indem es die Linie verlassen muss bzw. seinen Stand auf beide Füße verlagert.
- **Ziehen im Hocksitz***: Im Hocksitz werden die Füße der geschlossenen Beine der beiden Kinder gegeneinandergestellt. Die Kinder fassen sich an den Händen und ziehen ihr Gegenüber zu sich. Das Gesäß des Kindes soll den Kontakt mit dem Boden verlieren.

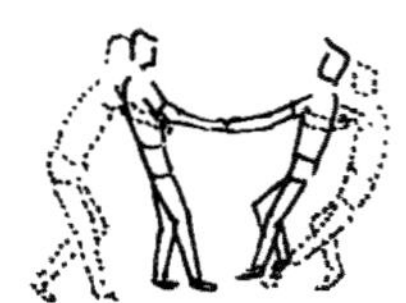

- **Ziehen in Schrittstellung**: Die Kinder stehen sich in Schrittstellung an einer Linie oder kleinen Gasse gegenüber. Sie erfassen die gleiche Hand oder beide Hände des anderen Kindes. Durch Zugbewegungen soll das Gegenüber zur Aufgabe seines Standes bzw. zum Überschreiten der Linie/Gasse gezwungen werden. Die Übung ist auch mit einem zusätzlichen Kind möglich, indem dieses den Oberkörper des ziehenden Kindes umfasst.

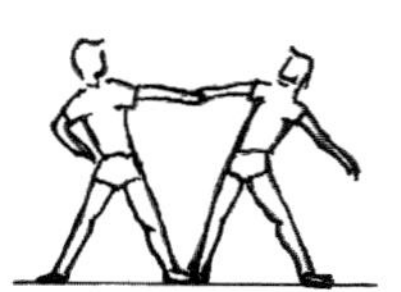

- **Ziehen im Seitgrätschstand**: Die Kinder stehen mit Einhandfassung im Seitgrätschstand mit dem gleichen Fuß zueinander. Jedes Kind versucht, so zu ziehen, dass das andere Kind sein hinteres Bein vom Boden lösen muss.

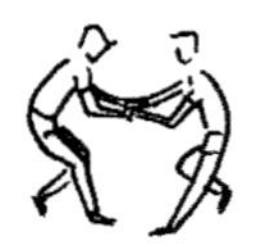

- **Ziehen auf einem Bein***: Die Kinder stehen sich auf einem Bein gegenüber und fassen sich an den Händen. Durch Zug- und Druckbewegungen in alle Richtungen wird versucht, das Gegenüber auf beide Beine zu zwingen.

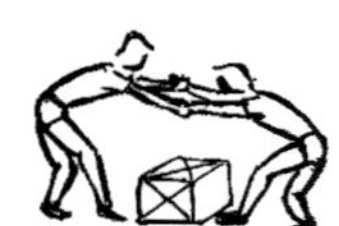

- **Verbotene Zone****: Die Kinder stehen sich mit Handfassung gegenüber. Zwischen ihnen befindet sich eine verbotene Zone oder ein Hindernis. Das andere Kind soll so gezogen und geschoben werden, dass es sein Gleichgewicht verliert und die verbotene Zone (Kreidekreis, Fliesen) betreten muss bzw. das Hindernis (Schaumstoffteile/Kartons) berührt. „Verbotene Zone“ ist auch als Gruppe mit 4 bis 8 Kindern zu spielen.

- **Unruhe****: Circa 6 bis 8 Kinder bilden einen engen Kreis. In der Kreismitte steht ein Kind mit Körperspannung in Grundstellung. Dieses Kind bringt sich bei Erhalt der Körperspannung und mit geschlossenen Augen immer selbst aus dem Gleichgewicht. Die Teammitglieder im Kreis sichern und führen das Kind nach erkennbarem Gleichgewichtsverlust behutsam wieder in die Ausgangs-/Grundstellung. Eine aktive Pendelbewegung sollte vermieden werden.

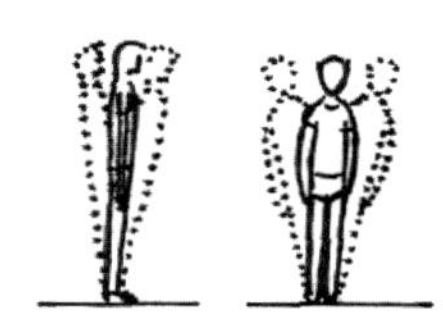

- **Ohne Abgang****: 2 Turnbänke werden zu einer V-Form angeordnet, an der schmalen Stelle mit ca. 2 m und an der weiten Stelle mit ca. 3 m Abstand. Beginnend an der schmalen Seite spielen sich jeweils 2 Kinder, auf den Bänken stehend, einen Ball zu. Jedes erfolgreiche Zuspiel wird mit einem Schritt auf der Bank belohnt. Ziel ist, das Ende der Bank zu erreichen. Beim Nichtfangen oder Verlassen der Bank muss das Paar neu beginnen (u. U. auch erst mit dem zweiten Fehler). Möglichst mehrere Stationen aufbauen. In der 3./4. Klasse sind 4 Bänke zur V-Form anzuordnen.

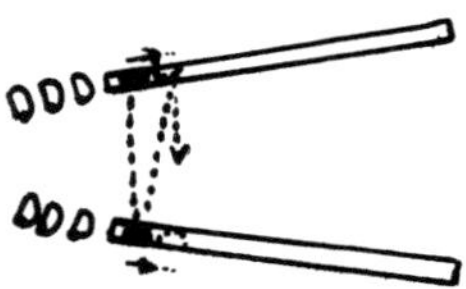

4 Zeige deine Kraft und Ausdauer!

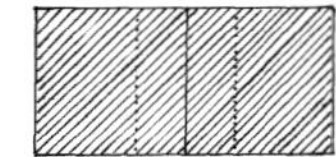

Grundgedanke:
Besonders bei den Übungen zu Kraft und Ausdauer geht es nicht um einen schnellen Erfolg, sondern ein möglichst langes und ausgeglichenes Miteinander, damit die Belastungsreize wirksam werden.

- **Rückenschieben***: 2 Kinder stehen Rücken an Rücken, Arme eingehakt. Durch Druck und mit kleinen Schritten ist das andere Kind über eine bestimmte Entfernung zu schieben. Das Schieben kann auch Brust an Brust erfolgen, wobei die Hände auf dem Rücken zu halten sind.
- **Schiebekampf***: Die Kinder stehen sich gegenüber, die Hände gegen die Schultern des anderen gestützt. Jedes Kind versucht, sein Gegenüber über eine Linie oder aus einer Gasse zu schieben.

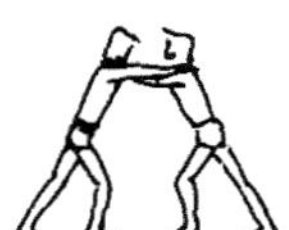

- **Seitwärts ziehen****: Die Kinder sitzen Rücken an Rücken im Grätschsitz mit eingehakten Armen. Durch Zug nach einer vorher festgelegten Seite (links oder rechts) soll die Schulter des anderen Kindes den Boden berühren.

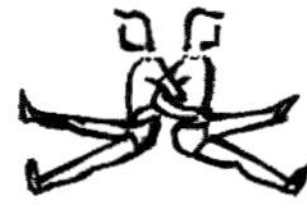

- **Schatz heben****: Die Kinder stehen sich in Schrittstellung gegenüber und erfassen eine Hand. Hinter jedem Kind wird in etwa 1,5 m Entfernung ein Gegenstand auf den Boden gelegt, der aufzuheben ist (Sandsäckchen, kleiner Markierungskegel).

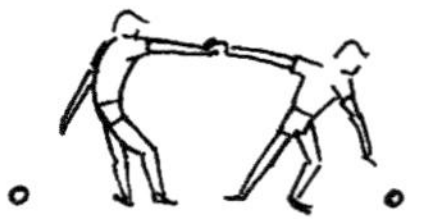

- **Ziehen im Viereck****: 4 Kinder erfassen mit einer Hand ein verknotetes (möglichst weiches) Springseil und ziehen es zu einem Viereck straff. Auf ein Signal hin versucht jedes Kind, den in einem Abstand von ca. 1,5 m Entfernung hinter ihm aufgestellten Markierungskegel zu ergreifen oder umzustoßen. Es können auch nebeneinander stehende Kinder als Paare zusammen agieren.

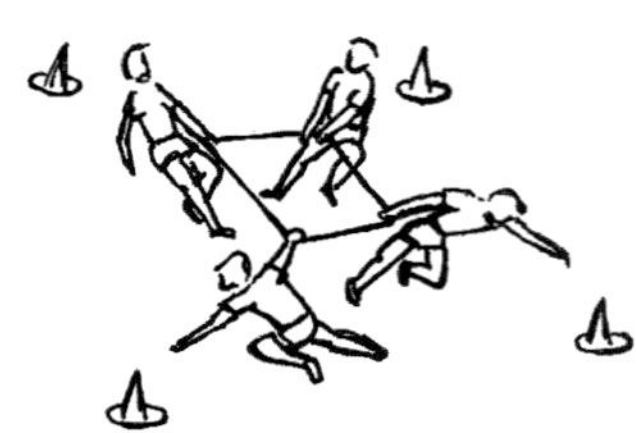

- **Wandsitzen***: Alle Kinder lehnen sich bei gebeugten Knien (90 Grad) mit ihrem gestreckten Rücken an eine Hallenwand. Die Hände können am Oberschenkel die Sitzposition unterstützen. Sind die Arme in Vorhalte, wird die Übung schwieriger**. Ziel ist ein maximal langes Verharren in der Sitzposition.

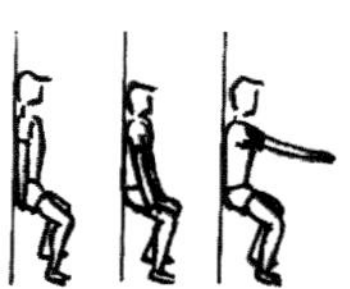

5 Übungen mit Geräten

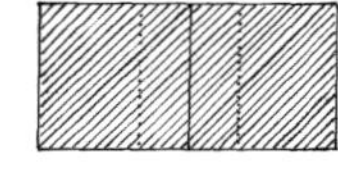

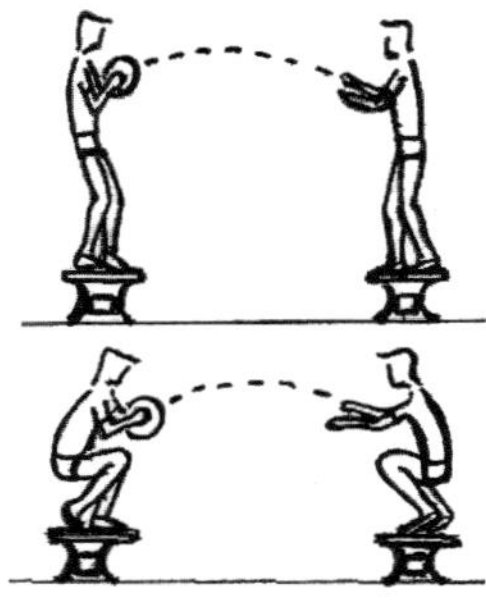

- **Ballwurf***: In einem Abstand von ca. 2 m stehen sich die Kinder auf einer Linie/Gasse oder auf Turnbänken**(3 Paare gleichzeitig) gegenüber. Mit Druckwurf wird ein Soft- oder Gymnastikball auf Brusthöhe zugespielt. Einleitend wird eine möglichst hohe Anzahl an Zuspielen angestrebt. Für sichere Paare ergibt sich ein Wettbewerb, indem sie ihre Wurfschärfe steigern und dadurch das Fangen erschweren. Das Gegenüber ist aus dem Gleichgewicht zu bringen, sodass es die Linie/Gasse oder die Turnbank verlassen muss. Auf faire Zuspiele ist zu achten. In der Hockstellung erfordert das Werfen und Fangen noch mehr Gleichgewicht**.

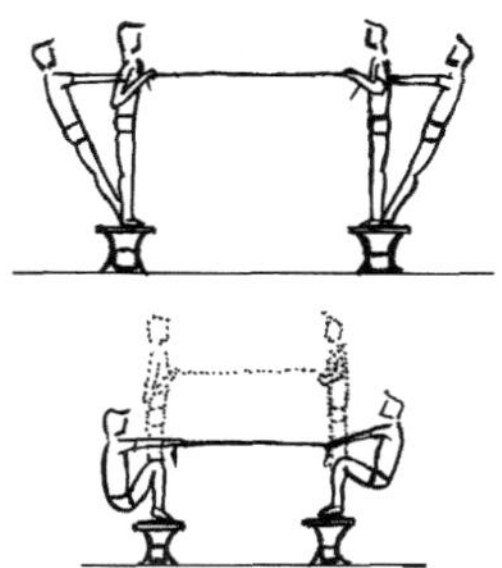

- **Gespanntes Seil***: Die Kinder stehen sich am Boden oder auf Turnbänken** in einem Abstand von ca. 2 m gegenüber. Ein Springseil wird nah am Körper mit gebeugten Armen straff gehalten, durch Strecken der Arme bei Erhalt der Körperspannung und des Gleichgewichts langsames Senken in eine Schräglage. Auch Kniebeugen beider oder eines Kindes bei straff gehaltenem Seil sind möglich.

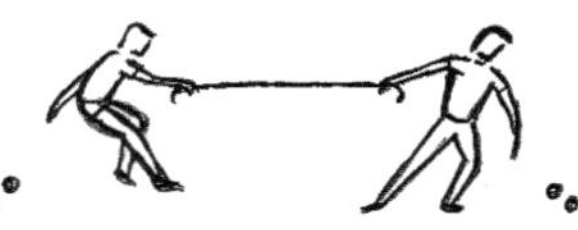

- **Schätze holen***: Beide Kinder fassen die Enden eines Springseiles (u. U. mit Schlaufen). Hinter ihnen liegen in ca. 1 m Entfernung 2 bis 3 Gegenstände (Sandsäckchen, Kooshbälle), die aufzuheben sind. Ein Loslassen des Seiles ist verboten.

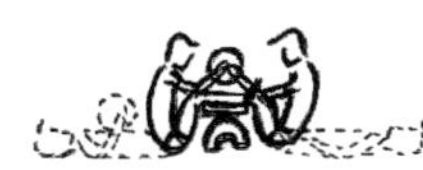

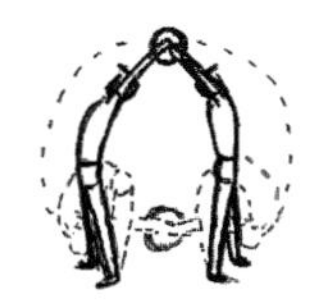

- **Ballwechsel***: Die Kinder liegen in Rückenlage auf einer Matte, die Unterschenkel sind auf einer Turnbank aufgelegt. Ein Kind hat einen Ball. Es folgt ein gleichzeitiges Rumpfheben beider Kinder und die Übergabe des Balles, anschließend wieder das Senken in die Rückenlage.
  Alternativ: Die Kinder stehen rücklings mit leicht gegrätschten Beinen im Abstand von ca. 30 cm zueinander. Ein Ball wird mit gestreckten Armen über dem Kopf und dann durch die gegrätschten Beine übergeben.

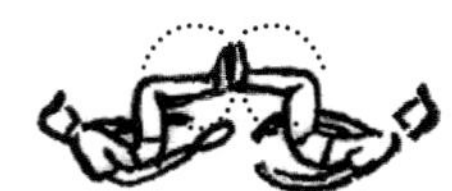

- **Seitenwechsel***: Die Kinder liegen in Rückenlage mit angewinkelten Beinen und aneinandergelegten Fußsohlen. Durch leichtes Anheben der Oberkörper beider Kinder ist z. B. ein Tennisring oder eine Frisbeescheibe im Achterkreisen durch die Beinbrücke zu übergeben.

- **Fallobst**: Ein Kind liegt in Rückenlage mit den Armen in Hochhalte auf einer Matte. Das zweite Kind steht und hält einen Gegenstand (Tuch, Softball, Kooshball) über den Oberkörper des liegenden Kindes. Diesen lässt es unvermittelt fallen. Durch schnelles Rollen seitwärts versucht das liegende Kind auszuweichen.

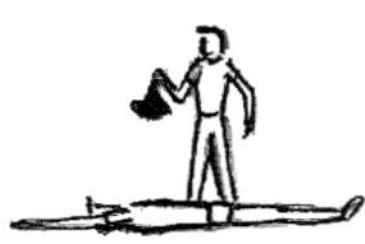

- **Dribbling****: Beide Kinder stehen mit einem Fuß in einem Reifen, auf einer Fliese oder in einer Gasse und sind mit einer Hand verbunden. Mit der freien Hand wird ein Ball geprellt oder ein Luftballon durch ständiges Antippen in der Luft gehalten. Zuerst erfolgt ein Miteinander. Die Kinder versuchen eine möglichst lange Spielzeit zu erreichen, indem kein Ball oder Luftballon verloren geht und der Reifen nicht verlassen wird. Im Gegeneinander wird durch Zug- und Druckbewegungen das Spiel des anderen Kindes gestört, damit sein Gerät oder sein Stand im Reifen verloren geht.

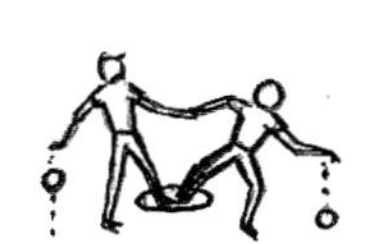

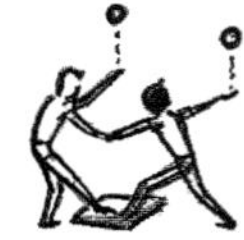

- **Stabwechsel****: Die Kinder stehen sich im Abstand von ca. 1 m gegenüber und stellen ihre Gymnastikstäbe senkrecht. Auf Absprache wechseln beide Kinder ihre Standorte und versuchen den anderen Stab zu ergreifen, bevor dieser den Boden berührt. Um sich nicht beim Wechsel zu behindern, ist der Stab von beiden Kindern mit der gleichen Hand (links) aufzustellen. Das Erkunden fehlerloser Wechsel bzw. eines möglichst großen Abstandes sind anzuregen. Besonders reizvoll ist das Agieren in Gruppen von 3 bis 6 Kindern. In Kreisaufstellung und mit dem Kommando „Fertig, ab!“ wird zum Stabwechsel aufgerufen. Als Stäbe können auch Unihockey-/Floorballschläger genutzt werden, die mit dem Schläger nach oben aufzustellen sind.

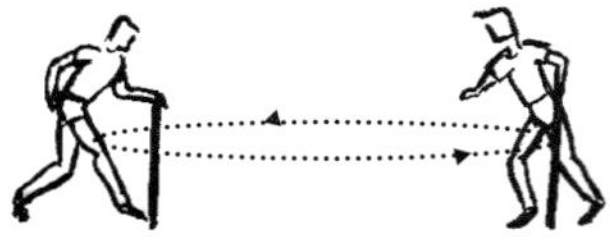

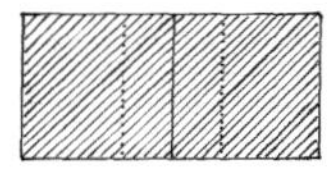

6 Gruppenübungen

- **Zopf flechten****: In Vierergruppen werden mit 3 möglichst farbig unterschiedlichen Springseilen Zöpfe geflochten. Ein Kind der Gruppe hält die Enden der Seile (können auch verknotet werden). Die 3 anderen Kinder bewegen sich mit möglichst straffem Seil und im steten Wechsel von außen zur Mitte, wobei die außen stehenden Kinder immer hinter das in der Mitte stehendende Kind treten. Ein möglichst straffer und gleichmäßiger Zopf ist zu flechten. Bei Wiederholungen ist auch auf Schnelligkeit Wert zu legen. Das Auflösen sollte möglichst fließend und rhythmisch erfolgen.

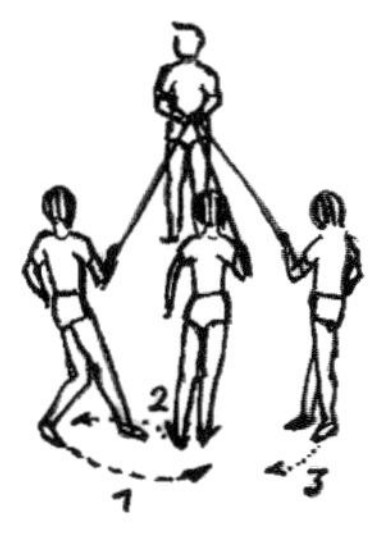

- **Hüpfender Kreis****: 8 bis 10 Kinder bilden mit seitlichem Abstand einen Innenstirnkreis. Sie oder ein Kind in der Kreismitte schwingen ein Springseil leicht über dem Boden, an dessen Ende ein Tennisring oder Sandsäckchen befestigt ist. Das kreisende Seil wird immer mehr verlängert, sodass die Kinder abspringen müssen, damit das Seil unter ihren Füßen kreisen kann. Zu Beginn des Spiels sind Unterbrechungen nicht zu ahnden. Erst nach einer angemessenen Spielzeit sind Unterbrechungen mit Minuspunkten zu versehen bzw. ist ein Ausscheiden zu vertreten. Das Kreisen des Seiles wird erleichtert, wenn die Spielleitung das Seil um den Körper von Hand zu Hand wandern lässt.

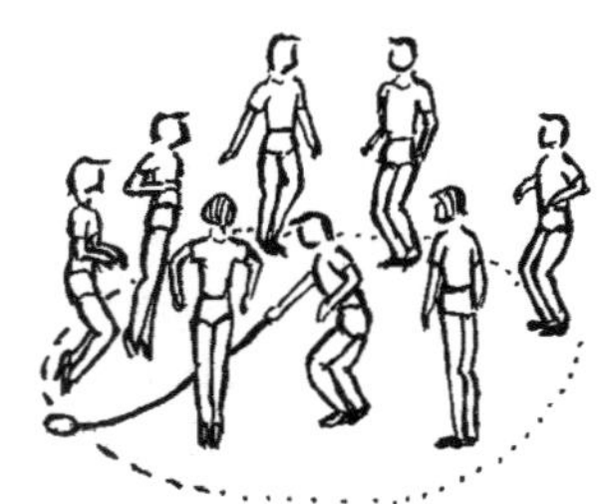

- **Seildurchlauf***: Ein langes Springseil (oder 2 verknotete) wird durch 2 Personen in Richtung der Kinder kreisend geschwungen. Als Impuls für den Lauf durch das kreisende Seil ist der Bodenkontakt des Seils zu nutzen. Es kann einzeln, paarweise oder zu dritt (mit oder ohne Handfassen) gelaufen werden.
- **Springen im kreisenden Seil****: Zum Einlaufen bietet sich der Stand neben einer das Seil drehenden Person an. Die Kinder laufen einzeln in das kreisende Seil, führen einen Hüpfer aus und laufen wieder hinaus bzw. springen mit nachfolgenden 2 bis 3 Kindern im Seil, bevor sie es verlassen. Eine Linie oder eine Markierung zwischen den Seildrehern ist als optische Orientierung für das Springen hilfreich. Der Einsatz von 2 Stationen bietet sich an.

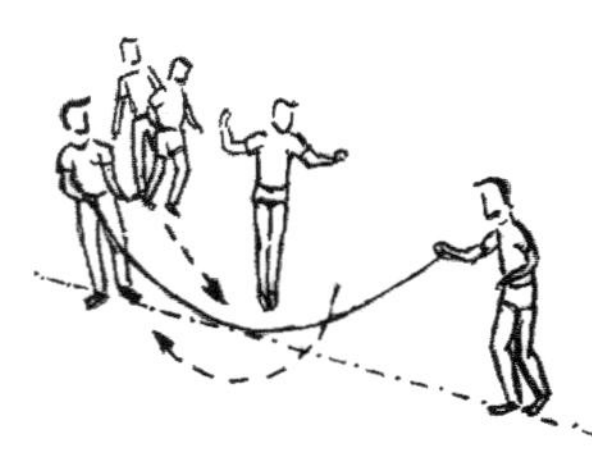

- **Gordischer Knoten****: 2 Kreise werden durch zwei Drittel der Klasse gebildet. Die Kinder dieser beiden Drittel sind jeweils durch Tennisringe oder Gymnastikreifen verbunden. Ohne dass der Griff an den Ringen/Reifen gelöst wird, bewegen sie sich durcheinander und „verknoten“ sich. Diese 2 Gordischen Knoten versuchen die Kinder des verbleibenden Drittels der Klasse

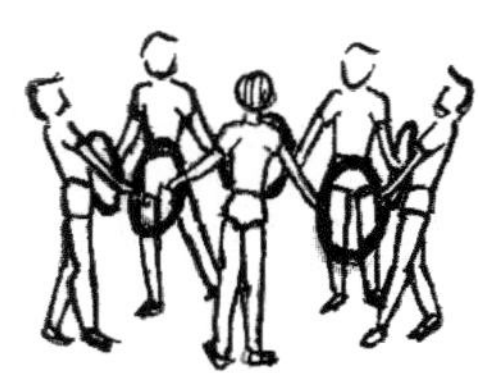

durch Anweisungen und aktive Bewegungsführung aufzulösen. Es können auch jeweils die Mädchen und Jungen Gordische Knoten bilden. 3 bis 4 Mädchen bzw. Jungen würden dann den Knoten des anderen Geschlechts auflösen.

- **Ball-Transport****: 4 Kinder sollen nur mithilfe ihrer Köpfe (Stirnfront) einen großen Soft- oder Volleyball aufheben, ihn ca. 8 m weit transportieren, zielgenau und weich ablegen, wieder aufnehmen und zum Ausgangsort zurückbringen. Ein fünftes Kind greift nur bei großen Problemen ein.

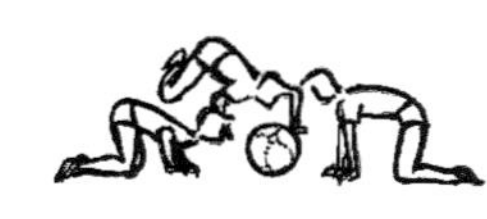

- **Wettwanderball****: Jede Gruppe steht auf ihrer Turnbank. Ein Ball wird von vorn nach hinten, über den Kopf oder durch die Beine übergeben. Das letzte Kind wechselt mit dem Ball nach vorn, die Kinder auf der Bank müssen nachrücken. Bei Ballverlust oder Verlassen der Bank wird an dieser Stelle das Spiel fortgesetzt. Das Spiel ist beendet, wenn alle wieder ihre Ausgangsposition eingenommen haben. Ohne Bank ist die Aufgabe wesentlich leichter.

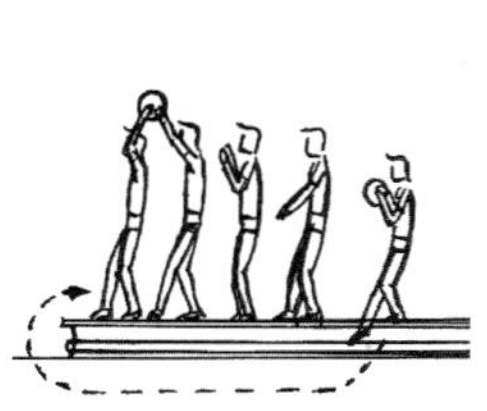

- **Ablöseball****: Jede Gruppe steht auf ihrer Turnbank, ein Kind vor der Gruppe (u. U. auf einem Turnhocker). Es wirft dem ersten Kind der Gruppe einen Ball zu, dieses wirft zurück und wechselt neben der Bank an das Ende der Gruppe. Die Kinder auf der Bank müssen sich stets nach vorn bewegen. Sobald das erste Kind den Ball zum zweiten Mal erhält, löst es das zuwerfende Kind ab, welches an das Ende der Gruppe geht. Zu Beginn ohne Bank spielen.

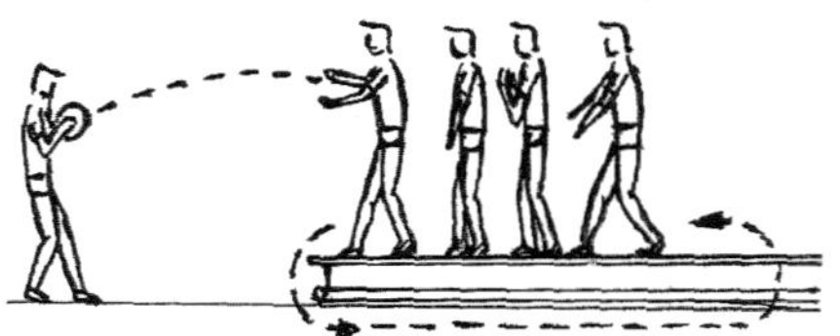

▶ Variante**: Nach dem Zurückspielen des Balles wird der Hockstand eingenommen. Das letzte Kind der Gruppe übernimmt das Zuwerfen und das bisher zuwerfende Kind nimmt die erste Position auf der Bank ein.

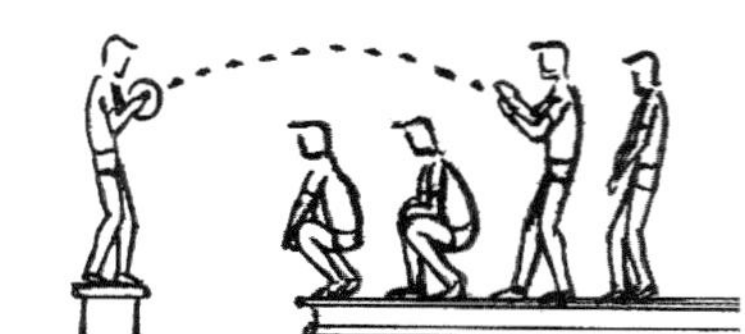

- **3er-Kreisfangen****: Drei Kinder bilden durch Handfassen eine Gruppe. Ein Kind davon ist die Bezugsperson. Ein viertes Kind bewegt sich außerhalb der Gruppe und versucht durch Finten und Umlaufen der Gruppe, die Bezugsperson am Rücken zu berühren. Die Kinder der 3er-Gruppe verhindern dies durch schnelle, blockierende Bewegungen. Bei konzentriertem Handeln ist eine Berührung kaum möglich. Das verblüfft und reizt zur Anstrengung. Spielzeit: ca. 1 Minute.

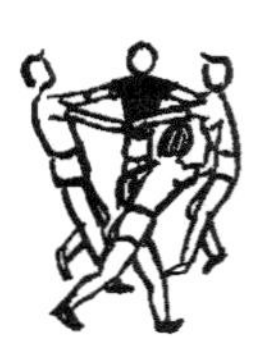

- **Hundehütte***: Die Kinder stehen im doppelten Innenstirnkreis. Auf ein Zeichen hin laufen die Kinder beider Kreise in entgegengesetzter Richtung. Das Laufen sollte durch Musikbegleitung unterstützt werden. Bei Musikunterbrechung nehmen die Kinder des inneren Kreises den Seitgrätschstand ein (die Hundehütten). Jedes Kind des äußeren Kreises muss sich eine Hütte suchen. Es bleiben so viele Kinder ohne Hütte, wie im äußeren Kreis mehr Kinder sind (1 bis 2). Mit dem Einsetzen der Musik laufen beide Kreise wieder.

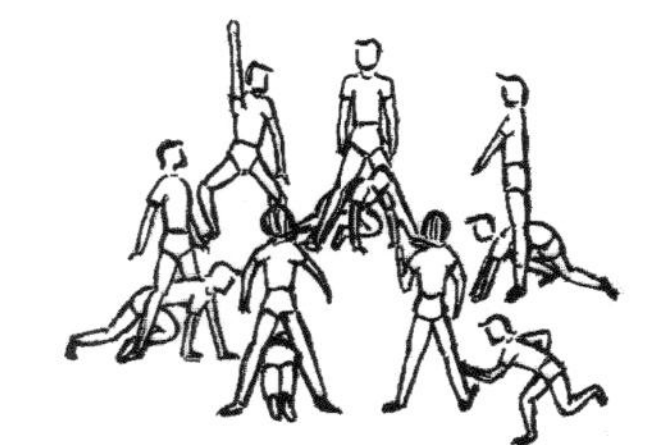

  ▶ Zur Einführung des Spiels sollten die Kinder des inneren Kreises nicht laufen, sie stehen im Seitgrätschstand und bilden die Hundehütten. Im Weiteren ist der zusätzliche Reiz und die höhere Bewegungsintensität durch das Laufen in beiden Kreisen zu nutzen. Es ist darauf zu achten, dass die Kreise im Verlauf des Spiels nicht zu klein werden. Eventuell Hallenmarkierungen nutzen, z. B. Basketballwurfkreis.

Kleine Spiele für den individuellen Wettbewerb

Es liegt im Wesen des Menschen, sein Können durch Leistungen bestätigen zu wollen. Aus pädagogischer Sicht spielt dabei der auf sich selbst bezogene Vergleich eine wichtige Rolle. Insbesondere im Wettstreit erfahren leistungsschwächere Kinder oft, was sie nicht bzw. nicht so gut wie andere können. Die Spielform „Wetten, dass?“ soll bewusst das Wetteifern mit sich selbst in den Vordergrund rücken. Der Vorteil besteht in der Orientierung auf eine individuelle Bezugsnorm und die Motivation liegt in der mit einem Risiko verbundenen Selbsteinschätzung. Die geforderte Festlegung auf einen von 3 Leistungsbereichen ist verbunden mit der Auseinandersetzung mit dem eigenen Anspruchsniveau. Jedes Kind spielt sozusagen mit und gegen sich selbst, z. T. beeinflusst durch die unmittelbaren Entscheidungen der anderen Kinder.

Anwendungsbereiche (x = hohe Bedeutung o = mittlere Bedeutung)

Reaktion	o	Differenzierung	x	Fertigkeiten	x	Miteinander	x
Orientierung	x	Gleichgewicht	o	Taktik	x	Fairness	x

Die ca. 8 bis 10 Stationen sind mit 3 Kindern zu besetzen, die sich über die Bewegungsaufgaben austauschen, sich gegenseitig helfen und bewerten sowie gemeinsam zur nächsten Station wechseln. Ein selbstständiger und unkomplizierter Wechsel zu „freien“ Stationen ist gegeben, wenn 2 bis 3 Stationen mehr angeboten werden, als es Gruppen gibt. Wegen unterschiedlicher Verweildauer an den Stationen ist ein gemeinsamer Wechsel aller Gruppen oft nicht effektiv. Bei Stau sollten Sie helfend eingreifen.

Die Bewegungsaufgaben sollten bekannt oder so unkompliziert sein, dass sie auf Anhieb umgesetzt werden können. Vor Spielbeginn ist an jeder Station die Aufgabe zu demonstrieren. Zusätzliche Sicherheit bieten an den Stationen ausgelegte Aufgabenkarten. Ein Aufbau der Stationen vor Wettbewerbsbeginn spart Bewegungszeit und weckt Neugier.

An jeder Station entscheidet sich das Kind nach einigen Probeversuchen für eine von 3 Leistungsvorgaben, deren Erfüllung es sich zutraut (a = niedrig, b = mittel, c = hoch). Eine weitgehend einheitliche Wertung, z. B. von 10 Versuchen müssen 2, 4 oder 6 erfolgreich sein, schafft Übersicht und erleichtert den Wettbewerb. Bei erfolgreicher Lösung werden dementsprechend 1, 2 oder 3 Punkte vergeben. Wird die selbst gestellte Zielstellung nicht erreicht, gibt es keine Punkte. Übererfüllungen werden nicht zusätzlich honoriert, z. B. wenn das Ergebnis einer höheren Leistungsvorgabe entspricht. Nach Beginn der Aufgaben ist ein Ändern der gewählten Zielstellung nicht mehr möglich. Die Kinder können ihre Selbstvorgaben und die erreichten Ergebnisse in ein kleines Protokoll eintragen. Ein möglicher zweiter Durchgang kann deshalb interessant sein, weil die Kinder sich u. U. neu orientieren.

„Wetten, dass …?“-Stationstraining Kl. 2–4

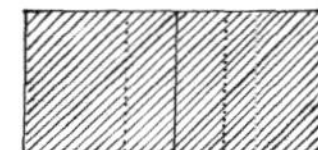

Grundgedanke:
Durch kleine Geschicklichkeitsübungen werden grundlegende Bewegungsfertigkeiten und koordinative Fähigkeiten (besonders die Orientierungs- und Differenzierungsfähigkeit) wirksam. Kooperation und Kommunikation sind beim Austausch über die individuelle Zielstellung und beim gegenseitigen Helfen und Werten notwendig.

Die nachfolgenden Bewegungsaufgaben, Schwierigkeitsgrade und Wertungen sind als Anregung zu verstehen und unter den Bedingungen vor Ort zu ändern und zu ergänzen sowie im Unterricht, auch außerhalb des Wettbewerbs, einzusetzen.

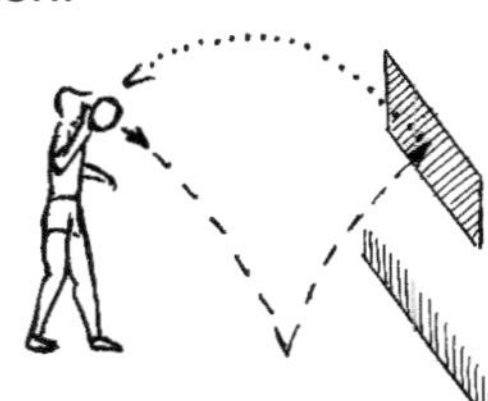

- **Indirekte Treffer***: Ein an der Wand in Brusthöhe markiertes Zielfeld von 60 cm Höhe und 1 m Breite ist mit einem gut springenden Ball durch indirekte Würfe zu treffen. Der zurückspringende Ball ist zu fangen.
  Wertung: Von 10 Versuchen erfolgreich: a=2, b=4, c=6
  Materialien: Gymnastikball oder Mini-Handball

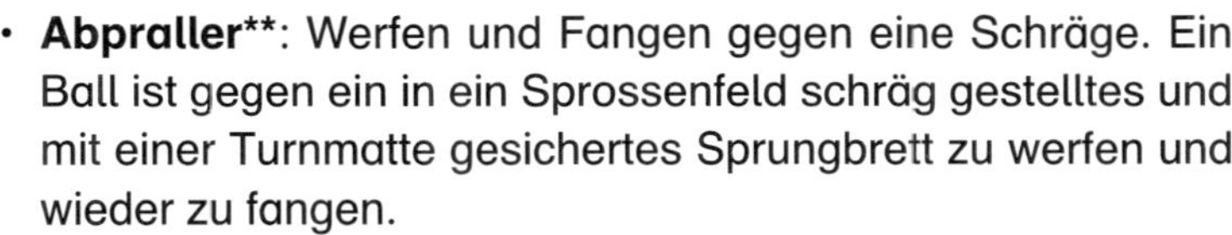

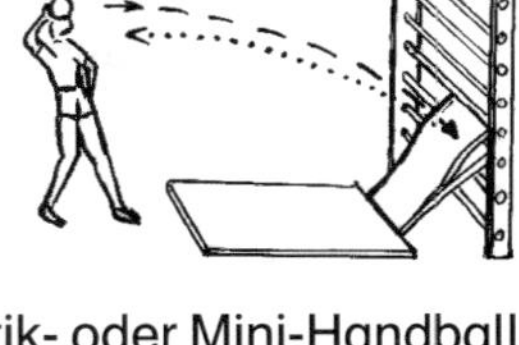

- **Abpraller****: Werfen und Fangen gegen eine Schräge. Ein Ball ist gegen ein in ein Sprossenfeld schräg gestelltes und mit einer Turnmatte gesichertes Sprungbrett zu werfen und wieder zu fangen.
  Wertung: Von 10 Versuchen erfolgreich: a=2, b=4, c=6
  Materialien: Sprossenwand, Sprungbrett, Turnmatte, Gymnastik- oder Mini-Handball

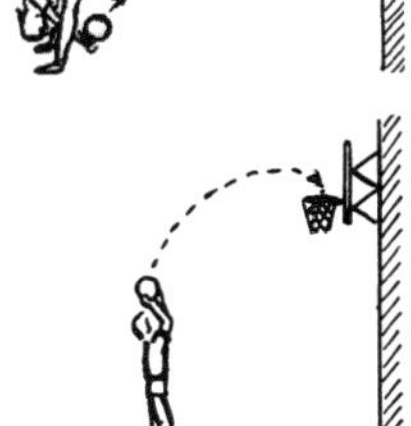

- **Ballprobe mit Drehung****: Mit dem Rücken zur Wand ist ein Ball durch die gegrätschten Beine an die Wand zu werfen. Der zurückspringende Ball ist nach einer halben Drehung zu fangen.
  Wertung: Von 10 Versuchen erfolgreich: a=2, b=4, c=6
  Materialien: Gymnastikball oder Mini-Handball

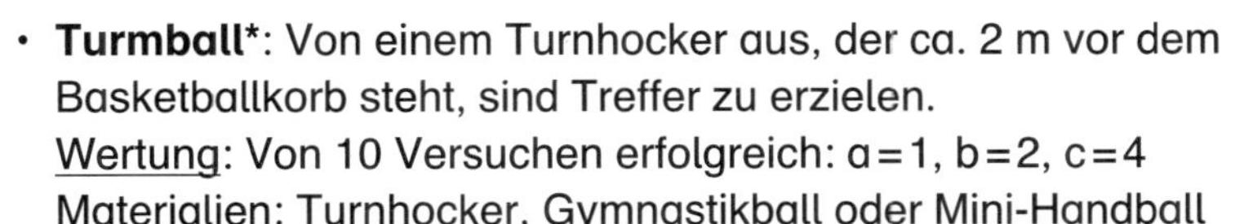

- **Turmball***: Von einem Turnhocker aus, der ca. 2 m vor dem Basketballkorb steht, sind Treffer zu erzielen.
  Wertung: Von 10 Versuchen erfolgreich: a=1, b=2, c=4
  Materialien: Turnhocker, Gymnastikball oder Mini-Handball

- **Zielwerfen**: Sandsäckchen oder Kooshbälle sind in das in 2,5 m Entfernung auf dem Boden aufgezeichnete Viereck mit 80 cm Seitenlänge oder in einen Kreis (Gymnastikreifen) zu werfen. Entscheidend ist das Aufkommen der Säckchen bzw. Bälle.
  Wertung: Von 10 Versuchen erfolgreich: a=2, b=4, c=6
  Materialien: 5 bis 10 Sandsäckchen oder Kooshbälle

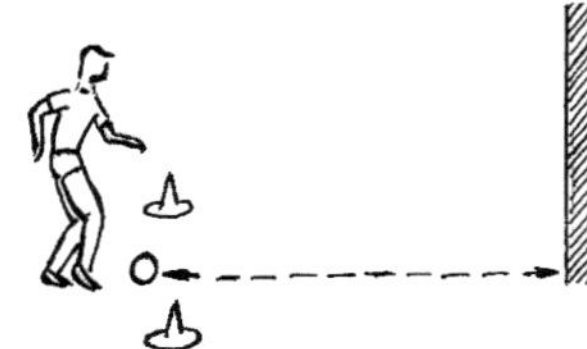

- **Fußball-Pendel****: Ein Ball ist aus einer Entfernung von ca. 2,5 m gegen eine Wand oder an die Sitzfläche einer gekippten Turnbank zu spielen. Der zurückrollende Ball ist stets ohne Unterbrechung wieder zur Wand zu spielen. Es stehen 3 Versuche zur Verfügung.
  Wertung: Zuspiele ohne Unterbrechung: a=2, b=4, c=6
  Materialien: 2 Markierungskegel, Hohlball (Volley- oder Gymnastikball)

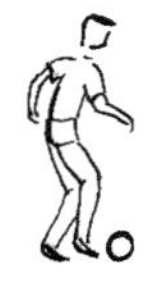

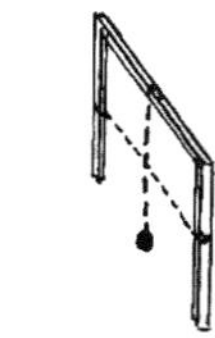

- **Zielwand***: Ein Ball ist aus 4 m Entfernung in ein zu wählendes Ziel eines Handballtores zu spielen. Die Treffer können mit der Hand oder mit dem Fuß erzielt werden. Vor dem Wurf bzw. Schuss ist das Ziel anzugeben. Ein jeweils in der Mitte des Tores waagerecht und senkrecht angebrachtes Springseil oder eine Gummileine ergeben 4 Zielfelder. Das senkrechte Seil ist durch ein Gewicht zu stabilisieren.
  Wertung: Von 10 Versuchen erfolgreich: a=2, b=4, c=6
  Materialien: Springseile (Gewicht für das senkrechte Seil), Volley- oder Gymnastikball und Mini-Handball

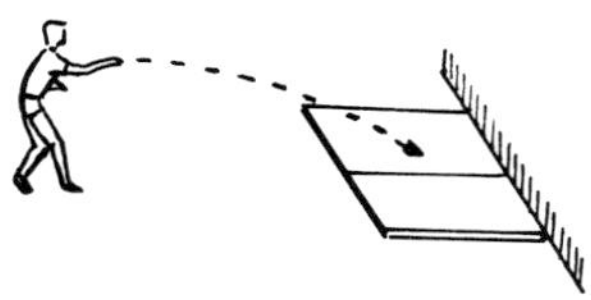

- **Mattenfrisbee****: Frisbeescheiben sind auf zwei in 3 m Entfernung gelegte Turnmatten zu werfen und müssen dort zum Liegen kommen. Die Turnmatten liegen vor einer Wand.
  Wertung: Von 10 Versuchen erfolgreich: a=2, b=4, c=6
  Materialien: 5 bis 10 Frisbeescheiben, 2 Turnmatten

- **Tischtennis-Geschicklichkeit** **: Mit einem Schläger ist ein Tischtennisball ohne Unterbrechung zu spielen. Es stehen 3 Versuche zur Verfügung.
  Wertung: Ballkontakte ohne Unterbrechung: a=2, b=4 oder c=6.
  Materialien: 2 Tischtennisschläger und 2 Tischtennisbälle

- **Flugzeug-Ziellandung***: Vorbereitete Papierflugzeuge sollen in einer Landezone zum Ruhen kommen. Die Landezone ist 2,5 m von der Abwurflinie entfernt.
  Wertung: Von 10 Versuchen erfolgreich: a=2, b=4 oder c=6
  Materialien: Papierflugzeuge (DIN-A4- oder DIN-A5-Blatt))

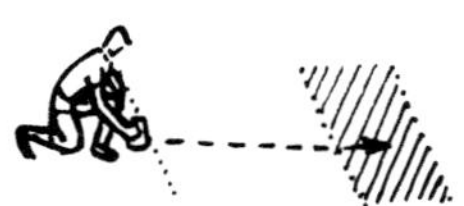

- **Gleitender Becher****: Ein Joghurtbecher soll mit einem übergestülpten Tennisball in einer 1 m von der Abstoßlinie entfernten Gasse von 50 cm gleiten und zum Stehen kommen. Der Becher muss sich vollständig in der Gasse befinden.
  Wertung: Von 10 Versuchen erfolgreich: a=2, b=4, c=6
  Materialien: 5 Joghurtbecher (500 g) mit Tennisbällen

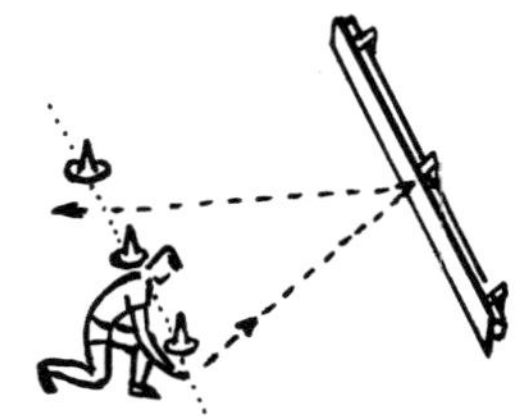

- **Golfen***: Tennisbälle sind so an eine ca. 2,5 m entfernte Sitzfläche einer gekippten Turnbank zu rollen, dass sie als Abpraller durch ein Markierungskegel-Tor auf der Abwurflinie rollen. Drei Kegel werden im Abstand von 1 m auf die Abwurflinie gestellt. Ein Kind beginnt neben einem der äußeren Kegel. Die beiden anderen Kegel bilden das Tor.
  Wertung: Von 10 Versuchen erfolgreich: a=2, b=4, c=6
  Materialien: Turnbank, 3 Markierungskegel, 5 Tennisbälle (Karton als Ablage)

- **Gummiband-Weitschnipsen**: Eine Gummilitze von ca. 30 cm wird verknotet oder zusammengenäht. Das „runde“ Gummiband ist über eine Weite von 3 m zu schnipsen. Entscheidend ist das Aufkommen der Gummibänder.
  Wertung: Von 10 Versuchen erfolgreich: a=2, b=4, c=6
  Materialien: 5 Gummibänder (normale Gummilitze)

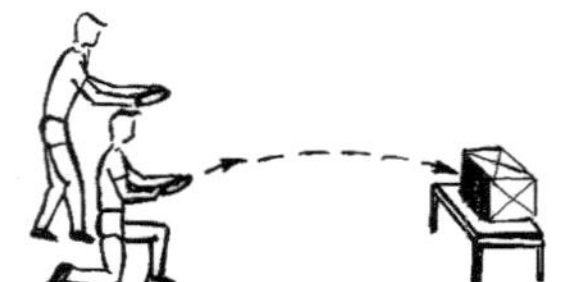

- **Gummiband-Zielschnipsen****: Aus 2 m Entfernung ist das „runde“ Gummiband in einen Karton oder Eimer zu schnipsen, der auf einem Turnhocker liegt und mit der Öffnung zum Kind gerichtet ist.
  Wertung: Von 10 Versuchen erfolgreich: a=2, b=4, c=6
  Materialien: 5 Gummibänder, Turnhocker, Karton (ca. 30 cm x 30 cm) oder Eimer

- **Ins Körbchen****: Aus 1,5 m Entfernung sind Tischtennisbälle mit indirekten Würfen in einen großen Joghurtbecher oder kleinen Eimer zu spielen. Der Becher steht vor einer Wand. Auch Abpraller von der Wand zählen.
  Wertung: Von 10 Versuchen erfolgreich: a=1, b = 2, c = 3
  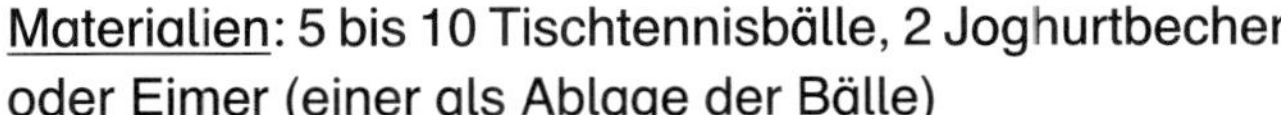
  Materialien: 5 bis 10 Tischtennisbälle, 2 Joghurtbecher (1000 g) oder Eimer (einer als Ablage der Bälle)

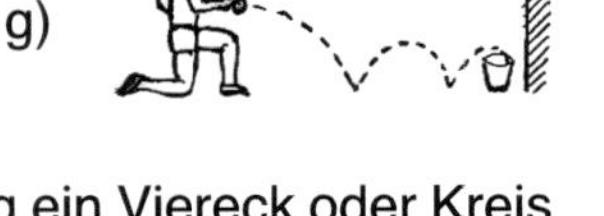

- **Platz finden****: Ohne optische Kontrolle ist in 4 m Entfernung ein Viereck oder Kreis von 70 cm zu betreten oder ein Gegenstand abzulegen. Nachdem das Kind sich positioniert hat, schließt es die Augen.
  Wertung: Von 3 Versuchen erfolgreich:
  a =1, b=2, c=3
  Materialien: u. U. Augenbinde, Sandsäckchen, Kooshball

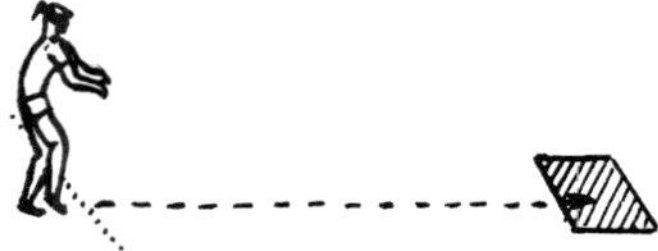

Kontaktspiele

Kontaktspiele sollen durch und mit Bewegung zur Kommunikation anregen. Besonders zum Schulanfang einer ersten Klasse, aber natürlich auch am Schuljahresbeginn in anderen Jahrgangsstufen oder zu anderen Zeitpunkten im Schuljahr fördern Kontaktspiele das gegenseitige Kennenlernen und das soziale Miteinander. Über unkomplizierte Kleine Spiele können Rahmenbedingungen geschaffen werden, die den Kindern eine gewisse Sicherheit innerhalb der Gruppe und im (sportiven) Unterrichtsalltag geben können. Dies fördert eine positive Spiel- und Lernatmosphäre im Sportunterricht.

Verzeichnis der Spiele mit Anwendungsbereichen

x = hohe Bedeutung   o = mittlere Bedeutung

Name des Spiels	**Nr. des Spiels**	**Klasse 1**	**Reaktion**	**Orientierung**	**Differenzierung**	**Gleichgewicht**	**Schnelligkeit**	**Ausdauer**	**Kraft**	**Beweglichkeit**	**Fertigkeiten**	**Taktik**	**Miteinander**	**Fairness**
Begrüßungsspiel mit Musik	**1**	x	x	x	x								x	x
Funksignale	**2**	x	x	x									x	x
Familientreff mit Musik	**3**	x	x	x									x	x

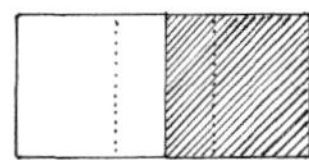

1 Begrüßungsspiel mit Musik Kl. 1–4

Grundgedanke:
Die Kinder bewegen sich frei nach Musik und begrüßen möglichst viele andere Kinder bei Musikunterbrechung. Rhythmusgefühl und Kontaktfreudigkeit werden angeregt.

Materialien:
Musikanlage

Durchführung:
In einer Hälfte des Volleyballfeldes bewegen sich die Kinder nach Musik. Wählen Sie einen kleinen Bewegungsraum, damit bei Musikunterbrechung viele Kontakte zwischen den Kindern möglich sind. Die ausgewählte Musik sollte ungezwungene tänzerische Bewegungen unterstützen. Während der Unterbrechung der Musik versucht jedes Kind, möglichst viele Kinder nach vereinbarter Art zu begrüßen. Mit der Musik setzt die freie, tänzerische Bewegung wieder ein.
Begrüßung z. B. mit:

- Handklatsch
- Berühren der Füße (links und rechts)
- Gesäß-Berühren
- Umarmen

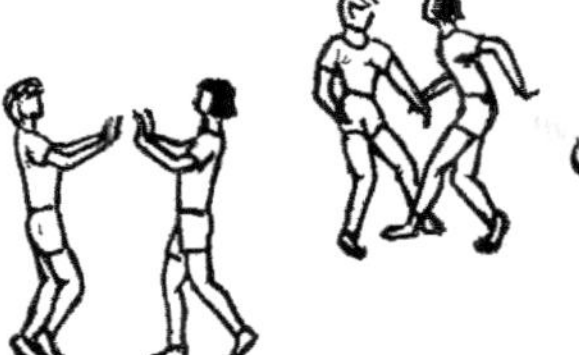

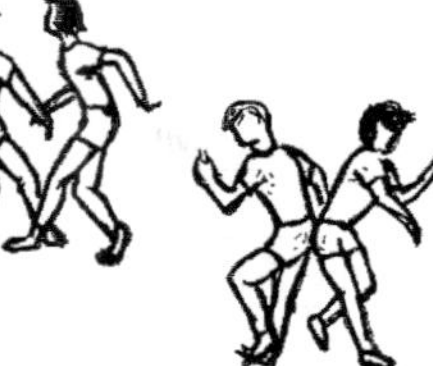

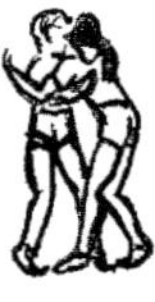

Varianten:
- Zur Einstimmung sollte immer nur eine Begrüßungsart eingesetzt werden, z. B. nur Handklatsch, nur Berühren der Füße usw.
- Mit jeder Musikunterbrechung wird die Begrüßung jeweils um eine Art erweitert, sodass zur vierten Musikunterbrechung die Begrüßung über Handklatsch, Berühren der Füße, Gesäß-Berühren und Umarmen erfolgt.

Tipps:
Zur Unterstützung sollten Sie die Begrüßungsart laut ansagen. Hilfreich ist der Einsatz von Musik, weil musikalische Rhythmen das Bewegen unterstützen, die Kinder motivieren und das Handeln der Lehrkraft erleichtern. Nach den Ferien ist dieses Begrüßungsspiel besonders geeignet.

2 Funksignale Kl. 1–4

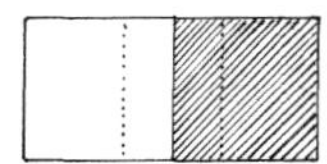

Grundgedanke:
Die Kinder treten durch Funksignale miteinander in Kontakt und wedeln dabei mit ihren Händen. Das schnelle Reagieren auf die Funksignale regt die Konzentration an und fördert das Miteinander.

Materialien:
Keine

Durchführung:
Alle Kinder sitzen mit Armabstand im Kreis. Sie funken sich mit den Vornamen an. Es können auch Nummern vergeben werden. Sie sollten mitspielen und das Spiel beginnen: „*Name Lehrkraft* an Toni". Die sendende und die angefunkte Person führen dabei die Daumen zu den Ohren und winken mit den Händen, den Antennen. Hat das angefunkte Kind das Signal aufgenommen, funkt es an ein weiteres Kind: „Toni an Laura". Es sollte immer schnell weitergefunkt werden, um die Aufmerksamkeit zu sichern.

▶ Bei großer Kinderzahl sollten Sie in 2 Kreisen oder im doppelten Innenstirnkreis spielen. Wird im doppelten Innenstirnkreis gespielt, kann das vorn oder hinten sitzende Kind durch seinen Namen angefunkt werden, aber beide fahren ihre Antennen aus. Nach einigen Durchgängen sollten die Paare ihren Platz tauschen oder sich neue Paare finden.

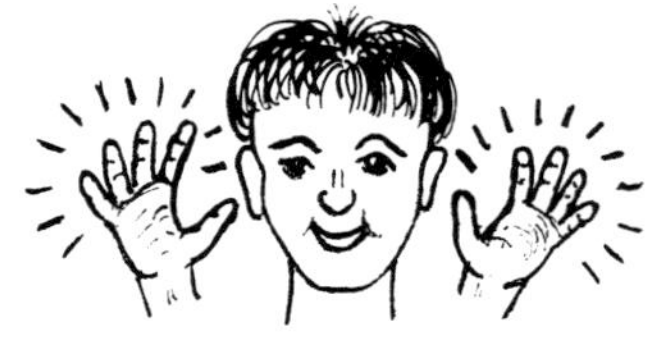

Variante:
Intensiver und mit höherer Konzentration verläuft das Funken, wenn eine Leitungsstörung vorliegt. Hier unterstützen die neben dem funkenden bzw. empfangenden Kind sitzenden Kinder das Funken. Dazu wedeln sie ebenfalls mit einer, der rechten oder linken Hand**, je nachdem welche auf der Seite des funkenden bzw. empfangenden Kindes liegt. Die dabei unweigerlich auftretenden Funkfehler verstärken den Reiz des Spiels.

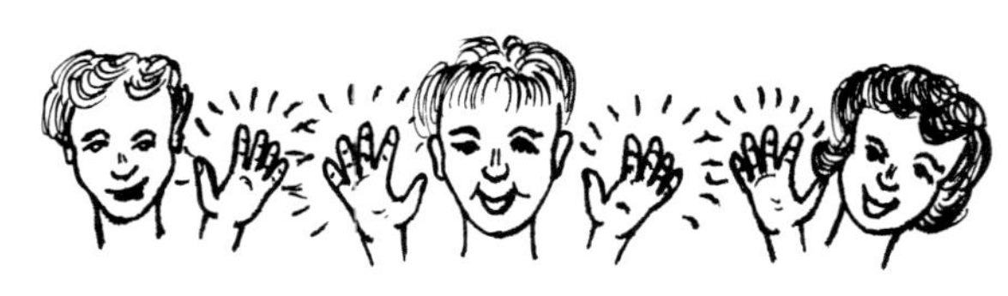

Tipps:
Ihr Mitspielen ermöglicht es Ihnen, relativ unauffällig Kinder in das Spiel einzubeziehen, die u. U. selten angefunkt werden. Zu Beginn der 1. Klasse ist das Funksignalespiel auch zum spielerischen Kennenlernen geeignet.

3 Familientreff mit Musik Kl. 1–4

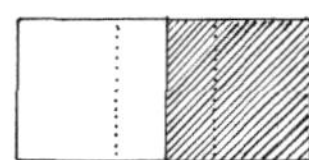

Grundgedanke:
Die Kinder bewegen sich frei nach Musik und tauschen Visitenkarten bei Begegnungen aus. Nach Musikunterbrechung sollen sie sich schnell in ihren Familien zusammenfinden. Rhythmusgefühl, Miteinander und Konzentration werden gefördert.

Materialien:
Visitenkarten mit Unterscheidungsmerkmalen für 4 Gruppen/Familien (z. B. 4 Sets Visitenkarten mit verschiedenen Farben, Zahlen, Buchstaben, Symbolen oder Namen), Musikanlage

Durchführung:
Bei 24 Kindern sind je 6 Visitenkarten mit roter, grüner, gelber und blauer Farbe zu versehen (z. B. Bierdeckel oder kleine Karten). In jeder Familie ist eine Visitenkarte durch ein Zeichen (*) hervorgehoben. Die Kinder bewegen sich nach Musik (laufend, hüpfend, tanzend). Bei jedem Kontakt werden die Karten getauscht. Musikunterbrechung bedeutet Familientreff und jede Farb-Familie hat sich so schnell wie möglich zu finden. Zu Beginn versucht jedes Kind, mehr oder weniger lautstark seine Familie zu rufen. In diesem Chaos erfahren die Kinder, dass es nicht sinnvoll ist, wenn alle gleichzeitig rufen. Nach 2 bis 3 Durchgängen sind nur noch die 4 Kinder mit den besonders hervorgehobenen Visitenkarten (*) für das Zusammenfinden ihrer Familie zuständig.
▶ Damit sich viele Kontakte ergeben, sollten Sie ein kleines Spielfeld nutzen. Auf eine schnelle Weitergabe der Karten und auf das Anschauen der Karten erst nach der Musikunterbrechung ist zu achten. Unterschiedlich breite Farbstreifen oder eine unterschiedliche Anzahl an Farbpunkten ermöglichen zusätzlich eine Aufstellung der Familien in Reihe oder Linie.

Varianten:
- Visitenkarten mit Zahlen (1*,1,1 ...; 2*, 2, 2 ...) oder Buchstaben (A*, A ... oder A, a, ...) oder Symbolen (Dreieck, Viereck, Kreis, Kreuz).
- Visitenkarten mit Familiennamen** und Personen der Familien, zum Beispiel: Meier, Lehmann, Schulze, Krause, jeweils mit Opa, Oma, Vater, Mutter, Tochter, Sohn. Nach 2 bis 3 Durchgängen ist nur eine Person der Familie für das Zusammenfinden zuständig. Mit der Musikunterbrechung rufen Sie ein Mitglied der Familie auf, z. B. Mutter. Nur die 4 Kinder mit der Visitenkarte „Mutter“ sollen ihre Familie zusammenbringen. (Kl. 3/4)

Tipps:
Bierdeckel oder handliche Karten von 6 cm x 6 cm eignen sich gut als Visitenkarten. Sie können auch 2 Möglichkeiten aufweisen, indem z. B. Zahlen farbig gestaltet sind. Sie rufen Zahl oder Farbe und danach erfolgt das Familientreffen. Mit Abbildungen von Sonne, Stern, Mond und Wolken oder Hund, Katze, Vogel und Igel sind Visitenkarten für die 1./2. Klasse besonders geeignet.

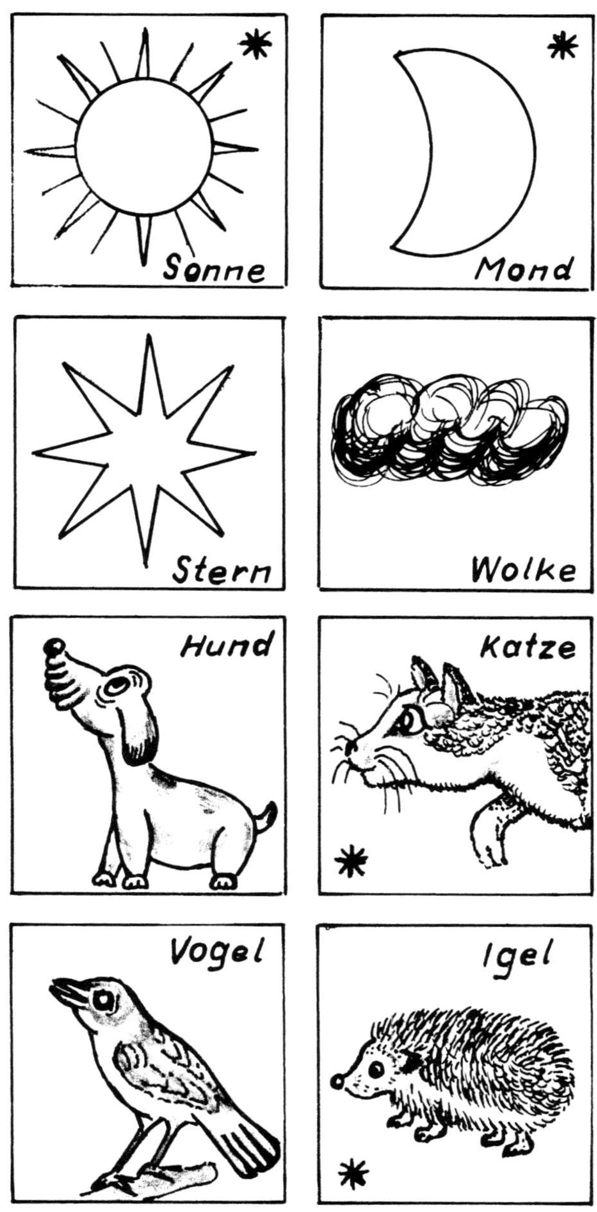